구마

NUOVI RACCONTI DI UN ESORCISTA

GABRIELE AMORTH

© 2000 Centro Editoriale Dehoniano
Korean edition published by arrangement with the literary agency Eulama International.
Korean translation copyright © 2014 by ST PAULS, Seoul, Korea

구마 – 한 사제의 구마 실화

초판 발행일 2015. 6. 29
1판 4쇄 2024. 5. 30

글쓴이 가브리엘레 아모르트
옮긴이 남기옥
펴낸이 서영주

펴낸곳 성바오로
출판등록 7-93호 1992. 10. 6
주소 서울특별시 강북구 오현로7길 20(미아동)

취급처 성바오로보급소
전화 944-8300, 986-1361
팩스 986-1365
통신판매 945-2972
E-mail bookclub@paolo.net
인터넷 서점 www.paolo.kr

책값은 뒤표지에 있습니다.
ISBN 978-89-8015-845-4
교회인가 서울대교구 2014. 9. 30 **SSP** 997

성경 ⓒ 한국천주교중앙협의회, 2021.

이 도서의 국립중앙도서관 출판예정도서목록(CIP)은 서지정보유통지원시스템 홈페이지(http://seoji.nl.go.kr)와 국가자료공동목록시스템(http://www.nl.go.kr/kolisnet)에서 이용하실 수 있습니다. (CIP제어번호 : CIP2015003135)

이 책은 저작권법의 보호를 받으므로 무단전재와 무단복제를 금합니다.
이 책 내용의 전부 또는 일부를 재사용하려면 반드시 저작권자와 성바오로출판사의 동의를 얻어야 합니다.

한 사제의 구마 실화

구마

가브리엘레 아모르트 글

\+

남기옥 옮김

성바오로

차례

들어가면서

여는 말

칸디도 아만티니 신부님을 기억하며

구마 사제 구함 017

　　사 례 구마 사제의 희귀성, 신자들의 고통
　　사 례 유명한 프랑스 신학자의 악에 대한 견해
　　사 례 허풍쟁이 돌팔이 의사들을 저지하라

사탄을 물리치는 그리스도 039

　　사 례 사탄은 누구인가? 악마는 또 누구인가?

내 이름으로 악마들을 쫓아낼 것이다 057

　　사 례 나를 도울 수 있었던 사람, 구마 사제!
　　사 례 드디어 길을 찾았다

활동하는 사탄 079
　　사 례 사탄에 대한 교황 바오로 6세의 말씀
　　사 례 특정한 음악 장르들의 불길한 영향들

어떻게 해악의 존재를 가려낼 것인가 103
　　사 례 부마 증세를 훌륭하게 대처한 수도회
　　사 례 정신 병원 간호사

구마 기도와 해방 기도 123
　　사 례 스스로 해방된 경우
　　사 례 구마 사제가 아닌 수도자가 악마로부터
　　　　　　환자를 해방시킨 경우
　　사 례 구마 위임을 받지 않은, 열심히 기도하는 두 사제
　　사 례 메주고리에에서 악마로부터 해방된 경우
　　사 례 해방 기도를 장려하는 주교님

해악의 원인과 그 결과 151

사 례 악마의 영향에 의한 경우
사 례 오순절 교회 신자들의 기도
사 례 해결되지 않은 경우

해결되지 않은 어려움과 문제들 179

사 례 협력자들과 연대를 통한 구마 예식
사 례 침착하고 절대적으로 차분했던 안젤로 바티스티
사 례 기이한 방문

악마에 의한 전염 213

사 례 무당이 먼저, 그리고 구마 사제
사 례 악마에 의한 전염, 그리고 부마 전이

구마와 부마에 대한 질문과 대답 237

구마 사제들, 무당과 점쟁이들에 대하여
교리에 관한 문제들에 대하여
악의 다양성과 그 특별한 증상에 대하여
사탄에 대하여
악마로부터의 해방을 위한 도구들에 대하여

사탄의 적, 동정 마리아 267

결론
기도문들
번역을 마치고

들어가면서

사제가 되고나서 구마를 하는 신부님을 소개해 달라는 부탁 전화를 지인으로부터 받은 일이 있다. 여기저기 수소문해서 한 수도회의 신부님이 전문적으로 구마 사목을 하신다는 사실을 알아낸 나는 전화로 신부님과 약속했고, 배우자와 함께 온 지인과 신부님 계신 곳으로 찾아갔었다.

구마 의식이 필요한 사람은 오랜 기간 악의 고통에 시달리고 있는 지인의 배우자였다. 논리로 설명하기도, 이해하기도 힘든 일들을 자주 보게 되는 자신의 상태가 스스로도 몹시 무섭고, 또 혹시나 가족들에게 해가 될까 봐 많이 걱정한 자매님이 배우자의 권유로 구마 의식을 받기로 마음먹은 터였다.

면담은 두어 시간 가량 이어졌는데, 그때까지만 해도 구마에 별 관심이 없던 나는 그냥 밖에서 기다렸다. 점심시간이 가까워져서 면담을 끝내고 나오는 부부를 바라보면서 '이만하면 내 소임은 다했다'고 생각했고, 배웅 나온 신부님께 작별 인사를 하고 차가 있는 곳으로 가려고 하는데 신부님이 잠깐 같이 기도하고 헤어지자 하셨다.

무심결에 따라간 곳은 제대가 있고 큰 창문들이 천장 벽까지 이어진 널찍한 공간이었다. 신부님과 면담 시작부터 함께한 수녀님, 나의 지인, 그리고 언제부터 함께했는지 모르는 평신도 형제들이 자매님을 에워싸고 기도하면서부터 놀라운 사건이 내 눈앞에서 일어났다. 신부님의 안수를 받던 자매님이 무서울 정도로 격하게 발작을 해댔다.

도저히 이해할 수없는 상황을 보게 된 나는 사제지만 두려움에 휩싸여 혼자 제대 앞으로 가서 무릎을 꿇었고, 놀란 지인 옆에서 다른 사람들은 처음 들어보는 기도문을 계속해서 외웠다. 기도가 어느 정도 이어지자 영화에서나 봤음직한 상황이 정말 벌어졌다. 벽을 대신한 큰 창문들이 모조리 깨질 듯 쾅쾅거리며 크게 요동치기 시작했다. 주님의 기도만을 하고 있는 나에게 신부님은 격한 어조로 '빨리 와서 자매님을 붙들라'고 소리치셨다.

악령에 휩싸인 자매님의 힘은 엄청났다. 어른 네 명이 달라붙어 팔다리 하나씩을 붙잡고 눌러도 금방 일어설 기세였다. 하는 수 없이 나는 자매님의 양쪽 어깨를 눌렀고, 그 바람에 자매님과 가까이 마주보게 되었다. 자매님이 내 얼굴로 뿜어대는 입김 때문에 숨이 막힐 지경이었다. 모든 사람이 온몸이 땀으로 젖을 만큼 한참 동안 실랑이를 벌인 다음에 신부님이 말씀하셨다. "이분은 고해성사를 보실 것이 있습니다." 그리고 그 성사를 나한테 부탁하셨다.

지금까지 아무한테도 할 수 없었던 이야기를 자매님으로부터 듣게 된 나는 그동안 왜 이 자매님이 그토록 악마에 휘둘렸는지를 이해할 수 있었다. 고해성사 내용이리 밝힐 수는 없지만 정말 누구도 겪어서는 안

될 일을 자매님은 한 번도 아니고 여러 번 겪은 거였다. 눈물을 흘리며 고해를 마친 자매님께 해 줄 말을 떠올릴 수 없던 나는 너무나 마음이 아파서 계속 기도해 주겠다는 말로만 위로를 했다.

 신부님과 다음에 또 만날 약속을 하고 헤어진 우리가 가까운 곳에서 식사를 할 때였다. 음식을 주문하는 동안 밖에서 기다리는데 지인이 나오더니 물었다. "신부님 제가 결혼을 잘한 것일까요? 힘듭니다. 어찌해야 할지 잘 모르겠습니다. 하지만 제 안사람을 사랑합니다." 이런 말을 들은 나는 어떤 말을 해야 할지 몰라 망설이다가 이렇게 말한 것 같다. "분명 하느님께서 부부로 맺어 주신 데는 이유가 있을 것입니다. 자매님은 순수한 분이시고 착한 분이십니다. 그것을 너무나 잘 알고 있는 악마가 자매님을 망가트려 하느님께 맞서려고 들어온 것입니다."

 그 후 부부는 비슷한 상황이 벌어질 때마다 구마 의식을 해주신 신부님을 찾아뵈면서 열심히 기도와 성사 생활을 했다. 그 후 주님이 주신 선물, 늦둥이를 낳았다. 지금 나에게 그 가정은 둘도 없는 가족이다. 그들은 나의 믿음을 새롭고 굳건하게 해주었고, 사제의 의미와 역할이 무엇인지 정확히 알려주었으며, 분명히 악마는 있고 그 악마는 하느님의 사랑 앞에 굴복할 수밖에 없다는 가르침을 뚜렷이 새겨주었다.

 악한 것들은 정말로 끈질기게 대를 이어가며 전달된다. 그리고 악마는 바로 이 점을 무기 삼아 무수한 생명을 짓밟는다. 하느님께서 눈에 보이지 않으시듯 악마도 눈에 보이지 않지만 분명히 있다. 어떤 영화에서 악마의 존재를 믿지 않는 사람은 하느님의 존재도 믿지 않는다고 했다. 즉, 우리가 하느님의 자녀임을 믿지 않는다는 뜻이다. 악마의 최종 목표가 바로 그것인데!

이 책은 악마는 우리 한 사람 한 사람이 하느님의 소중한 자녀라는 사실을 우리가 알아차리지 못하고 거부하도록 만들기 위해 온갖 방법으로 우리를 방해해서 진정한 삶을 외면하고 포기하게 만들지만 절대 굴복해서는 안 된다는 것과 아무리 악마의 힘이 강해도 하느님의 힘 앞에는 굴복할 수밖에 없다는 것을 알게 해준다. 이 책은 악마의 훼방으로 미약하게, 혹은 극심하게 어려움을 겪는 이들에게 확실한 도움이 되리라고 확신한다.

성바오로수도회

여는 말

지난번 출판한 「구마 사제가 들려주는 구마 이야기」라는 나의 책은 정말이지 설명이 불가능할 정도로 대성공이었다. "Sermo opportunus est potimus." 즉, 좋은 시기와 맞물린 기회라는 속담처럼 내가 주제로 삼은 것이 당시 주목 받는 이슈였고, 그런 책에 대한 필요성을 절실하게 느끼던 시기였기 때문일 것이다. 사실 나는 책이 많이 팔린 것보다 내 책이 많은 사람들에게 구마에 대해 새롭게 인식하는 계기가 되었다는 사실이 더 기쁘다.

많은 사제들과 평신도들이 흥미 있어 하는 구마에 대해 좀 더 소개할 필요가 있다고 생각해서 두 번째 책을 쓰게 되었다. 이 책이 사람들에게 필요한 책으로 활용되기 바라고, 다른 구마 사제들과 구마 저자들이 구마에 대한 책을 쓰는 데 유용한 바탕이 되었으면 한다.

「구마 사제가 들려주는 새로운 이야기들」이라는 제목으로 해설을 첨부한 에피소드들로만 내용을 삼을까도 생각했지만, 에피소드 '묶음'보다는 먼저 책에서 깊이 다루지 못한 여러 주제들을 좀 더 심도 있게 소개하는 것이 좋을 것 같아서 계획을 수정했다. 이 책의 기본 바탕은 나의 스승인 구마 사제 칸디도 아만티니 신부님의 지도를 받으며 내가 얻은 경험들이다. 하지만 다른 구마 사제들의 경험과 의견, 그들에게 일어났던 여러 가지 사건들도 포함하고 있다. 기꺼이 자료를 보내 준 동료 구마 사제들에게 고마움을 전한다.

　주제 별로 이어지는 각 장의 말미에 소개한 에피소드, 혹은 이야기들은 내가 이 책을 쓸 수 있도록 구마에 대해 매달리게 한 '꼬투리'들로, 내 스스로가 상당히 의미 있다고 느끼는 사건들만 골라서 실은 것이다. 그 중에는 요즈음 일어난 에피소드들과 아직 해결되지 않은 구마 에피소드들도 있다. 사건 속에 등장하는 사람들의 사생활 보호를 위해 이름만 가명으로 했을 뿐, 내용은 실제 일어난 일들이다. 주님께서 이 책도 축복해 주시길 간절히 청하면서, 사람들의 영혼에 도움이 되고 하느님의 영광에 필요하다면 널리 읽히기를 소망한다.

가브리엘레 아모르트 신부

칸디도 아만티니 신부님을 기억하며

이 책에서도 1992년 9월 22일 선종한 나의 스승 칸디도 아만티니 신부님을 기억하지 않으면 안 될 것 같은 의무감을 느낀다. 그분이 선종한 날은 성 칸디도 축일로 그분의 영명 축일이기도 했다. 그날 아침 역시 동료 사제들은 신부님의 영명 축일을 축하하기 위해 모여 있었는데, 그분은 그저 "오늘 성 칸디도께 제게 선물을 하나 주시길 청했습니다."라고만 말씀하셨다. 엄청난 고통을 겪고 계셨을 텐데…, 분명 신부님의 간청이 받아들여진 것이라고 생각한다.

1914년 성 플로라(그로세토)의 반뇰로에서 태어난 칸디도 신부님은 학문적으로 대단한 분이었으며(성서 및 윤리 신학 교수를 지냄), 거룩한 삶에 일치되었고 내적 균형과 지혜가 충만했다. 그래서 고해 사제로 영적 지도 사제로도 상당히 유명했다. 오상의 성 비오 신부님이 칸디도 신부님에 대해 "진정 하느님의 마음에 드는 사제다."라고 했을 정도이다.

신부님의 활동 중 가장 두드러진 것은 36년 동안 로마 대교구에서 구마 사제직을 담당한 것이다. 이탈리아 전역과 외국에서 그분을 찾아오는 사람들로 인산인해를 이루었으며, 매일 아침 기도가 필요한 70~80명의 사람들을 만나곤 했다. 신부님은 항상 인내하고 미소를 잃지 않았으며 영감에 의한 충고를 해줌으로써 방문한 사람들에게 엄청난 효과를 주었다.

신부님은 1971년 Dehoniane 출판사에서 「마리아의 신비」라는 책을 출판해 어머니 마리아께 대한 엄청난 사랑을 보여 주었지만, 기도(매일 밤중에도 여전히)와 사목적 임무로 바빠서 다른 책을 쓸 시간을 내지 못했다. 나는 1990년부터 신부님의 건강이 나빠지는 것을 보면서 이렇게 선종하시면 구마 사제로써의 풍부한 경험이 보관된 저장고가 사라질까 싶어서 안타까웠다. 하지만 신부님은 대단한 인내심으로 그 모든 것을 내게 전수해 주셨다. 나는 신부님이 돌아가시기 전에 책을 내기 위해 급하게 「구마 사제가 들려주는 구마 이야기」라는 책을 마무리했고, 신부님은 Dehoniane 출판사에 강권하다시피, 아니 애걸하다시피 출판해 줄 것을 부탁하셨다. 신부님은 당신이 원고를 읽어 보지도 못할까 봐, 교정도 못 하면 어쩌나 노심초사하셨다. 그리고는 책이 출판되기 전날, 그분은 하늘 나라로 가셨다. 이 책이 나올 수 있도록 큰 도움을 준 칸디도 신부님에게 감사드리며 하늘에서 계속 기도해 주시리라고 믿는다.

가브리엘레 아모르트 신부

구마 사제 구함

1986년 우고 폴레티 추기경이 칸디도 아만티니 신부 곁에서 구마직을 도와주라고 명했을 때 전혀 모르고 있던 새로운 세상이 내 앞에 열리는 듯했다. 하지만 눈으로 확인하지 않으면 도저히 믿을 수 없는, 일어날 수 없는 일이나 이상한 현상을 직접 보기 때문은 아니었다. 신출내기 구마 사제인 나를 놀라게 한 것은 육신보다도 영혼의 고통에 허덕이는 사람들과의 만남이었으며, 그들은 신뢰와 열린 마음으로 자신들에게 도움과 충고를 줄 사제들을 절실히 찾고 있다는 사실이었다.

구마 사제가 대처해야 하는 대부분의 경우는 당사자들을 위로하고 잘못된 행동에 대한 두려움을 갖지 않게 하는 일이다(점쟁이나 마법사, 혹은 그런 부류의 사람들에게 의지하지 않도록). 그러면서 사람들의 영혼이 하느님께 다가가도록 돕고, 규칙적으로 미사와 성사, 기도에 참여하게 해서 하느님의 말씀을 가까이 할 수 있게 도와주는 것이다.

나는 사제로서 구마활동을 하는 오랜 세월 동안 하느님께 더 가까이 갈 수 있었고, 수많은 개인이나 가정과의 만남으로 깊고 폭넓은 인간관계를 맺었다. 그런데 이렇게 만난 사람들은 대부분 구마 예식이 아니라 진심 어린 회개가 필요했다. 구마 사제로 생활하면서 오늘날 얼마나 많은 사람들이 도움을 줄 구마 사제들을 간절히 원하는지 느낄 수 있었지만 불행하게도 가톨릭교회는 구마 사제를 양성할 제도적인 장치나 적절한 방책을 가지고 있지 않았다. 첫 장에서는 이 두 가지 문제에 대해 이야기하려고 한다.

내가 이 분야에 특별히 관심을 가질 수밖에 없었던 커다란 사건에 대해서도 말하려 한다. 이 사건으로 나는 이 분야에 내 온 관심을 쏟게 되었고, 앞서 출간한 첫 번째 책은 내게 국내외적으로 많은 사람들을 만나는 기회를 열어 주었다.

1990년 말 "구마 사제가 들려주는 구마 이야기"를 출판하면서, 나는 그 책이 그토록 엄청난 파급력을 가지리라고는 생각하지 못했다. 책이 출판되고 며칠이 지나지 않아 50대의 한 사제에게서 이런 말을 들었다. "신부님의 책을 단숨에 읽었습니다. 사제로서 책의 첫 줄에서 마지막 끝 줄까지의 내용은 어디에서도 들어 본 적이 없었습니다." 이후 여러 사람들에게서 진심 어린 편지들이 오기 시작했고, 질적으로 우수한 구마 사제들로부터도 격려하는 편지들이 속속 도착했다. 이들 모두 책에 대해 호평했다. 나는 이 첫 번째 책을 통해 오랫동안 여러 군데서 비슷한 평을 들었고, 라디오와 텔레비전, 특히 일반 신문들과 많은 인터뷰를 해야 했다. 그리고 1991년 이탈리아 전역에서 상당한 청취율을 보이고 있는(현재는 전 세계적으로 - 역자 주) '라디오 마리아'에서 리비오 신부(라디오 마리아 방송국장 - 역자 주)의 해설로 2월 12일부터 9월 24일까지 책의 내용이 청취자들에게 소개 되었는데, 방송을 통해 책과 책의 내용이 훨씬 효과적으로 널리 알려진 것은 두말할 나위가 없다. 이후 나는 수많은 강연회와 심포지엄에 참여하면서 더욱 유명해졌지만 이 책에서는 그런 내용 중에 두 가지 주제만 간결하게 소개하려고 한다.

첫 번째 주제는 '오늘날 이토록 구마 사제에 대한 요구가 확산되는 이유는 무엇인가? 그렇다면 다른 시대보다 현대에 사탄이 더욱 극성을 부린다는 뜻인가? 부마附魔나 다른 소수의 악을 사주하는 마법에 의해 악이 증대했다는 뜻인가?'이다. 나는 이런 질문에 대해 수도 없이 대답을 되풀이했지만 나의 대답은 언제나 확고하다. 군중을 향해 설파되고 있는 이성주의, 무신론, 서양의 소비문화의 부패는 경악할 정도로 신앙을 곤두

박질치게 했으며, 신앙이 식은 곳에는 불을 보듯 당연하게 언제나 미신이 활개를 쳤다.

현대의 미신은 여러 분야로부터 지원을 받아 몸집을 불리는데 영화, 텔레비전, 라디오, 신문, 잡지, 포르노와 더불어 마법, 접신, 신비주의, 동양 미신 등등 이루 셀 수 없을 정도이다. 이뿐만 아니라 모호한 군중의 모임들, 이상한 음악의 디스크, 나이트클럽, 사탄적인 록 음악과 이상한 메시지… 상상을 초월하는 경로를 통해서도 미신은 확산된다. 특정하고 해괴한 사건이 발생했을 때 경찰에 의해 밝혀지는 결과를 보면 놀라울 때가 많다. 예를 들면 서양 신문의 모든 고정 연재물 중 가장 인기 있는 것은 '오늘의 운세'이다. 그리고 이탈리아의 경우 사탄의 악행과 결부된 두 가지 결과는 낙태 허용과 마약의 확산이다. 그럼에도 1991년 10월 30일 대법원 최고 선고 공판에서 필상학(자신이 의도한 것이 아니라 어떤 신비한 힘에 의해 저절로 예언의 글을 쓴다고 함. - 역자 주), 점성술, 심령술 등과 더불어 손금을 봐 주는 부류의 행위도 생계의 수단으로 판결했으며 경제 활동이라는 판정이 나왔다.

이것은 이탈리아인들이 주술사들과 손금을 봐 주는 이, 점술가, 무당 등을 찾아다니고 있다는 증거이며 미신의 뒤를 쫓는 사람들이 1200만 명이 넘는다는 이야기이다. 통계를 내는 것은 불가능하지만 이런 자료는 페루자에서 있었던 '이탈리아의 주술, 새로운 종교들과 구마 예식'이란 회의(1991년 3월 1~3일)에서 밝혀진 것이다. 이탈리아 국민은 사탄의 종파가 증가 일로에 있는데도 정부로부터 아무런 보호도 받지 못하게 되었으며 (사례에서 다룬 의사의 증언 참조), 교회 종사자들조차 관심을 보이지 않고 있는 형편이다. 이것과 관련하여 나는 1200만의 이탈리아인들이 무당들을 찾아가기보다 사제들을 찾아가 상담을 청하도록 간곡히 권하지만 사제들을 찾아가기에는 이들의 믿음이 꺼져 가는 불씨처럼 나약하기만 하다.

두 번째 주제는 '파밀리아 크리스티아나(Famiglia Cristiana, 이탈리아 가톨릭 주간지)와 지저스(Jesus, 이탈리아의 유명한 가톨릭 주간지 – 역자 주) 주최 ISPES의 통계에 의하면 단지 34%의 이탈리아인들만이 악마의 존재를 인정한다.'이다. 이보다 어떤 증거가 더 필요하겠는가? 1992년 비타 파스토랄레(Vita Pastorale, 이탈리아의 가톨릭 사목지 – 역자 주) 1월 호는 아주 흥미로운 기사를 실었는데, 학자 아르만도 파베세 Armando Pavese에 의하면 이탈리아 전역에는 무속에 종사하며 이를 업으로 삼는 이들이 무려 10만 명이 넘으며, 그들은 풍부한 경험을 바탕으로 이를 전문직으로 여기고 있다고 한다. 그런데다가 사제들의 숫자는 겨우 3만 8천 명밖에 되지 않아서 이 분야에서는 완전히 문외한 신세를 면치 못하고 있다.

그래서 나는 이 책의 각 장마다 사례를 실어 구마 사제를 찾기 위해 신자들이 겪는 지혜의 고통스러운 갈바리아 길을 소개하고자 한다. 그리스도인의 애덕 정신을 바탕으로 이런 고통을 당하는 사람들의 이야기를 그들 입장이 되어 끈기 있게 들어줄 만한 구마 사제를 찾는 것이 얼마나 힘든 일인가! 그리고 용납 불가능한 무지로 인해 점쟁이들을 찾아 달려가는 이탈리아인들의 상황에 대해서도 짧게 이야기할 것이다.

수십 년 동안 가톨릭교회에서는 구마 활동 자체가 꺼진 등불이었지만 개신교에서는 전혀 다른 상황이 전개되었다. 나는 가톨릭 주교단이 단 한 번도 구마 예식을 거행한 적이 없고 구마 예식에 참여해 보지도 않았다는 자료를 언급한다고 해서 주교님들이 기분 나빠하지 않을 것이라고 믿는다. 현실이 이렇다 보니 구마 사제로 임명만 되었지 실제 이런 현상들을 목격하지 못한 구마 사제들은 그 실상을 잘 받아들이지 못한다. 아니, 받아들이기 힘들어 한다.

성경은 구마 분야에 대해 분명하고 구체적으로 언급하고 있으며 교회법도 구마에 대한 실천과 교회의 모든 역사를 바탕으로 가르치고 있다. 그럼에도 교회는 과거의 가르침이나 실천에 반대해 구마 예식의 실행을 방해하는 장벽을 만들어 세웠다(광범위한 의미. 하지만 항상 구마 사제는 존재했음). 성경의 가르침들을 거슬러 침묵의 장벽을 만들었고 더 나아가 몇몇 성서학자나 신학자들은 이 분야에 대해 잘못된 해석을 하였다.

주교나 사제들은 모두 여기서 비롯된 교의, 영성, 윤리 신학의 세 분야에 의해 교육을 받았을 것이다.

교의 신학은 창조주 하느님에 관해 언급하면서 성경과 교회의 가르침들이 우리들에게 말하는 대로 천사들과 악마들의 존재에 대해 다루어야 한다.

또한 영성 신학은 단계적으로 나뉘어져 있지만 악마의 기본적인 활동인 유혹에서부터 악마의 놀라운 활동으로 이해되는 저주로 인한 부마付魔상태까지를 구별하여 다루어야 한다. 그리고 구마 예식들에 대한 이해와 부마에 따른 처방에 대해서도 가르쳐야 한다. 영성 신학의 연구 부족은 벌써 몇 십 년째 이어져 오면서 진정하고 고유한 영적 방향을 잃는 결과를 낳았다. 참고로 탕크뤼Tanquerey와 로요 마린Royo Marin이 구마 분야에서는 아직도 대단한 명성이 있는 훌륭한 학자들이다.

윤리 신학은 첫 계명에 반대한 모든 죄악에 대해 가르쳐야 하며, 그 중에서도 하느님의 뜻과 미신의 차이점, 마법이나 강신술降神術, 주술 등 하느님의 뜻을 반대하는 것이 무엇인지를 잘 가르쳐야 한다.

성경은 엄격하고 분명한 어조로 이런 죄들을 반대한다고 지속적으로 잘 알려주고 있다. 신명기에 표현된 내용만 봐도 잘 알 수 있는데(18,10-21 참조), 여기서는 이 같은 죄를 저지르는 사람을 단죄한다. "이런 짓을 하는 자는 야훼께서 미워하신다."(12절) 하지만 오늘날에는 많은 윤리학자들이 악으로부터 선을 제대로 구별해 내지 못해서 무엇이 중죄이고, 무엇이 아닌지 제대로 가르치지 못하기 때문에 신자들도 위에 언급한 것이 왜 단죄 받는지를 알지 못한다. 얼마 전 출판된 윤리 신학 사전에서 미신에 대한 언급 부분만 읽어 봐도 그 무지함을 여실히 알 수 있다.

내가 다양한 연령대의 여러 사제들에게 위에서 언급한 세 분야의 신학에서 구마를 어떻게 다루고 있는지 질문했을 때, 그들의 한결같은 대답은 '신학 과정 중에 구마에 대해 한 번도 들어본 적이 없다'였다. 이제부터라도 신학대학이나 일반 대학의 학과 과정을 새롭게 개편해서 이런 중대한 결함을 극복해야 옳다.

직접적인 경험이 부족하고 연구도 소홀히 한 몇몇 신학자와 성서학자가 사탄이나 그들의 활동에 대해 잘못된 내용을 강의하고, 그런 부실한 교리가 신자들에게 확산됨으로써 악마나 구마의 본뜻이 심각하게 훼손된, 현재의 상황을 직시하며 왜곡된 부분을 바로잡는 시도가 이루어져야 한다. 이런 신학자들은 악마의 존재나 그들의 활동에 대해 심하게 의심하는 잘못을 범하고 있으면서도 '새롭게 정립된 해석'이라며 악마로부터의 해방은 그리스도를 통해 실현된다는 사실을 부정하고 이를 단순한 치료 차원으로만 소개한다. 이 같은 과오들을 바로 잡고자 교회에서는 지난 1975년 6월 26일 오세르바토레 로마노 Osservatore Romano를 통해 악마론에 대한 문서를 발표하였고, 성청의 공식 문헌에도 이를 첨부하였다. 이와 관련하여 나는 이미 「구마 사제가 들려주는 구마 이야기」라는 첫 번째 책에서 상세히 언급한 바 있다. 하지만 이런 세 분야의 신학에 의한 결과는 아래와 같다.

- 연구와 실천의 미비
- 구마 예식에 대한 실천 전무
- 교리의 오류

일부 사람들이 무당을 찾아가고 있는 현실도 또한 이를 증명하며, 고찰한 바와 같이 교회 인사들의 불신을 담은 행동들도 이를 뒷받침해 주고 있다. 객관적으로 볼 때, 나는 이런 현실에 교회 사목자들의 잘못도 있다고 강력히 주장한다. 그리고 신학교의 사제들은 어떠한가. 그들은 사탄의 존재와 그들의 활동, 이에 대한 강구책, 악마의 저주에 빠지게 되는 원인 등에 대해 전혀 준비하지 못했다. 이것만이 아니다. 사제들은 한 번도 구마 예식을 해 보지 않았으며 구마 예식에 참여해 보지도 않았다. 그러면서도 그들은 교회의 건강한 교리를 따르지 않고, 이미 도를 넘어섰으며, 악마와 그의 행동에 대해 언급하는 것은 중세기적 사고라고 비웃는 현대의 신학자들과 성서학자들로부터 영향을 받고 있다. 그러므로 사람들이 주위에서 고통 받는 이들의 말을 듣고 조언해 주며 이해와 도움의 손길을 건네는 교회 인사들을 찾지 못한 채 점쟁이를 찾아가게 되는 것은 당연할지도 모른다.

의미심장하고 비극적인 통계는 바로 이탈리아 신학자들에 관한 것이다. 그들의 3분의 1 정도는 사탄의 존재를 믿지 않으며, 3분의 2 정도는 이론적으로 사탄을 믿을 뿐, 그것의 실질적인 면과 행위는 믿지 않고 사목 활동을 할 때 이를 접목시키는 것에 대해 거부감을 갖고 있다. 이런 상황에서 악마의 존재를 믿고 그것의 엄습을 막기 위해 애쓰는 사람들을 위한 공간은 자연히 좁을 수밖에 없다. 또한 구마 분야에서 활동하는 사제들은 다른 이들의 경향에 맞서야 하고, 비웃음과 방해를 감수해야 한다.

이런 결론은 1974년 서독(독일이 통일되기 전의 서쪽 지역)에서 행해졌던 콘칠리움 Concilium(1975년 3, p.112)에 실린 통계와 「악마, 마귀, 부마들」이란 책에서 언급하고 있는 통계를 참고했다. 내가 알고 있는 바로는 그것들은 많은 신학 주제들과 연관된 자료들이다.

위에 인용한 통계는 신학자들에 대한 것이지만 실제로 현대 사제들의 의식에 상당한 영향을 미치고 있다. 하지만 이런 문제에 대해 직접적으로 사제들을 대상으로 하는 통계는 아직 나온 것이 없다. 설령 나온다 해도 위의 통계와 거의 비슷하지 않을까 싶다. 분명, 지금의 그들의 행동은 이런 추측을 가능케 한다.

혹자는 내 책 「구마 사제가 들려주는 구마 이야기」에서 몇몇 주교님들의 말을 인용하며 전제한 것을 일반화시키지 말아 달라고 했다. 물론 독자들은 그런 주교님들의 대답을 읽고 놀라서 스캔들이라고 생각할 수 있다. 하지만 구마 사제가 있는 곳에는 항상 이런 문제에 민감하게 대처하는 주교님들이 있기 마련이다. 그래서 최근 주교님들이 이와 관련하여 답한 것들을 몇 가지 이곳에 옮겨 보고자 한다. "나는 절대로 구마 사제들을 임명하지 않는다." "나는 초심리학만을 신뢰한다." "도대체 누가 이런 어처구니없는 생각들을 당신 머리에 집어넣었단 말이오." 언젠가 해당 주교님으로부터 거부당한 어떤 젊은 청년에게 구마 기도를 했는데, 그는 주교님과 면담을 할 수 없었고 그 주교님은 구마 사제를 임명하지도 않았으며 오히려 그의 부모는 주교님으로부터 "당신 두 사람이 바로 악마 들린 사람들"이라며 꾸지람을 들었다고 한다.

    하지만 나는 주교님들과 만나면서 구마를 실제적으로 적용하지는 않더라도 항상 깊은 친절을 느낀 어떤 주교님께 이런 말씀을 드린 적이 있다. "주교님은 사도의 이름에 의한 후계자시고 그런 분께서 구마 예식을 행하지 않으신다면 사도들이 행한 것을 제대로 수행하지 않는 것이 됩니다." 또 다른 주교님께는 조금은 강경하고 구체적으로 이런 말씀을 드린 적도 있다. "주교님, 주교관에 이런 팻말을 걸어 놓으면 좋겠습니다. '이 교구에서는 주님께서 당신의 이름으로 마귀들을 쫓아낼 수 있다고 하신 약속을 믿지 않기 때문에 구마 예식을 행하지 않습니다. 누구든지 구마 예식을 원하는 사람은 대천사들이나 주님의 말씀을 믿고, 구마 예식을 행하는 침례교 혹은 오순절 교회에서 알아보십시오.' 라고요." 이런 강경한 말씀을 들은 주교님께서는 적어도 한 가지는 약속해 주셨다. "이 문제에 대해 다시 한 번 생각해 보겠습니다."

    적어도 다음 주교 정기 총회 때 이에 대한 재고의 바탕이 만들어지기를 기대해 본다.

사 례
구마 사제의 희귀성, 신자들의 고통

불편을 호소하는 수많은 편지가 주교님들께 오곤 하지만 여기서는 특별히 감사의 편지 한 장을 소개하겠다. 한 가장이 아내 때문에 고통스럽다는 내용인데, 15년 동안 그가 겪은 고통은 그리스도의 말씀과 사제들에게 위임된 힘을 믿었다면 대부분 일어나지 않았을 일이었다. 이 편지에 담긴 의구심에 특별히 주의를 기울이자.

주교님께

존경하는 주교님, 다양한 형태의 우울증 문제를 다룬 텔레비전의 한 프로그램에 대해 말씀드리면서 이 편지를 시작하려고 합니다. 이런 질병을 치유하기 위해서는 세 가지 처방, 즉 약(안정제, 수면제 등), 전기 쇼크(전기 충격), 정신 치료(정신, 심리, 신경 정신)가 필요하다고 한 전문가가 주장합니다. 그 프로에서 인터뷰한 의사 중 한 명은 성녀 안나 병원에 감금된 한 여인의 예를 들었습니다(제 아내의 경우일 수도 있지요). 정신과 의사인 그는 환자가 영혼을 잃어버려 평화를 누리지 못하는 것이기 때문에 세상의 의술로는 치료할 수 없다고 했습니다. 그리고 "최악의 우울증입니다. 교회에서는 악마의 영향이라고 하지만 정신병의 일종일 뿐이지요."라고 말했습니다.

의사들은 이런 상황에서 신부님들에게 도움을 받으려는 생각은 전혀 하지 않았습니다. 왜 그럴까요? 프로그램을 시청하면서 우울증을 전문적인 병으로만 취급하는 의사들의 무지에 놀랄 수밖에 없었습니다. 이런 질병에 시달리는 사람들을 위해 정신과 의사들이 할 수 있는 치료가 과연 있을지, 의문이 들었습니다. 제 아내만 겪은 일은 아닙니다. 정신 병원에 감금된 또 다른 사람이 제 아내처럼 치료받고 있을 수 있습니다. 복음에서는 부마 상태에 대해 여러 경우가 발견되는데 교회 또한 악마에 사로잡힌 상태를 '그저 유전병의 일종'이라고 취급하고 있는 것은 아닌지요?

저는 사제들이나 수도자들과 많이 대화하면서 내린 결론이 있습니다. 이들 성직자나 수도자들은 사탄의 존재를 부정하는 것을 훨씬 더 좋아한다는 사실입니다. 도대체 신학교에서는 무엇을 가르치기에 사제들이 이 분야에 이토록 무지한지요?

얼마 전 한 수녀원의 원장 수녀님이 '어떻게 이런 변화가 가능했느냐'고 제게 물었습니다. 수녀님은 저희와 잘 알고 지내던 분으로 오랜 병마에 시달리는 아내에게 기회 있을 때마다 따스한 위로의 말로 다독여 주셨습니다. 수녀님은 아내가 병원에서 정신 질환으로 진단 받은 사실을 아셨기 때문에 우리의 삶이 바뀐 것을 놀라워 하셨습니다. 제가 '구마 사제의 도움으로 사탄과 사탄의 놀라운 힘에서 해방되었다'고 말씀드리자 돌아온 수녀님의 대답이, 오히려 저를 수녀님보다 더 크게 놀래 켰습니다. "정말 악마가 있긴 있나 보군요! 우리 수도회 신부님들은 한 번도 악마에 대해 말하지 않던데요."

주교님, 제가 드리는 말씀은 '단지 이론에 불과한 것'이 아닙니다. 제

아내가 겪었고, 그로 인해 제가 15년 동안이나 고통당한 '명백한 사건의 경험'입니다.

제 아내는 열 살까지는 아주 평범한 삶을 살았고 모든 악은 그 이후부터 시작되었습니다. 아내의 할머니는 집에 무속인들을 끌어 들였고, 그들은 할머니의 돌아가신 가족의 혼백을 불러내 대화를 나누곤 했답니다. 아주 어릴 때부터 아내는 이런 모든 상황을 겪고 자랐습니다. 그때부터 아내는 삶의 균형을 잃고 악령으로부터 방해를 받기 시작했지만 부모님은 그런 상황을 전혀 알지 못 한 채 어린 자녀가 난폭해지고 혼란을 겪는 모습에 기막혀했다고 합니다.

얼마 후 정신이 혼미해질 정도의 의식 불명을 겪게 되었는데도 의사들은 아무 이상이 없다고 했고, 어떤 병명도 찾아내지 못했습니다. 이런 현상은 의사들에게 정말 설명이 불가능한 사례였던 것입니다. 몇 차례 집을 도망쳐 나와 방황하자 신경 정신과 의사의 치료도 받게 했지만 역시 뚜렷한 병명을 찾지는 못했습니다. 평온한 분위기의 가정에서 가족들로부터 귀여움을 받고 자랐기 때문에 정신적인 결핍 요인이 없다는 것이 이유였습니다.

저희는 1976년 혼배를 했습니다. 결혼 초기는 평온했으나 3년이 지나자 아내가 의식 불명까지 가는 좋지 않은 상황들이 발생했습니다. 진료를 맡았던 전문가들은 특별히 의심되는 증상을 발견하지 못하자 아내에게 안정제만 처방했습니다. 시간이 지나면서 제 아내는 신앙생활에도 큰 어려움이 생겨 성당에 가고, 기도하는 것을 거부하기 시작했습니다. 성당에 함께 가려고 할 때는 온몸이 돌처럼 굳어 버렸고, 어쩌다 성당에 발이라도 들여놓게 되면 즉시 뛰쳐나가려고만 했습니다. 이런 현상은 아내의 기분을 완전히 저하시켰고(대단히 열심한 신자였는데), 아내의 부모는 그 이유를 도무지 알 수 없어 했습니다.

자주 신부님들을 찾아가 저의 처참한 상황을 말했지만 이해해 주시는 분이 없었습니다. 지극히 평범한 몇 마디, '일어날 수 있는 일이다, 의심을 가질 수도 있다, 기도하라'가 제가 들은 대답의 전부였습니다. 하지만 아내의 좌절은 '도무지 기도할 수 없는' 데서 비롯되었습니다. 아내는 항상 우울하여 계속 울곤 했는데 그럴 때마다 의사들은 안정제와 수면제의 양을 늘려 약에 취한 상태로 만들었습니다.

게다가 언제부턴가 아내는 가장 싫어하던 술도 스스로 엄청나게 마시기 시작했습니다. 이상한 것은 아내가 자신이 술을 마시고 있다는 사실조차 깨닫지 못했다는 것입니다. 당시 여러 번 약을 먹거나 동맥을 끊어 자살을 시도했지만 다행히 그때마다 목숨을 건졌습니다.

혈중 알코올 농도가 3.8이나 되는 술 중독에서 헤어나기 위해 병원에 입원하기로 결정했습니다. 하지만 담당 의사는 육체적으로 아무런 이상 증세가 없다고 했고 제 아내와 이야기할 때 알코올 중독자의 증세가 보이지 않는 것에 크게 놀랐습니다. 그는 아내를 정신과로 보냈습니다. 의사에게 아내는 자신이 겪고 있는 신앙 문제에 대해서만 말하곤 했는데, 의사는 안정제의 양만 늘려 아내를 아무런 반응도 없고 기억도 못하는 마약 중독자처럼 만들어 버렸습니다.

도대체 무엇을 어떻게 해야 할지 몰라 저는 혼백을 불러내는 영매를 찾아갔습니다. 그러자 아내는 어느 정도 기운을 차리는 듯했지만 곧 전처럼 되었습니다. 잘못된 길을 택했다 싶었습니다. 당시 아내가 불임이라 입양을 준비 중이었는데, 마침 태어난 지 석 달되는 남자아이를 만났습니다. 저희는 상당히 기뻤고 그동안 겪은 모든 문제들이 아이를 통해 해결될 것으로 기대했습니다. 하지만 악은 여러 가지 증상들을 일으키면서 그 전보다도 훨씬 강한 힘으로 아내를 괴롭혔습니다. 예를 들면 아내는 시력을 잃었고 귀와 입이 막힌 벙어리처럼 행동하기도 했으며 어떤 때는 사람들에게 소름 끼치는 괴성을 질러 대곤 했습니다. 또 저와 아이를 죽이려고 총을 겨누기도 했으며 자살하려고 창밖으로 뛰어내리려고도 했습니다. 차를 몰고 나가 몇 시간이고 돌아오지 않는 경우도 있었습니다. 도대체 어디로 사라졌는지 답답해하던 제 심정을 누가 알겠습니까! 한밤중에 일어나서 길거리를 마구 뛰어다니기도 했고 악마의 환상을 보기도 했습니다. 어떤 날은 가득한 욕조 물에 머리를 처박아 정신을 잃어 인공호흡을 받기도 했습니다. 또 어떤 날은 차 사고를 냈지만 전혀 기억하지 못했고, 자신이 차를 운전했다는 사실 자체도 기억하지 못했습니다. 그럴 때마다 저는 직장에서 집으로 단숨에 달려오곤 했는데, 정말 지옥 같은 나날이었습니다.

신앙만 되찾는다면, 다시 기도할 수만 있다면, 훨씬 나아질 것 같았습니다. 하지만 아내는 사제가 있는 자리를 견뎌 내지 못하고 뛰쳐나오곤 했습니다. 저는 절망하기 시작했습니다. 더 이상 아내는 혼자 집을 지킬 수 없었고 아들을 돌볼 수 있는 상태가 아니었습니다. 우리에게 미래는 어둠뿐이었습니다.

'정말 드문 일이지만 아내는 악의 영향을 받고 있다'고, 말씀해 주시는 신부님을 만났습니다. 저는 우연한 기회에 이런 악에 시달리는 사람들을 치유하는 두 여인이 포르투갈에 살고 있다는 말을 들었습니다. 우리는 의사들과 친척들의 반대를 무릅쓰고 그곳을 찾아갔습니다. 그 두 여인으로부터 기도를 받은 제 아내는 아무런 약 없이 아주 평온하게 그날 밤 내내 잠을 잤습니다. 그리고 다음날 기분이 좋다고까지 했습니다. 포르투갈에서 집으로 돌아 올 때 저는 정확하게 차를 운전하는 제 아내를 보고 도저히 믿을 수가 없었습니다.

그들이 가르쳐 준 대로 저는 며칠 동안 기도했고 아내는 좀 잠잠해져 정상으로 돌아온 듯했습니다. 하지만 악은 모든 것을 원점으로 되돌렸습니다. 그러던 어느 날 신부님의 소개로 드디어 구마 사제를 만났습니다. 그는 과중한 임무를 맡고 있었기 때문에 저희를 만날 약속 날짜는 두 달 뒤였습니다. 구마 예식 중에 구마 사제가 드린 기도와 기도 중에 보인 아내의 불가사의한 반응에 대해서 기술하고 싶지는 않지만 매번 구마 기도가 끝날 때마다 아내는 본연의 모습을 찾아갔고 완전한 치유를 얻었다는 말은 드리고 싶습니다. 악의 침범을 받을 때마다 구마 사제는 저희를 만나 주셨고, 사탄으로부터 어떻게 대처해야 하는지 알려 주셨습니다.

그 후로 조금씩 사탄의 공격이 줄어들었습니다. 아내는 드디어 미소와 삶의 기쁨, 기도, 아이를 돌보는 생활을 되찾았고, 좋은 친구들을 되찾았습니다. 지금은 완전히 다른 사람이 되었습니다.

한 가지 더 말씀드리고 싶은 것은 저희가 만난 구마 사제는 악마에 전염된 물건들을 찾아내는 카리스마를 지닌 어떤 분의 도움을 빌어 임무를 수행하시는 분입니다(자세한 내용은 다른 장에서 언급함). 그 사람이 저희 집을 방문하여 악에 전염된 세 개의 물건을 찾아냈습니다. 그리고 그는 아내의 할머니가 아내의 어린 시절 아내 앞에서 혼백을 불러들일 때부터 악이 시작되었다고 믿었습니다. 이것은 정말 위험한 것으로 모든 사람이 알아야 한다고 생각합니다. 제가 만난 그 많은 신부님들이 어떻게 이런 것을 전혀 모르고 있을까요?

　저는 구마 사제께 어떻게 감사를 드려야 할지 모르겠습니다. 구마 사제에게 가기까지 저희가 15년 동안 겪은 비극은 정말 끔찍합니다! 이상한 것은 현대인들이 화성에 발을 들여놓고 정보와 로봇, 전자 문화의 홍수 속에 사는 2000년대에 2000년 전에 있었던 사실에 대해서는 전혀 직시하지 않는다는 것입니다.

　부마 상태라는 현실을 부정하고 믿지 않아서 이어지는 결과는 이런 상황 속에서 실제로 고통당하는 이들을 지옥의 형벌에 가두는 것과 같고, 그것은 옳지 않다는 제 생각을 저의 경험을 빌어 말씀드립니다.

　저는 교회에 질문합니다. 충분한 숫자의 구마 사제를 양성하고 있는지요? 사제들이 복음의 진리를 바탕으로 교육을 받고 있는지요? 타인의 고통을 이용해 배를 채우는 사기꾼들에게 신자들을 맡기시겠습니까?

　공경하올 주교님, 편지로 제 분노를 말씀드려서 죄송합니다. 하지만 우리가 잊고 있는 현실을 한 번 검토 해 보는 것도 바람직하다고 믿습니다. 주교님, 제가 만난 그 사제를 구마 사제로 임명하셔서 저희를 구해 주심에 진심으로 감사드립니다.

사 례
유명한 프랑스 신학자의
악에 대한 견해

공의회 이전의 신학자들은 과거의 지나친 편견이 모든 연구 가설을 정설인 것처럼 받아들여 적절치 못하게 가르친 것 같다. 공론화할 생각은 없지만 그런 강의는 당연히 심한 혼란을 가져왔다. 물론 그들의 활동은 귀한 것이었으나 자신들과 관계되지 않은 공식 교서에 대해서는 어느 것도 거론하지 않았고 자신들의 자리만을 지키려 했다. 이와 관련해서 나는 프랑스의 유명한 신학자인 앙리 드 뤼박 Henri de Lubac의 입장에 동감하고, 이 책에도 유용하다고 생각하여 다음과 같이 인용한다.

나는 1968년 12월 5일 공의회 그룹에 속해 있던 신학자들이 제의한 '결의문'에 동의하지 않았다. 흉물스럽고 선동적으로까지 보였을 뿐아니라 목적이 결여되어 있었기 때문이다. 이 신학자들은 모든 표현의 자유를 누리고 있었으며 독선적이었다. 이 결의문에 대한 나의 견해는 이러하다.

1. 나는 주장을 펼 때 항상 출판을 통해서 했다. 말로 하는 현란한 주장은 쉽사리 사람을 매혹시키지만, 대부분 그리스도인답지는 않기 때문이다. 그런데도 나는 여러 차례 무가치한 협조 요청을 받은 적이 있다.
2. 그 내용은 내가 볼 때 두 가지 면에서 부적절하다.

a) 혼란과 불안을 증대시킬 위험이 있으며 실제적으로 생명력을 활성화시키지 못하고 오히려 소멸시킨다.

b) 교회 쇄신의 진정한 목적은 가톨릭의 양심과 일어 날 수 있는 모든 사건을 통해 정의되고 함께하는 것이 지속될 때 이루어진다. 신학자는 자신들의 자유와 부차적인 보장이나 법적인 것들을 주장하기 전에 이런 일치성을 보호하고 증진시킬 의무가 있다. 신학자들의 첫 번째 의무는 무엇보다 먼저 타당하고 중요한 말씀 선포이며, 이를 어겼을 때는 일반인이나 다를 바 없이 권리 요구 영역으로 전락하게 된다.

3. 내 입장은 이렇다. 신학교의 다양성은 여러 사건이 증명해 주듯이 오늘날 교회의 권위로부터의 법적인 압력이 아니라 실제로 모든 압박과 선전, 협박과 배타주의로부터 위협을 당하고 있다는 것이다. 행하는 것과 행하지 않는 것들을 보면서 교회 안에서 가르치는 행동의 자유는 이에 대해 불만을 토로하는 신학자들의 언론의 자유보다 더 심각한 방해를 받고 있다고 확신하게 되었다.

마지막으로 한 가지 질문을 던지고 싶다. 이런 형태의 공동 선언문이나 발표문을 내기 전에 신학자들은 자신들의 생각에 새로운 정비나 쇄신 계획을 스스로 겸손하게 실천해 보았을까?

(30 Giorni, 1990년 7월 호, p. 48 참조)

사 례

(마치 하느님처럼 행동하는)
허풍쟁이 돌팔이 의사들을 저지하라

'마리오 네그리'Mario Negri 연구소 소장인 실비오 가라티니Silvio Garattini 교수는 이런 제목 하에 분명하고도 냉정한 목소리로 1991년 11월, 코리에레 메디코Corriere Medico에 글을 실었다. 구마 사제들도 마찬가지로 사기꾼들의 정체를 밝히는 의사들의 의견에 동의한다.

지금처럼 의학 분야가 월권을 하고, 쓸데없는 말이 무성한 시대는 일찍이 없었다. 무당, 심령 치료사, 심리 치료사 등등이 등장하여 질병에 대해 떠들면서 아주 손쉽게 고통 받는 사람들을 고친다는 주장은 TV를 켜는 것만으로도 충분히 접할 수 있다.

이렇게 겁 없이 월권하는 사람들은 만병을 고친다고 떠든다. 그들은 암을 제외하고는(현재까지는) 모든 질병들을 치료할 수 있다고 장담한다. 혈전증부터 관절염까지, 당뇨병부터 신경통까지 못 고치는 병들이 없다. 철판을 깐 얼굴을 내민 채로 대부분 자기들끼리 짜고 하는 전화 인터뷰에 대답하는 꼴들이란. 그들은 유료 광고라는 것을 그 어디서도 드러내지 않은 채 이런 모든 일들을 한다. 또 법망을 피하기 위한 후속책으로 이들은 자신들의 치료가 효험이 있다고 보증해 주는 의사 한 명을 방패막이로 데리고 있다. 신문이나 잡지에는 여러 종류의 다이어트 약부터 자연 식품, 스파 마사지, 약초들, 엄청나게 많은 체지방 예방약과 대머리 예방약의 효과를 떠들어대는 광고가 연일 올라온다.

    이런 광고 홍수가 늘어나고 있다는 것 자체가 분명 많은 사람들이 쓸데없는 돈을 낭비하면서 이런 것들을 구입한다는 증거이지만, 시간만 낭비해서 이미 있는 공인된 약품으로 해결할 수 있는 기회마저 놓쳐 버릴 위험에 처하기도 하는 게 더 큰 문제이다. 어느 정도 의식 수준을 지닌 사람이라면 이런 식으로 계속 이웃을 속일 수 있는지, 의문을 품을 것이다.

    그렇다면 보건복지부 장관은 무엇을 하고 있을까? 이런 상황에 대해 경고했던가? 사람들을 보호할 대책을 모색했던가? 또 의사협회는 무엇을 하고 있는가? 법에 합당한 의술 행위를 하지 않는 의사들을 의사협회 명부에서 제적할 수는 없을까? 오래전부터 대답을 기다리고 있는 질문이지만, 공공의 건강에 대한 관심이 대중의 인기를 끌지 못하기 때문에 그저 질문으로만 끝나는 것은 아닐까 싶다.

사탄을 물리치는 그리스도

여기서는 예수님께서 행하시고, 제자들에게 가르치셨으며, 힘을 부여해 주신 구마 활동의 기초를 둘러보려고 한다. 구원 사업의 마지막 단추인 구마를 제대로 이해하지 못한다면 구마는 한낱 수수께끼로 남을 뿐이다. 앞으로 제시할 많은 요소들을 우선 세 가지로 요약해 본다.

- "악마가 한 일을 없애 버리시려고 하느님의 아드님께서 나타나셨던 것입니다."(1요한 3,8) 이는 위대한 하느님의 활동을 분명하게 드러내고 있다.

- 베드로는 코르넬리우스(그리스도교로 개종한 첫 번째 이교도)에게 예수님의 구마 활동을 간결하게 들려준다. "악마에게 짓눌리는 이들을 모두 고쳐 주셨습니다."(사도 10,38)

- 마지막으로 바오로는 그리스도인들이 주님께 충실하기 위해 해야 하는 투쟁을 다음과 같이 아주 깊이 있게 정의했다. "악마의 간계에 맞설 수 있도록 하느님의 무기로 완전히 무장하십시오. 우리의 전투 상대는 인간이 아니라, 권세와 권력과 이 어두운 세계의 지배자들과 하늘에 있는 악령들입니다."(에페 6,11-12)

우리는 바오로 사도가 역설하는 투쟁에 성실히 참여한다면 사탄과 직접 맞서는 그리스도를 제시하면서 사탄의 완전한 패배를 강조하는 부분이 공관 복음에서 차지하는 중요성도 제대로 이해하게 될 것이다.

요르단 강에서 하느님의 성스런 선포가 있은 후에 시작된 예수님의 공생활은 유혹으로 시작된다. 복음사가 마르코는 이를 간단하면서도 절묘하게 표현한다. "예수님께서는 광야에서 사십 일 동안 사탄에게 유혹을 받으셨다."(마르 1,13) 마르코 복음사가는 예수님을 유혹하는 악마를 특별히 의미를 두어 표현했고 이것은 마태오와 루카 복음서에도 똑같이 언급된다. 이처럼 우리도 끊임없이 예수님과 똑같은 유혹을 당하는데, 이는 육체의 욕망(음식, 성공, 권력 등)과 성령의 뜻, 즉 하느님의 약속과 사탄의 약속 사이에서 선택해야 할 때 겪는 감정의 미묘한 실랑이이다.

첫 번째 아담은 사탄의 약속을 선택했지만 두 번째 아담인 그리스도는 하느님께 대한 순종을 택하셨으며, 이 선택으로 지상 왕국을 포기하고 십자가에 처형되는 죽음을 감수하셨다.

예수님이 선택하는 순간에 사탄은 패배했다. 하느님의 왕국을 재건하기 위해 사탄을 반대한 스승이신 예수님의 '말씀'으로 사탄은 그 이후에도 계속 패배했다. '사탄을 물리치심'은 예수께서 행하신 놀라운 기적들 중에서도 특별히 강조되어 그리스도의 신성에 대한 계시를 분명하게 드러내는 요소로 쓰였을 뿐 아니라 어둠의 세력인 악령에 대한 예수님의 월등하고 특별한 지배를 보여 주는 표징으로 자리매김했다. 공관 복음사가들은 예수님이 하신 활동의 초점을 사탄의 권세를 파괴하고 인류를 해방하는 데 맞추기 위해 이런 에피소드들을 강조하고, 질병 치유와 악령으로부터의 해방을 분명하게 구분해서 서술한 것이다. 이에 대해 좀 더 상세하게 살펴보기로 하자.

마르코 복음사가는 그리스도의 이 세 가지 힘을 강조하면서 마르코 복음을 시작한다.

"마침 그 회당에 더러운 영이 들린 사람이 있었는데, 그가 소리를 지르며 말하였다. '나자렛 사람 예수님, 당신께서 저희와 무슨 상관이 있습니까? 저희를 멸망시키러 오셨습니까? 저는 당신이 누구신지 압니다. 당신은 하느님의 거룩하신 분이십니다.' 예수님께서 그에게 '조용히 하여라. 그 사람에게서 나가라.' 하고 꾸짖으시니, 더러운 영은 그 사람에게 경련을 일으켜 놓고 큰 소리를 지르며 나갔다. 그러자 사람들이 모두 놀라, '이게 어찌 된 일이냐? 새롭고 권위 있는 가르침이다. 저이가 더러운 영들에게 명령하니 그것들도 복종하는구나.' 하며 서로 물어보았다."(마르 1,23-27) 이 부분은 사람들이 예수님의 설교와 악마들을 쫓아내는 예수님의 힘을 예리하게 보고 있음을 강조하는 서술이다.

"저녁이 되고 해가 지자, 사람들이 병든 이들과 마귀 들린 이들을 모두 예수님께 데려왔다. 온 고을 사람들이 문 앞에 모여들었다. 예수님께서는 갖가지 질병을 앓는 많은 사람을 고쳐 주시고 많은 마귀를 쫓아내셨다. 그러면서 마귀들이 말하는 것을 허락하지 않으셨다. 그들이 당신을 알고 있었기 때문이다."(마르 1,32-34) 예수님께서 악마의 입을 다물게 하면서 성부를 증언하신 것은 악마가 아닌 청중의 입을 통해 당신이 증언되기를 원하셨기 때문이다. 이와 같이 예수님께서는 우리도 당신의 증거자가 되기를 원하신다.

악마들이 예수님께 대해 하는 증언들은 그분에게 해가 된다. 그들은 본성상 거짓말쟁이이며 예수님께서 조금씩 드러내고자 하는 당신의 신성을 악마들이 먼저 드러내려고 안달하기 때문이다.

마르코 복음 1장은 "온 갈릴래아를 다니시며, 회당에서 복음을 선포하시고 마귀들을 쫓아내셨다."(마르 1,39)는 문장을 반복하며 제시함으로써 사탄을 물리친 승리가 설교와 병행되었음을 드러낸다.

마르코는 악마를 향한 예수님의 힘에 대해 여러 군데서 언급한다. "더러운 영들은 그분을 보기만 하면 그 앞에 엎드려, '당신은 하느님의 아드님이십니다!' 하고 소리 질렀다. 그러나 예수님께서는 그들에게 당신을 사람들에게 알리지 말라고 엄하게 이르곤 하셨다."(마르 3,11-12)

다른 부분으로 딸을 죽음에서 되살려낼 만큼의 위대한 믿음을 드러내는 이교도 여인과의 만남은 참으로 흥미롭다. 이는 오늘날에도 종종 일어나는 먼 거리에서의 '해방'을 보여 주는 경우로, 대상이 멀리 있을지라도 구마가 가능하다는 것을 보여 준다. 이런 경우에 대해서는 좀 더 이야기할 기회를 가지려고 한다(마르 7,25-30 참조).

풍부하고 중요한 특성을 지닌 두 가지 경우의 해방 – 게라사 지방의 마귀 들린 사람(마르 5,1-20)과 제자들이 쫓아내지 못한 아이 속에 있던 악령(9,14-29) – 에서 보이는 특별한 요소들은 따로 다루도록 하겠다. 이 에피소드들은 마태오와 루카 복음에서도 읽을 수 있기 때문에 특별히 따로 떼어 고찰할 필요가 있다.

다른 고찰 요소들(이런 에피소드들이 주는 예수님의 가치와 제자들에게 먼저 부여했던 힘)로 넘어가기 전에 마태오 복음사가와 루카 복음사가가 전하는 몇 가지 이야기를 완전하게 살펴보기로 하자. 그리고 요한 복음사가는 개별적인 에피소드에 집중하기보다는 일반적인 특색을 고찰하는 데 더욱 관심을 보였음을 염두에 두자.

마태오 복음사가는 정확히 몇 번인지는 밝히지 않으나 여러 가지 집단적인 해방에 대해 강조한다. "예수님의 소문이 온 시리아에 퍼졌다. 그리하여 사람들이 갖가지 질병과 고통에 시달리는 환자들과 마귀 들린 이들, 간질 병자들과 중풍 병자들을 그분께 데려왔다. 예수님께서는 그들을 고쳐 주셨다."(마태 4,24) "저녁이 되자 사람들이 마귀 들린 이들을 예수님께 많이 데리고 왔다. 예수님께서는 말씀으로 악령들을 쫓아내시고, 앓는 사람들을 모두 고쳐 주셨다."(마태 8,16)

루카 복음사가도 이에 못지않다. 그는 18년 동안이나 허리가 굽은 상태로 살던 여인에 대한 에피소드(루카 13,11-17)를 전하고 있을 뿐 아니라 많은 사람의 해방을 강조하는 데에도 열심이다. 우리는 "해 질 무렵에 사람들이 갖가지 질병을 앓는 이들을 있는 대로 모두 예수님께 데리고 왔다. 예수님께서는 한 사람 한 사람에게 손을 얹으시어 그들을 고쳐 주셨다. 마귀들도 많은 사람에게서 나가며, '당신은 하느님의 아들이십니다!' 하고 소리 질렀다. 그러나 예수님께서는 꾸짖으시며 그들이 말하는 것을 용납하지 않으셨다. 당신이 그리스도임을 그들이 알고 있었기 때문이다."(루카 4,40-41) "그들은 예수님의 말씀도 듣고 질병도 고치려고 온 사람들이었다. 그리하여 더러운 영들에게 시달리는 이들도 낫게 되었다. 군중은 모두 예수님께 손을 대려고 애를 썼다. 그분에게서 힘이 나와 모든 사람을 고쳐 주었기 때문이다."(루카 6,18-19) "악령과 병에 시달리다가 낫게 된 몇몇 여자도 그들과 함께 있었는데, 일곱 마귀가 떨어져 나간 막달레나라고 하는 마리아"(루카 8,2) 등의 말씀을 접할 수 있다.

이제 특별한 요소들을 풍부하게 담고 있는 두 에피소드들에 대해 짧게 살펴보자. 먼저 마르코 복음(5,1-20)에 나오는 게라사 지방의 악마 들린 사람의 해방에 대해 분석하자면 이 경우는 완전하고 위급한 부마 상태를 드러낸 사례이다. 여기서 부마자는 쇠줄과 보호대를 끊으며 인간의 힘을 넘어서는 위력을 과시하면서 그 옆을 지나가는 것조차 두려울 만큼 무시무시한 분노를 폭발시킨다. 주목할 것은 다른 부마, 즉 악마가 바깥에 있으면서 가끔씩 사람을 사로잡을 때의 증상은 육체적인 질병으로만 보일 수 있다는 사실이다. 귀머거리이며 벙어리였던 경우와 허리가 굽은 여인의 경우가 이 예이다. 이처럼 오늘날에도 부마 상태가 보여 주는 증상은 참으로 다양하다.

이름이 무엇이냐는 질문에 대한 대답은 지금까지도 흥미롭기 그지없다. "우리는 숫자가 엄청나서 군단으로 불린다." 그리고 루카 복음에서 나타나는, '지옥'이 아니라 돼지 떼로 들어가게 해 달라는 악마들의 요청을 허락하시는 예수님의 모습은 왜 그러셨는지 궁금하기까지 하다. 오늘날에도 악마들은 가끔씩 구마 사제에게 자신들이 가고 싶은 장소로 보내 달라고 요구하기도 하고, 반대로 구마 사제가 악마가 갈 곳을 정해 주기도 한다. 이 에피소드는 예수님께서 치유된 사람에게 특별한 사도직을 부여하면서 끝을 맺는다. 질병이 나은 사람들에게 소문내지 말라고 명령하셨던 것과는 대조적으로 악령에 들렸던 사람에게는 해방에 대해 소문을 내지 말라는 명령을 하지 않으신다.

아홉 명의 제자들이 아이를 악령으로부터 해방시키지 못한 두 번째 경우는 상세하게 설명되어 있다. 그 시간 예수님께서는 베드로와 야고보, 요한과 함께 타볼 산에 계셨다. 루카 복음을 근거로 살펴보면(9,38-43 참조) 여기도 부마 상태가 심각하다. 악마는 아이를 벙어리로 만들고 땅바닥에 내팽개쳐 기절하게 만들어 간질병 환자처럼 보이도록 했다. 하지만 더 심각한 것이 숨어 있다. 파괴자인 악마는 외아들인 아이의 목숨을 노리고 불이나 물속에 뛰어들게 만든다(마르 9,14-27 참조).

여기서 우리는 중요한 특이성 두 가지를 꼭 발견해야 한다. 첫 번째는 예수님의 질문이다. "아이가 이렇게 된 지 얼마나 되었느냐?" 다른 복음에서는 한 번도 부마 상태의 기간에 대해 언급하지 않는 반면 여기서는 '어릴 적부터'라고 기간을 분명하게 밝히고 있고, 이것은 부마의 희생양이 된 당사자에게는 잘못이 없다는 반증이다.

주목할 것은 예수님이 이렇게 물으시고 해방을 위해 제시하시는 조건이다. 예수님께서는 아이의 아버지에게 "믿는 이에게는 모든 것이 가능하다."고 하신다. 그리고 자신들의 능력으로는 어떻게 해 볼 수 없었던 제자들과 놀란 사람들, 실망한 사람들에게 말씀하신다. "기도하지 않고, 단식하지 않으면 그것들을 쫓아낼 수 없다."[1] 그렇다면 제자들에게 주신 힘에는 한계가 있었을까? 아니다, 그렇지 않다. 이는 악마로부터 누구를 해방시키거나 스스로 해방되는 힘은 상당한 어려움을 이겨낸 다음에야 얻어진다는 사실을 나타낸 것이라 여겨진다. 예수님께서도 구마 예식의 효험은 자동으로 발휘되는 게 아니라 많은 기도와 믿음이 필요하다는 것을 말씀으로 분명하게 알려 주셨다.

예수님께서 얼마나 대단한 힘으로 자주 악마들을 내쫓으셨는지 살펴보았으니 이제는 예수님의 말씀으로 드러나는 악마에 대해 살펴보자.

예수님은 악마의 힘을 잘 알고 계셨다. 다음 예들을 보라.

- 사람 안에 들어갈 수 있다. ; "사탄이 그에게 들어갔다."(요한 13,27) 이 말로 유다의 마지막을 보여 준다.
- "밖으로 나간 뒤 이보다 더 심각한 일곱 마귀들과 함께 다시 돌아올 수 있다."(마태 12,43-45 참조)
- "마법사 시몬이 한 것처럼 백성을 놀라게 하는 활동들을 할 수 있다."(사도 8,9 참조)
- 특정한 시대에 각별한 힘을 발휘할 수 있다. ; "이제는 너희 때요 어둠이 권세를 떨칠 때다."(루카 22, 53) 특히 이런 힘은 묵시록의 종말론적 서술들에서 보이는 것처럼 마지막 때가 왔을 때 확산된

---

1 원문의 뜻을 살리고자 저자가 인용한 이탈리아 성경(마르 9,29)을 그대로 직역함.–역자 주

다. 왜냐하면 악마는 하느님의 계획을 반대하기 때문이다.

- 씨 뿌리는 사람의 비유에서, "길에 뿌려진 씨는 바로 그러한 사람"(마태 13,19)
- 좋은 씨앗과 가라지의 씨의 비유에서, "가라지를 뿌린 원수는 악마"(마태 13,39)
- 하느님의 자녀들을 자신의 종으로 만들려고 안간힘을 쓴다. "내가 너희 열둘을 뽑지 않았느냐? 그러나 너희 가운데 하나는 악마다."(요한 6,70) "너희는 너희 아비인 악마에게서 났고, 너희 아비의 욕망대로 하기를 원한다."(요한 8,44); "하나니아스, 왜 사탄에게 마음을 빼앗겨 성령을 속이고 땅값의 일부를 떼어 놓았소?"(사도 5,3), "시몬아, 시몬아! 보라, 사탄이 너희를 밀처럼 체질하겠다고 나섰다."(루카 22,31)

이런 서술을 통해 우리는 예수님이 사탄을 제압하는 위대한 힘의 원천임을 엿볼 수 있다.

악마의 힘은 율법 학자들과 바리사이 사람들을 혼란에 빠트리는 힘이며, 그들은 그런 상황을 설명하려고 했지만 악마의 자식들이라고 인정하는 것 말고는 아무 대답도 할 수 없었다. 다음 말씀을 예로 읽어 보자. "그들이 나간 뒤에 사람들이 마귀 들려 말 못하는 사람 하나를 예수님께 데려왔다. 마귀가 쫓겨나자 말 못하는 이가 말을 하였다. 그러자 군중은 놀라워하며, '이런 일은 이스라엘에서 한 번도 본 적이 없다.' 하고 말하였다. 그러나 바리사이들은 '저 사람은 마귀 우두머리의 힘을 빌려 마귀들을 쫓아낸다.' 하였다."(마태 9,32-34) 바리사이들의 이런 표현은 복음에 여러 번 나온다. 유다인들이 예수님께 말했다. "이제 우리는 당신이 마귀 들렸다는 것을 알았소."(요한 8,52) "예루살렘에서 내려온 율법 학자들이, '그는 베엘제불이 들렸다.'고도 하고, '그는 마귀 우두머리의 힘을 빌려 마귀들을 쫓아낸다.'고도 하였다."(마르 3,22)

사실 바리사이나 유다인의 이런 표현은 사탄의 활동을 파괴해서 악마의 손아귀에 놓인 이들을 해방하러 오신 그리스도의 근본적인 사명을 은연중에 드러낸 것이다. 저들의 외침은 다음과 같은 세 가지 사실에 비추어 분명하고 완전하게 거짓이다.

첫째, 사탄은 스스로 자신들의 왕국을 파괴해 버릴 수 있다. "어떻게 사탄이 사탄을 쫓아낼 수 있느냐? 한 나라가 갈라서면 그 나라는 버티어 내지 못한다. 한 집안이 갈라서면 그 집안은 버티어 내지 못할 것이다. 사탄도 자신을 거슬러 일어나 갈라서면 버티어 내지 못하고 끝장이 난다."(마르 3,23-26)

둘째, 그들 눈앞에서 실제로 일어나고 있는 일이 드러내는 '진리'인데, 이 둘째 사실은 첫째 사실보다 훨씬 중요하다. 예수님이 악령들을 쫓아내는 현장을 목격하면서 청중들은 예수님의 이런 권능의 진짜 의미에 눈뜨게 된다. "내가 하느님의 영으로 마귀들을 쫓아내는 것이면, 하느님의 나라가 이미 너희에게 와 있는 것이다."(마태 12,28) 악마가 쫓겨 나가는 것에는 이 세상이 하느님의 나라로 바뀌고 있다는 중요한 진리가 담겨 있다. "이제 이 세상은 심판을 받는다. 이제 이 세상의 우두머리가 밖으로 쫓겨날 것이다."(요한 12,31) "이 세상의 우두머리가 이미 심판을 받았기 때문이다."(요한 16,11) 이것은 예수님이 이 세상에 오셔서 완성하신 업적이다. 그렇기 때문에 몇몇 바리사이들이 "어서 이곳을 떠나십시오. 헤로데가 선생님을 죽이려고 합니다." 하고 말하자 예수님께서 그들에게 이르셨다. "가서 그 여우에게 이렇게 전하여라. '보라, 오늘과 내일은 내가 마귀들을 쫓아내며 병을 고쳐 주고, 사흘째 되는 날에는 내 일을 마친다. 그러나 오늘도 내일도 그다음 날도 내 길을 계속 가야 한다."(루카 13,31-33)

셋째, 예수님께서 사탄을 내쫓으며 보여주신 '권능의 절대적 우위성'은 모든 사실의 핵심이다. "힘센 자가 완전히 무장하고 자기 저택을 지키면 그의 재산은 안전하다. 그러나 더 힘센 자가 덤벼들어 그를 이기면, 이긴 자는 그가 의지하던 무장을 빼앗고 저희끼리 전리품을 나눈다." (루카 11,21-22) 이 서술이 분명한 예이다. 사람을 사로잡은 힘센 마귀는 자기만큼 힘센 사탄은 없다고 확신했지만 예수님께서 오시자 마귀는 부마자들을 통해 항의한다. "우리를 파괴하시려고 오셨습니까?" 왜냐하면 예수님은 그들보다 훨씬 더 강하신 분으로 그들을 이기시기 때문이다. "그는 나에게 아무 권한도 없다."(요한 14,30) 하느님의 나라가 시작되었으므로 성 바오로는 아그리파스 왕에게 자신의 회개에 관해 이야기하면서 주님께서 하신 말씀을 반복한다. "나는 너를 이 백성과 다른 민족들에게서 구해 주겠다. 이제 내가 너를 그들에게 보낸다. 그들의 눈을 뜨게 하여, 그들이 어둠에서 빛으로, 사탄의 권세에서 하느님께로 돌아와 죄를 용서받고 나에 대한 믿음으로 거룩하게 된 이들과 함께 상속 재산을 받게 하려는 것이다."(사도 26,17-18)

사탄은 자신의 종들을 내세워서 그리스도를 반대하는 투쟁을 벌이지만 패배한다. 제2차 바티칸 공의회는 악령과의 투쟁은 이 세상 마지막 날까지 계속될 것이라고 명시했다(사목 헌장 37). 예수님이 제자들과 신자 모두에게 아주 특별한 힘을 부여해 주신 이유도 바로 그 때문이다. 이것에 대해서는 다음 장에서 언급하기로 하자.

사 례

사탄은 누구인가?
악마는 또 누구인가?

우리는 눈에 보이는 3차원적 세상도 다 알지는 못한다는 사실을 인정한다. 그렇다면 드러나지 않는 세상에 대해서는 오죽하랴. 그래서 드러나지 않는 세상을 탐구하기보다는 그것의 존재 자체를 부정하는 것이 훨씬 편하고 쉽다. 뿐만 아니라 우리는 인간의 두뇌로는 도저히 가늠할 수 없는 완전한 질서와 정확한 목적으로 세상을 창조하신 하느님의 전능하심까지도 부정하려고 한다. 사람들이 천사들의 숫자가 얼마나 되느냐고 물을 때마다 나는 묵시록에서 언급하는 '무수한 숫자'라는 말로 대답한다. 도저히 셀 수 없는 숫자, 그것은 우리의 두뇌로는 셀 수 없는 숫자이다. 또 악마들의 숫자에 대해 누군가 물으면 나는 부마자를 통해 악마 스스로가 내게 한 대답을 들려주기도 한다. "우리가 만약 눈에 보이는 존재들이었다면 태양을 가리고도 남을 만큼의 많은 숫자이다."

혹성들을 고찰해 보라고 독자들을 초대하고 싶다. 창조주의 위대함을 인식하는 데 소홀했고 생각조차 하지 않았다면 천체를 돌고 있는 혹성들에 대해 공부해 보기 바란다. 천문학자 중 한 명은 이렇게 정의하였다. "나는 믿지는 않지만 보고 있다." 이 말은 잘 생각해 보면 정말 놀랍다. 모든 우주는 완전한 지혜를 통해 저희들끼리 연결되어 있고, 똑바른 힘을 유지한다. 예를 들면 지구는 다른 혹성들과 만유인력에 의해 연결되어 있어서 강한 인력을 띠는 화성이 지구로 쏟아져 내리지 않으면서 우리가 살고 있는 지구 주위를 지혜로운 구심력의 법칙으로 돌고 있다. 모든 태양계는 무수한 혹성들로 구성된 은하계로 이루어져 있다. 이 은하계의 모든 혹성들은 인력의 핵심에 의해 유지된다는 사실을 우리는 알고 있다. 천문학자들에 의하면 이 핵심은 태양계로부터 약 3만 광년의 거리에 있다. 우리의 은하계는 약 9만 광년 거리라고 한다. 엄청난 크기다! 뿐만 아니라. 먼 거리, 즉 몇 백 광년에서 볼 때 우리의 은하계는 겨우 작은 빛에 불과하다.

우리는 대단히 많고 서로 다르며 엄청나게 먼 거리의 은하계들을 본다. 얼마나 될까? 대답이 불가능하다. 천문학자들은 우주의 핵심 부분을 밝혀내려 하고 천체의 혹성들이 서로의 힘을 가지고 유지될 수 있는 무중력의 핵심을 파헤친다. 하지만 현재로서는 단지 가설로 만족하고 있다. 우리가 감탄하는 엄청나게 광대한 우주계가 과학자들은 원자들의 조합이나 상당히 미세한 입자들의 조합으로 이루어졌다고 보고 있다.

이런 눈에 보이는 물질세계가 우리를 놀라게 한다면 영의 세계에 대해서는 어떠할까? 놀라운 질서와 감탄할 만한 법칙으로 하느님께서는 무수한 천체 혹성들을 만듦과 동시에 당신의 전능하신 지혜를 펼쳐 무수한 천상 영들을 창조하셨다. 성경은 천사들의 구품에 대해 언급한다. 교부들과 스콜라 학자들은 이에 대해 연구하고 많은 문헌을 남겼지만 현대 신학자들의 눈은 사회학 쪽으로 쏠려 있다. 천상 영의 존재들 사이에도 기쁨과 행복, 아름다움이라는 지적인 목적(영들의 존재는 지적이고 자유롭다)을 위한 질서와 계급이 존재한다. 이는 모두 창조주를 찬양하기 위함이다.

성서적 텍스트로부터 연역해 낼 수 있는 일반적인 견해는 하느님께서는 천사들을 먼저 창조하시고, 우주를 창조하셨다는 것이다. 물질세계의 창조에 대한 신비는 분명 놀라운 것이며 하느님의 지혜와 권능으로 지금도 지탱하고 있다. 하지만 물질세계가 의미 있는 것은 사람이 창조되었기 때문이다. 창조된 모든 것은 사람에게 속하며, 사람을 통해서 의미를 부여 받고, 창조하신 하느님께 다시 결합된다.

하느님을 닮은 모습으로 창조된 인간(창세 1,26)은 이성적인 존재로 자신을 지으신 창조주께 도달할 수 있는 가능성을 지니고 있고 그분과 소통할 수 있다. 반대로 물질세계는 하느님에 의해 창조되었으면서도 스스로 창조주와 직접 소통하지 못한다. 완전하게 수동적이고 구속적일 뿐이다.

천상 영의 존재인 천사들은 자기 자신들을 위해 창조된 것이 아니라 본성적으로 물질세계와 관계를 맺도록 창조되었다. 하느님께서 물질세계를 조금씩 창조하실 때 천사들은 왜 물질세계를 지으시는지, 도무지 이해할 수가 없었다. 완전한 영의 존재인 그들에게 물질세계는 아무런 의미가 없었다. 하느님이 지으신 세계가 차츰 모습을 드러내기 시작했지만 영들은 완전한 어리석음으로 느낄 뿐이었다. 하지만 하느님과 직접 관계를 맺는 이성적 존재인 사람이 등장하자 모든 게 달라졌다. 사람은 지혜롭고 자율적인 존재로서 하느님의 영광을 위해 물질세계에 의미를 부여하는 능력이 있었고, 모든 물질세계를 지배했다.

사탄이 나타난 배경은 인간 창조 이전에 천사들의 무리 중 일부가 반항한 것으로 생각할 수 있다. 우주가 완전하게 창조되고, 그 창조된 우주가 인간에 의해 고귀한 의미를 지니기 전에, 그러니까 창조 과정에 있는 물질세계에서 일부 천사들이 흠 잡을 것을 발견했기 때문이라는 설명도 가능하다. 반항한 천사들은 하느님을 찬양하지 않았으며, 하느님께서 물질세계를 창조하고 계실 때 이 창조 사업 자체를 어리석은 일로 여겼다. 우리 인간이 고통스러운 문제에 직면했을 때 하느님을 신뢰하지 않는 것처럼, 그들 또한 이런 어리석은 창조 사업을 하시는 하느님을 지혜로운 분으로 신뢰하지 않게 된 것이다. 여기서부터 그들의 반항이 시작되었다고 볼 수 있다.

그렇다면 사탄은 누구인가? 랍비 전통에 의하면 하느님의 왕권 앞에서 대단한 중요성을 지닌 영인 세라핌(Rabbi Eliezer, Pirke 13 참조)으로, 천사들의 두 배가 되는 열두 개의 날개를 지녔다고 한다. 상상해 보자. 우리 은하계가 천체를 지배하는 규칙에 거스른다면 알 수 없는 힘에 의해 얼마나 많은 혹성들이 떨어질 것이며 부서져 파편으로 튈지를. 대부분의 교부들은 사탄이 하느님으로부터 독립을 원했다고 설명한다. 또 자신의 위치를 상승시키려 했고, 자신을 절대자로 숭배해 주기 원하면서 스스로 교만에 빠진 것이라 보고 있다. 또 세대를 거쳐 오면서 여러 내용이 덧붙여졌는데, 교부들이 동의한 것은 다음과 같은 것들이다. 즉 '하느님을 적대시하고 스스로 분리되어 나간 사탄은 도저히 용서받을 수 없다.'이다. 그리고 사탄이 지상으로 떨어지면서 완전한 지적 자유 의지의 선택에 의해 그를 따르던 많은 천사들까지 끌어들였다는 것이다. 이때부터 사탄은 하느님에 맞서는 용납 불가능한 존재가 되었다. 그리고 사람이 창조되자 (사람도 하느님을 위해 창조되었다) 사람을 자신에게 복종시키기 위해 온갖 시도를 하고 있고, 창조주 하느님께도 모든 수단을 동원해 대항한다.

사탄의 전前 존재는 하느님께서 창조하신 중요한 창조물로 모든 창조물의 왕자였지만 하느님을 배반한 이후에 완전하고 명백한 의지로 창조주께 회귀하지 않음으로써 창조물 중에서 하느님께로부디 가장 멀리 떨어져 있게 되었다. 하느님을 적대한 죄는 사탄의 존재 속에 남아 영원히 벗어날 수 없게 되었다. 성경은 사탄을 여러 이름으로 부른다. 예를 들어 사탄, 루치펠, 베엘제불, 늙은 뱀, 붉은 용 등이다. 하지만 가장 정확하게 그의 이름으로 붙여져야 하는 것은 다름 아닌 '신성 모독'이 아닐까 싶다. 누군가의 내부에서 악이 객관적으로 인격화[2]된다면 그것은 사탄이 완전하게 활동한 것이다.

그러면 하느님을 적대한 결과는 어땠을까? 사탄은 스스로의 권위로 하느님의 영과 윤리의 질서에 반대하면서 태양계 시스템 대부분을 후퇴시켰다. 충만한 지적 능력과 자유로 사탄을 따르는 천사들은 더 많은 사람들이 스스로의 완전한 양심과 자유의지로 자신들을 따르도록 갖은 수단으로 유혹한다. 하느님께서는 창조하신 창조물들을 절대로 부정하지 않으신다. 창조물들을 부정한다면 당신 자신을 스스로 거부하는 것이 되기 때문이다. 이렇듯 사탄이 지닌 힘은 여전히 유효하다. 그는 창조물의 우두머리였으며 지금도 그 권위를 가지고 있다. 그래서 사탄의 활동을 파괴하고 이 지상과 천상의 모든 것들을 회복하기 위해서는 십자가 희생과 피가 꼭 필요했기 때문에 예수님이 세상에 오실 수밖에 없었다.

사탄은 여전히 '이 세상의 권력자'로 남아 있다고 예수님은 세 번에 걸쳐 언급하시고 성 바오로는 '이 세상의 신'이라고 정의한다. 하느님으로부터 창조물의 관리자로 위임을 받았던 사탄은 이제 물러서지 않는 파괴자가 되어 물질을 삼켜 버리는 우주에 있는 '블랙 홀'과 같은 윤리적 파

---

[2] 여기서 인격화란 내면의 악이 구체적으로 생명력을 가지고 힘을 작용하는 상태 정도로 이해하면 될 듯싶다.

괴자가 되었고 여기서 모든 악의 형태인 죄, 질병, 고통, 죽음이 출발한다. 하지만 그리스도에 의해 이루어진 구원은 창조 때보다 훨씬 놀라운 방법으로 우주의 질서를 새롭게 정립하였다. 예수님은 첫 번째 구마사이셨기 때문에 우리는 그분에게서 악마와 전투에서 이길 수 있는 모든 힘을 얻는다. 예수님의 구원 사업은 그 자체로 가장 위대한 최초의 구마 기도였다.

하지만 구원이 개인 한 사람 한 사람에게 적용되어 악마의 힘으로부터 해방되기 위해서는 그리스도로부터 오는 은총의 힘을 수락해야 한다. "온 세상으로 나가서, 모든 이를 나의 제자로 만들어라, 누구든지 믿는 사람은 세례를 받을 것이고 구원을 받을 것이다." 세례는 사탄의 힘으로부터 해방되는 첫 번째 활동이며 그리스도 안에 접목되는 순간이다. 그렇기 때문에 구마 예식이 세례 예식에 포함되는 것은 당연하다. 제2차 바티칸 공의회에서 언급하는 것처럼 그럼에도 그들은 그리스도께 패배했기 때문에 그리스도를 따르는 이들과 전투를 통해 여전히 자신들의 활동을 지속할 것이다. 악령을 반대하는 전투는 예수님이 말씀하신 것처럼 이 세상 마지막 날까지 이어질 것이다(사목 헌장 37 참조).

내 이름으로
악마들을
쫓아낼 것이다

이미 보았듯이, 악마를 쫓아내는 일은 정말 위대하다. 그리스도는 누구보다 강하시며 설교를 통해 사람들의 삶을 하느님께 향하도록 이끄셨다. 그분은 사탄의 왕국을 파괴하고 하느님의 왕국을 재건하는 권위를 지니셨음도 드러내셨다. 사탄의 활동을 처부수어 악마의 노예 생활로부터 인간을 해방하는 인류 구원 사업을 계속적으로 이어 가기 위해서 이 '표시'(구마)는 계속되었어야만 했다. 그렇기 때문에 예수님은 이 사명을 열두 사도에게 주셨고 일흔 명의 제자들에게, 그리고 마지막으로 그분을 믿는 모든 이들에게도 주셨다.

이에 대해 복음사가 마르코는 첫 번째로 언급하며, 이를 제자들에게 부여된 첫 번째 사명처럼 서술했다. "당신께서 원하시는 이들을 가까이 부르시니 그들이 그분께 나아왔다. 그분께서는 열둘을 세우시고 그들을 사도라 이름하셨다. 그들을 당신과 함께 지내게 하시고, 그들을 파견하시어 복음을 선포하게 하시며, 마귀들을 쫓아내는 권한을 가지게 하시려는 것이었다."(마르 3,13-15) "열두 제자를 부르시어 더러운 영들에 대한 권한을 주시고, 둘씩 짝지어 파견하기 시작하셨다. 제자들은 떠나가서, 회개하라고 선포하였다. 그리고 많은 마귀를 쫓아내고 많은 병자에게 기름을 부어 병을 고쳐 주었다."(마르 6,7.12-13)

또 다른 공관 복음사가인 마태오와 루카의 표현도 이와 거의 비슷하다. "예수님께서 열두 사도를 가까이 부르시고 그들에게 더러운 영들에 대한 권한을 주시어, 그것들을 쫓아내고 병자와 허약한 이들을 모두 고쳐 주게 하셨다."(마태 10,1) "가서 '하늘나라가 가까이 왔다.' 하고 선포하여라. 앓는 이들을 고쳐 주고 죽은 이들을 일으켜 주어라. 나병 환자들을 깨끗하게 해 주고 마귀들을 쫓아내어라. 너희가 거저 받았으니 거저 주어라."(마태 10,7-8) "예수님께서는 열두 제자를 불러 모으시어, 모든 마귀를 쫓아내고 질병을 고치는 힘과 권한을 주셨다."(루카 9,1)

우리는 스승 예수님께서 특별히 중요한 힘을 부여하고 있는 장면을 복음사가들이 공통적으로 증언하는 것을 살펴보았다. 이런 힘은 나머지 72명의 제자들에게도 주어진다. (복음서들에서는) 악마들을 쫓아내고 환자들을 치유하는 장면이 자주 등장하는데, 악마를 쫓아내는 힘을 환자들을 치유하는 힘보다도 훨씬 특별한 방법으로 다루고 있다. 뿐만 아니라 72명의 제자들은 사명을 완수하고 돌아와서 자신들까지도 놀란 예수님의 엄청난 힘에 대해 예수님께 알려 드렸다. "주님, 주님의 이름 때문에 마귀들까지 저희에게 복종합니다."(루카 10,17)

예수님께서는 이런 용기백배의 순간을 놓치지 않으시고 다음과 같이 악마의 파멸에 대해 언급하신다. "사탄이 번갯불처럼 하늘에서 떨어지는 것을 보았다." 그리고 이어서 예수님께서는 아주 중요한 요소를 제자들에게 가르치신다. "보라, 내가 너희에게 뱀과 전갈을 밟고 원수의 모든 힘을 억누르는 권한을 주었다. 이제 아무것도 너희를 해치지 못할 것이다. 그러나 영들이 너희에게 복종하는 것을 기뻐하지 말고, 너희 이름이 하늘에 기록된 것을 기뻐하여라."(루카 10,18-20) 이처럼 예수님은 사탄을 근본적으로 파멸시킬 수 있는 핵심 인물이 당신 자신이라는 사실을 분명히 밝히신다.

요한의 첫 번째 편지에서는 상당히 강한 몇 가지 표현들이 발견된다. "하느님의 자녀와 악마의 자녀는 이렇게 뚜렷이 드러납니다."(1요한 3,10) "악마가 한 일을 없애 버리시려고 하느님의 아드님께서 나타나셨던 것입니다."(1요한 3,8) 한 구절을 더 보면, "하느님에게서 태어난 사람은 아무도 죄를 짓지 않는다는 것을 우리는 압니다. 하느님에게서 태어나신 분께서 그를 지켜 주시어 악마가 그에게 손을 대지 못합니다."(1요한 5,18) 등이다.

마귀들을 쫓아내는 힘은 위대하다. 하지만 이보다 더 큰 힘은 악마가 유혹하지 못하게 막는 힘이다. 마태오 복음사가는 무서운 심판에 대해 언급한다. 즉 죽은 영혼들에게 명령할 수 있는 힘을 지닌 사람들이 있겠지만, 자신들의 영혼을 구하는 것에 비하면 아무것도 아니라고 한다. "나에게 '주님, 주님!' 한다고 모두 하늘나라에 들어가는 것이 아니다. 하늘에 계신 내 아버지의 뜻을 실행하는 이라야 들어간다. 그날에 많은 사람이 나에게, '주님, 주님! 저희가 주님의 이름으로 예언을 하고, 주님의 이름으로 마귀를 쫓아내고, 주님의 이름으로 많은 기적을 일으키지 않았습니까?' 하고 말할 것이다. 그때에 나는 그들에게, '나는 너희를 도무지 알지 못한다. 내게서 물러들 가라, 불법을 일삼는 자들아!' 하고 선언할 것이다."(마태 7,21-23) 이 대목에서 우리는 제자였던 유다 또한 기적을 행했고, 마귀를 쫓아냈음을 짐작할 수 있다. 그런데도 사탄이 그 안에 들어갔다. 그렇다, 우리는 주님께서 우리에게 부여해 주시는 권능이나 힘을 자랑하고 즐기는 것이 아니라 우리 이름이 천상에 기록되는지에 집중해야 한다.

마르코는 모든 믿는 이들에게 마귀들을 쫓아낼 수 있는 권능을 허락하셨다는 예수님의 말씀으로 자신의 복음을 결론짓고 있다. "믿는 이들에게는 이러한 표징들이 따를 것이다. 곧 내 이름으로 마귀들을 쫓아내고…"(마르 16,17)

사도행전은 스승이신 예수님께서 주신 능력들을 지속적으로 거론하면서 그분을 믿는 사람들의 모습을 제시한다. 여기서 전하는 사도들의 활동을 살펴보자. "예루살렘 주변의 여러 고을에서도 많은 사람들이 병자들과 또 더러운 영에게 시달리는 이들을 데리고 몰려들었는데, 그들도 모두 병이 나았다."(사도 5,16) 또 부제 필리포스에 대해 "군중은 필리포스의 말을 듣고 또 그가 일으키는 표징들을 보고, 모두 한마음으로 그가 하는 말에 귀를 기울였다. 사실 많은 사람에게 붙어 있던 더러운 영들이 큰 소리를 지르며 나갔고, 또 많은 중풍 병자와 불구자가 나았다."(8,6-7)고 하고 있다.

성 바오로의 활동에 대해서는 이보다 훨씬 더 많이 전하고 있다. 그것은 단 두 가지 예로도 충분하다. "우리가 기도처로 갈 때 점 귀신 들린 하녀 하나를 만났는데, 그는 점을 쳐서 주인에게 큰 돈벌이를 해 주고 있었다. 그 여자가 바오로와 우리를 쫓아오면서, '이 사람들은 지극히 높으신 하느님의 종으로서 지금 여러분에게 구원의 길을 선포하고 있습니다.' 하고 소리 질렀다. 여러 날을 두고 그렇게 하는 바람에 언짢아진 바오로가 돌아서서 그 귀신에게 '내가 예수 그리스도의 이름으로 너에게 명령하니 그 여자에게서 나가라.' 하고 일렀다. 그러자 그 순간에 귀신이 나갔다."(사도 16,16-18) "하느님께서는 바오로를 통하여 비범한 기적을 일으키셨다. 그의 살갗에 닿았던 수건이나 앞치마를 병자들에게 대기만 해도 그들에게서 질병이 사라지고 악령들이 물러갔다."(사도 19,11-12)

성경에서 발견되는 악마에 대한 언급은 여기서 끝내고 이제부터는 초대 교회사 속에서 행해진 구마 예식에 대해 간단히 고찰해 보자. 여기서는 몇 마디로 언급하고 전문적인 연구를 원하는 사람들을 위해서는 나중에 논하기로 하겠다(사실 얼마 되지 않은 자료들이지만).

일반적인 요점은 다음과 같다. 초대 교회에는 그리스도의 사명을 기초로 모든 이가 악령을 쫓아낼 수 있었고, 이교도 구마 사제들과 비교해도 그 우월성을 인정받았기 때문에 그것은 선교에도 상당한 도움이 되었다. 이로 인해 구마의 가치가 높이 평가되자 얼마 지나지 않아 구마 예식은 특별한 범주에 속하는 사람들에게만 직무로 허락되었다. 동방교회에서는 구마 사제들은 특별한 카리스마가 있다고 인식되었으며, 서방교회에서는 그들을 교회의 이름으로 임명했다. 두 곳에서 발전에 발전을 거듭한 구마 예식은 두 가지 형태로 자리 매김하는데, 기도로 부마자들을 해방하는 형태와 세례성사 때하는 기도 형식이다. 구마 예식의 두 가지 형태에 대해 간단하게 살펴보자.

예수님이 세상에 오시기 전에도 고대 민족들은 악령의 존재에 대해 민감했고, 자신들의 문화 안에서 이들을 물리치려고 애를 썼다. 고대 아시리아나 바빌로니아, 이집트 민족이 행했던 구마 예식이 성경에 나오고, 유다 민족의 구마 예식도 물론 등장한다. 토빗기에는 대천사 라파엘이 사라를 해방시키는 장면이 나오고, 예수님도 유다인들의 구마에 대해 분명하게 직접 언급하신다(루카 11,19 참조). 플라비우스 요세푸스[3]의 저서들을 통해서도 구마에 대한 정보를 얻을 수 있다. 이렇듯 마법사, 무당 등이 악령들을 종속시키는 힘의 과시는 모든 민족 안에서 때와 장소의 가림 없이 풍성하게 드러난다.

이런 배경이 군중을 예수님에게로 더욱 몰려들게 했는데, 이것은 초대 그리스도인 저자들에 의해 기록되었다. 이들은 이교 구마 사제들과 그

---

[3] 기원후 37년경~100년경, 1세기 제정帝政 로마 시대의 유다인 출신 정치가 · 역사가. - 편집자 주

리스도인 구마 사제들을 비교하면서 그리스도의 권능을 보여 준다. 이에 대해 유스티누스가 가장 먼저 이렇게 기록하고 있다. "그리스도께서는 악령들을 쳐부수고 신자들을 구원하기 위해 성부의 뜻으로 탄생하신 분이다. 모든 우주와 여러분의 도시(로마)에 악령에 사로잡힌 사람이 얼마나 많은지는 여러분의 눈으로 직접 확인할 수 있을 것이다. 이교도 구마 사제들과 무아지경에 빠지는 요술쟁이나 마법사들은 이들을 치유할 수 없었지만 많은 우리 그리스도인들은 본시오 빌라도에 의해 십자가에 못 박혀 처형되신 예수 그리스도의 이름으로 악령들에게 명령하여 쫓아내고 사람들을 치유하였다."(호교론 II, VI, 5-6) 여기 등장하는 구마 예식의 형태는 당시를 이해하는 귀중한 텍스트이다.

유스티누스는 트리폰과의 대화집에서 이보다 훨씬 더 복잡한 텍스트를 우리에게 소개한다. "무슨 악마든지 하느님의 아드님 이름으로 명령할 때, - 모든 창조물에 앞서 창조되셨으며, 동정녀의 몸에서 고통 받아야 할 인간으로 탄생하시고, 본시오 빌라도에 의해 십자가형을 받고 죽었다가 죽은 이들 가운데서 살아나셔서 하늘로 오르신 분 - 우리는 승리하고 악마는 짓밟힌다는 것을 말해 두고 싶소. 하지만 모든 왕들과 의로운 이들, 예언자들이나 당신 가운데 있었던 선조들의 이름으로 명령해 보시오. 단 하나의 악마조차도 타도할 수 없고, 쫓아내지도 못하오."

이레네우스도 이렇게 증언한다. "본시오 빌라도에 의해 십자가형을 받으신 예수 그리스도의 이름으로 드리는 기도를 통해 사람들로부터 사탄이 쫓겨 나간다." 이는 예수님 혹은 바오로에 의해 사용되었던 말씀으로부터 구마 예식의 틀이 잡혔다는 흥미로운 사실을 볼 수 있는 대목이다. 또 예수님의 삶 속에서 벌어진 중요한 에피소드들이 구마 예식을 풍요롭게 했고, 신앙 고백의 형식이 완성되는 데도 영향을 미쳤음을 알 수 있다.

테르툴리아누스는 그리스도 신자들이나 이교도들이 (참다운) 그리스도인들에 의해 악마로부터 해방되는 효과를 얻고 있음을 확신하고 있었다. 뿐만 아니라 그 같은 구마 행위로 손을 얹어 기도하는 것과 입으로 숨을 불어넣는 것 등을 언급했다. 또한 그는 그리스도의 이름을 선포하는 것이야말로 구마에 가장 특별한 힘이 된다고도 말한다. 그리고 후에 이런 행위들은 세례 예식에 포함되었다.

초대 교회는 그리스도로부터 받은 힘에 순명하였고, 그것을 악마에 시달리는 사람들이나 편집광에 빠진 사람들에게 적용했을 뿐 아니라, 우상 숭배와 악의 영향이 만연한 사회생활에까지 접목시켰다. 테르툴리아누스는 이렇게 확고하게 말한다. "우리가 없다면 몰래 숨어서 여러분의 정신과 육신을 야금야금 파먹는 악령들의 영향에서 과연 놓여날 수 있었겠습니까? 악마의 강력한 힘으로부터 여러분을 해방시킬 사람이 과연 있었을까요?"

각 개인에게 미치는 악의 영향뿐 아니라 사회에 미치는 불길한 영향은 항상 악마에 의한 것들이었다. 현대 우리 사회에 미치는 이런 영향에 대해 교황 바오로 6세는 세 가지 연설을 했는데, 그중 한 가지만 소개한다. "현대가 진정한 인류의 모습을 조금씩 잃어 가고 있는 것은 그리 놀라운 일이 아닙니다. 이것은 악과 선 사이의 무관심에서 일어나는 일로서 이미 성경은 이런 세상(우리가 보고 있는)의 모든 것이 악령의 지배 밑에 놓여 있다고 염려스럽게 표명하고 있습니다."(오세르바토레 로마노. 1977년 2월 23일 연설문에서)

구마 예식에 대한 치프리아누스의 증언은 놀랍다. "우리들의 말과 채찍질, 즉 영적인 매와 단호함을 통해 악령이 사로잡고 있던 육신을 어떻게 버리고 떠나는지 네 눈과 귀로 보러 오라. 네가 높은 데 모셔 두고 신들로 여겼던 바로 그 자들이 우리 손에 의해, 우리의 힘에 의해 벌벌 떨고 있는 이 모습을 보라."(Contro Demetrio, C. 15)

오리게네스는 첼소를 반박하는 글에서 악령들을 쫓아낼 수 있는 강력한 예수 그리스도의 이름에 대하여 언급했다. "구마 예식의 힘은 예수님의 삶 속에서 일어난 사건들을 선포하는 동시에 예수님의 이름으로 명령했을 때 나온다." 뿐만 아니라 오리게네스는 사도들의 방법을 존중하면서 새로운 요소들을 첨가하고 있다. 즉, 예수님의 이름으로 사람 속에 숨어 있는 악령들을 쫓아낼 수 있고 물건이나 장소, 혹은 짐승에게 전염된 악의 영향까지도 쫓아낼 수 있다고 가르친다. 그러면서 그는 마법사들을 찾아가는 것이나 그리스도 신자이면서 점괘를 보는 것, 혹은 비밀스런 주술을 외우는 것 등은 강력하게 반대한다. 그리고 신자들에게 예수님의 이름이 가진 힘으로 믿음을 표현하라고 권고한다.

리게티Righetti는 이렇게 서술한다. "3세기까지 모든 그리스도교 문학은 믿음 안에서 예수 그리스도께서 가르치신 대로 기도와 단식을 통해 마귀를 쫓아내는 특별한 카리스마를 지닌 형제들의 활동에 대해 자주 언급한다. 각 공동체에는 적당한 숫자의 구마 카리스마를 지닌 사람들이 있어야 했다. 시간이 지나면서 이들은 구마사라는 이름으로 무리를 형성하기 시작했다. 그리고 구마사는 교계 제도 안에서 사제품에 이르는 신품성사의 7품급 가운데 제3품으로 빠르게 자리 잡았고,[4] 교회는 이와 더불어 그리스도의 이름으로 올바르게 활동하는 교회의 구마 사제들과 협잡꾼들,

이교 무당들을 철저히 구분하였다. 「법령집 Canones Hippolyti」에서는 이런 사람들이 신앙의 공동체로 스며드는 것을 절대적으로 금지하고 반대하였다."5

이런 내용은 현대 교회가 모두 배워야 할 것들이다. 즉, 적정한 숫자의 구마 사제들을 배치함으로써 신자들의 요구를 충족시켜야 할 것이며 오늘날 신문이나 심지어 텔레비전 프로그램에까지 광고를 하고 있는 협잡꾼, 무당, 마법사 같은 이들을 경계해야 옳지만, 교회는 전혀 언급하고 있지 않다.

이미 4세기 중반부터 로마에서는 구마품을 품계 중 하급 품으로 두었다. 에우세비우스에 의해 전승된 편지에 의하면 교황 고르넬리오는 수문품6 다음으로 구마품을 주었고, 독서품7을 주었다는 내용이 지금까지 전해지고 있다.

---

4 구마를 수행하는 교회 내의 직책. 3세기에 설립되어 신품神品성사의 7품급品級 가운데 제3품에 해당하였다. 그러나 이 직책은 독립적으로 수행되지 않았고 사제품에 이르는 관례로 되어 내려오다가 1972년에 폐지되었다(〈사목〉 26호 참조). (⇒) 구마, 구마식 가톨릭대사전 구마품 - 역자 주

5 전례 역사 입문서Manuale di storia Liturgica, ancora, 1959, vol. IV, p. 406 참조

6 ostium - 소품 중 하나로, 말 그대로 성당 문을 열고 닫으며 성당을 지키는 소임을 맡았다(성당지기의 기능을 맡음). 전례가 진행되는 동안, 특별히 많은 회중이 모였을 때 전례 중 신자들의 움직임을 질서 정연하게 도왔다. 신자들에게 성당 문을 열어 주고 비신자들에게는 절대로 성당 문을 열어 주지 않았으며, 종을 치는 일과 집전 사제의 전례서들을 펼쳐 주는 일을 도맡았다. 전승에, 토마스 아퀴나스에 의하면 이 품을 받은 이의 권한은 신자들이 경건하게 성체를 받아 모시도록 감시하는 역할도 했다고 전해진다. 또한 수문품을 받은 이들은 주교로부터 축성 기도 형태의 기도와 함께 직접 성당 문의 열쇠를 수여받았다. - 역자 주

7 예전에는 소품 중의 하나였지만 현대 교회에서는 평신도도 독서직을 수행할 수 있게 되었다. 이 소임을 수행하기 위해 교회는 평신도에게 첫 번째와 두 번째 독서를 잘 선포할 수 있도록 소양 교육을 시키도록 권고하고 있다. 이들에게는 전례에 참여한 신자들이 하느님의 말씀을 제대로 이해하도록 준비시키는 소임이 맡겨진다. 한 예로 교리 교사 소임, 복음화와 성사 생활에 대한 교육 등을 과제로 부여받는 직무이다. 이런 소임을 수행하는 사람들은 하느님의 말씀을 증거하고 전하는데 말씀을 잘 이해하는 것은 기본이 된다. - 역자 주

당시 교회에서 염려했던 또 다른 문제는 바로 정확한 진단을 통한 진짜 부마자들과 환자들을 구분하는 것이었고, 주교들이 이에 대해 전적인 책임을 지게 되었다. 416년 교황 인노첸시오 1세는 이 문제를 검토한 뒤, 부제 혹은 사제들이 주교들의 임명 없이 함부로 구마 예식을 행하지 못하도록 정했다.

이제 역사적으로 가장 오래된, 구마 예식을 구성하고 있는 요소들을 분석해 보자. 부마자에게 도움을 주시도록 주님께 청하는 기도와 그리스도의 이름으로 악령을 향한 명령, 그리고 앞에서 언급한 것처럼 몇 가지 구마 제스처가 그것들인데, 오래전부터 구마 예식에 포함된 구마 제스처에 대해서는 만장일치로 '카파르나움에서 예수님께서 마귀 들린 사람을 해방하기 위해 머리에 손을 얹으신 행위와 성호를 긋는 행위'라고 정의했다. 라탄지오(Lattanzio, †317년)는 이런 행위의 효과를 인정한다. 구마식 중에 입에 숨을 불어 넣는 행위는 이미 테르툴리아누스와 알렉산드리아의 디오니시우스도 언급하고 있다. 또 기도와 마찬가지로 주님께서는 악마를 쫓기 위한 방법으로 단식(마태 17,21 참조)을 제시하셨다. 성유를 바르는 행위도 있는데, 이것은 모든 환자에게 행할 수 있다. 성유를 바르는 행위는 악에 의한 편집광에 시달리는 이들에게 효과가 있다고 증명되었다. 은수 성인 마카리오Macario와 테오도시오Teodosio는 성유를 발라 악에 의해 심각한 포악성을 보이는 이들을 누그러트린 일화들은 지금도 유명하다. 더불어 참회자들이 영신 훈련을 위해 널리 사용하던 거친 베옷이나 재(災)도 구마 행위의 한 방법으로 포함시킬 수 있다.

몇 세기가 지나고 구마의 제스처는 두 가지가 더 포함되었는데 이 형식들은 지금까지도 기본적 구마 행위의 가장 중요한 위치를 차지한다.

그것들은 초대 교회에서는 보이지 않던 성수 사용과 부마자의 어깨에 영대를 대 주는 것으로, 10세기부터 구마 예식에 포함되었다. 또 구마 예식의 성공을 지향하며 미사를 봉헌할 때 성체를 영하도록 권장하는데 시간이 흐를수록 그 중요성은 더욱 강조되었다. 통상 성체 분배는 이런 미사 맨 마지막에 이루어진다.

구마 예식서는 이미 우리가 훑어보았듯이 초기에는 상당히 단순한 형태였다. 지금까지 사용하고 있는 형태가 예식서에 자리를 잡은 것은 1614년이지만 실제로는 8세기 말부터 사용되었고 몇 가지 요소들을 제외하고는 모두 알퀴노(Alcuino, †804년)에 의해 완성되었다. 이후 새로운 형태가 확산되고 있지만, 실험 단계라서 구마 예식을 재정비하도록 담당 위원회에 맡겨져 있고, 현재 사용하는 구마 예식의 새로운 형태는 1999년에 재정립되었다(새 예식서 참조).

사 례
나를 도울 수 있었던 사람, 구마 사제!

제가 겪은 일은 다른 사람들에게도 필요할 것 같고, 우리가 읽는 복음 말씀을 증명하는 사건이기 때문에 공개하기로 어렵게 결정하였습니다. 악마들의 방해가 시작된 것은 1974년입니다. 의사들은 저의 이상한 질병에 대해 아무런 실마리도 잡지 못했습니다. 정신과 의사들은 정확한 병명을 밝히지 못한 채, 의아해할 뿐이었습니다. 한 예로 갑자기 숨이 막혀 오는 증상과 온몸에 전류가 통하는 것처럼 일어나는 신경 발작 등이었습니다. 한밤중 가끔씩 일어나는 난폭한 증상 때문에 다급히 의사를 부르는 일은 거의 남편의 일과가 되었습니다.

　이런 기현상을 겪으면서 교회를 멀리하기 시작했고 기회 있을 때마다 종교를 비판하는 말을 서슴없이 했습니다. 이전까지 저는 신앙인으로 살아오면서 성당 활동에 참여했으며, 가톨릭 단체의 단체장까지 했기 때문에 이런 제 모습은 전혀 예상치 못한 일이었습니다. 처음에는 '신앙의 성숙 단계를 위한 위기' 정도로 취급했지만 신랄히 교회를 비판하는 제 열변은 무려 10년이 넘게 지속되었습니다.

　이런 일이 있기 전에는 자주 성당에 머물면서 성체 조배를 했지만 그 일 이후, 슬슬 피해 다니는 도망자의 입장이 되어 버렸습니다. 모든 신앙생활이 우스꽝스러운 일이 되었으며, 사제들은 연극을 하는 것처럼 보였고, 신자들의 행위는 어처구니없어 보이기 시작했습니다.

남편은 신실한 가톨릭 신자로 신앙을 멀리하는 저를 보면서 고통스러워했습니다. 저는 신앙과 담을 쌓으면서 남편과도 거리를 두기 시작했습니다. 그리고 1978년부터 이국적인 경험에 취할 수 있는 의롭지 않은 집단과 접촉하기 시작했습니다. 그러면서 저는 점점 더 난폭해지고, 이런 집단을 위한 노리갯감으로 제가 내던져지는 데 개의치 않았고, 쾌락과 완전한 자기 파괴의 시기를 경험했습니다. 몇 년 동안 명상가들, 치유 능력이 있는 사람들, 무당들을 찾아다녔습니다.

날이 갈수록 저의 육체는 심각한 상황으로 빠져들었고, 사슬에 묶여 몸이 조여 오는 기분이 들었습니다. 소화 불량에다 신장 이상, 관절염 등으로 지쳐 있었습니다. 허약한 상태이면서도 저한테 강한 욕구를 촉발하는 '심리학' 강의가 있는 날이면 제 몸이 살아나는 듯했습니다. 지금도 분명한 것은 당시 제가 구마 사제가 있다는 말만 들었어도 명상가들을 그렇게 찾아 헤매지 않고 일찍이 그 지옥에서 나올 수 있었다는 사실입니다. 그토록 오랫동안 교회에 봉사하고 신앙을 실천하면서 살아왔지만 불행하게도 저는 단 한 번도 구마 사제에 대해 들어본 적이 없었습니다.

저는 점성술에 상당한 관심을 갖기 시작했으며, 윤회설과 점성술 기법으로 여러 가지 사건들을 해석하는 수준에까지 이르게 되었습니다. 1981년 어느 날 저는 이제껏 겪어보지 못한 정말 비굴한 사람을 만나게 되었는데 그는 정신 나간 정신과 의사였습니다(정신 질환으로 정신 병원에 입원한 것을 나중에 알게 되었음). 가능한 한 많은 사람들을 파괴하기로, 루치펠과 계약을 맺은 사람인 걸 시간이 지난 후에야 알았습니다. 저는 어떤 일로 해서 그의 병원에 초대되었는데, 그는 1년 동안이나 제 육체와 정신을 최면술로 유린하면서 자신의 쾌락 도구로 삼았습니다. 그는 자신이 원할 때만 최면을 걸었고 저는 그런 미치광이 의사가 저를 희롱하도록 이끄는 악마의 영향을 받고 있었습니다. 심지어 어느 날인가는 그 의사에 의해 목이 졸려 죽을 뻔했으니… 상상해 보십시오. 그 순간 성모님께서 저를 돌보셨습니다(어릴 때 부모님은 저를 성모 성심께 봉헌했음).

도대체 그 지옥 같은 세상에서 어떻게 나올 수 있었는지 지금 생각하면 꿈만 같습니다. 저는 병원에 실려 갔고 거기서 자살을 시도했지만 두 달이 지난 뒤 어느 정도 진정이 되었습니다. 그러나 악마는 저를 가만두지 않았으며 정신 분석학에 몰두하도록 만들었고, 교회와는 더욱 멀어졌습니다. 더불어 핫 요가 교사 코스에 등록하여 배운 뒤 제가 사는 마을에서 요가 선생으로 생활하였습니다. 저는 불교 신자가 되었고 도교의 명상도 실천했는데. 그것은 두 인간으로 분리된 듯한 불행한 생활이었습니다. 그러면서도 교회를 향한 증오심은 극에 달했고, 마음속은 절망으로 가득 차 있었습니다. 그 누구도 중요하지 않았으며, 심지어는 남편이나 아이들도 관심 밖이었습니다.

그러다가 몇몇 친구들과 접신술을 시작했습니다. 가끔씩 진짜 미친 사람이 되어 가는 것 같았지만, 그것 외에는 아무것도 할 수 없었습니다. 그리고 저는 현실 세계와 꿈이 헷갈리는 몽롱한 지경에 빠졌습니다. 정신 분석학에도 만족을 얻지 못하자 한 친구가 어떤 여자를 소개해 주었습니다. 저는 그녀의 힘에 놀라움을 금치 못했는데 그녀는 'I. V. I'라는 이단의 최고 여사제였습니다. 저는 그 사람에게 완전히 반해 남편과 자식, 친척과 친구들까지 그녀에게 인도하였습니다. 지금 생각하면 최면에 걸려 있지 않았나 싶을 정도입니다. 그녀는 자신이 가톨릭 신자이며 그리스도가 자신의 모습으로 윤회했다고 했습니다. 더욱이 간질병을 앓고 있던 제

딸이 치유되었다고 믿도록 저를 유도하는 바람에 저는 딸에게 복용하고 있던 모든 약을 중단하도록 시켰습니다. 며칠 후 딸은 혼수상태에 빠졌지만 거의 기적적으로 목숨을 구할 수 있었습니다. 그녀가 행하던 '조화'라고 불리던 치료 과정은 지금 생각해도 두렵고 무섭습니다. 당시 구마 사제를 알고 있었다면 저는 저와 가족들에게 일어났던 이런 모든 고통의 행진을 막을 수 있었을 것이라고 확신합니다. 한 구마 사제의 기도를 통해서 딸은 지금 더 이상 간질 증세를 보이고 있지 않으니 말입니다.

1984년 저는 다섯 번째 아이를 임신하는 기쁨을 얻었습니다. 하지만 지나치게 허약한 상태였고 기이한 현기증과 두통 등등 의사들이 밝혀내지 못한 질병을 앓고 난 바로 뒤였습니다. 이런 상태였으니 임신 두 달 만에 겪은 자연 유산은 당연한 일이었는지도 모릅니다. 저는 심한 출혈로 자궁 적출 수술을 받을 수밖에 없었습니다. 바로 그때 주님께서 저를 기다리고 계셨고, 당신 어머니를 보내 위로해 주셨습니다. 그 경험은 놀라운 것이었으며, 하느님께서 응답하신 순간이었습니다. 성모님이 병원 입원실에 남겨져 있는 저를 간호하며 함께하신 것 같았습니다. 제 과거를 꾸짖으시며 당신을 따라오도록 초대하시는 어머니, 그때 저는 청빈한 평화와 기쁨을 느끼면서 엄청난 행복에 젖어 들었습니다.

그런데 그 뒤로 큰 시련의 시기가 왔습니다. 동정녀께서 더러움으로 가득한 제 의식을 정화시키셨지만 한 편에서는 악령이 도저히 견디기 힘든 유혹과 의심을 유발시키면서 과거 악의 길로 돌아가도록 저를 끌어당겼습니다. 마찬가지로 그런 시련을 겪을 때 구마 사제가 존재한다는 사실만이라도 알았더라면 많은 도움을 받았을 것이라고 믿습니다. 그때 저는 몸속에 악마의 현존을 느끼고 있었으며 특히 한밤중에 "너를 다시 손아귀에 넣고 말겠다."는 말을 듣곤 했습니다. 저는 도움이 필요하다고 느끼고 한 사제를 찾아갔지만 이런 악마의 올가미에 대한 경험이 전혀 없는 그분은 제 상황을 이해하지 못했습니다.

사제들에게는 죄송스럽지만 꼭 드릴 말씀이 있습니다. 구마 분야에 완전하게 무지한 사제의 모습을 피부로 직접 느꼈다는 사실을 고백하지 않을 수 없습니다.

1988년도 여전히 심한 투쟁의 연속이었습니다. 제 의지가 굳건하게 주님 쪽으로 향하자 악마는 이제 남편과 자식들로 방향을 잡고 설명 불가능한 악행들을 행하기 시작했습니다. 13개월 동안 14번이나 남편과 자식들이 병원에 입원했고, 윤리적인 공격과 가정을 파괴하려는 심각한 시도가 이어졌습니다. 또 한밤중에 순식간에 잠이 깨서 도저히 기도할 수 없을 정도로 몸서리가 쳐지는 절망감에 짓눌려지는, 아무리 원해도 기도할 수 없는 상태를 경험하기 시작했습니다. 그런데 그 와중에 저는 분노가 사라지기 시작했으며, 온 마음을 다해 하느님을 새롭게 경배할 수 있게 되었습니다.

기도하게 됨으로써 악마로부터 해방되었다고 믿었지만, 저는 속고 있었습니다. 악마의 행동은 훨씬 더 교활해져서 제 존재 자체를 약하게 만드는 데 이르렀습니다. 예를 들어 피정에 참여했을 때 심한 좌절감을 동반한 견딜 수 없는 의심들이 일었습니다. 혹은 순례를 하고 돌아올 때는 저는 피투성이가 될 때까지 얻어맞은 느낌이 들었습니다. 기도하면 할수록, 선을 위해 노력하면 할수록 악마는 훨씬 더 사악한 생각들을 더욱 강하게 조장하곤 했습니다. 몸 전체가 아프고 불면증, 기억 상실증으로 고통당했습니다. 도저히 견딜 수 없어 가정을 버리고 어디론가 멀리 도망쳐야겠다는 생각까지 했습니다. 저는 그렇게 2년 동안 큰 고통들을 겪었고, 한 구마 사제의 도움이 없었다면 아마도 지금 모든 사람이 거부하는 인간쓰레기로 나뒹구는 인간 껍질이 되었을 것입니다.

오랜 기간 동안의 어둠과 고통의 터널에서 빠져나올 수 있도록 도와준 구마 사제를 만난 일은 그냥 우연이 아니라 분명 티 없으신 동정 마리아께서 미리 배려하신 사건입니다. 그 구마 사제가 저를 위해 기도하기 시작하자 모든 것이 바뀌었습니다. 고통은 사리지지 않았지만 느낌, 제가 예수님의 빛 속에 살고 있는 바로 그 느낌이 살아났습니다. 구마 예식은 몇 시간 동안 저에게 평화와 안식을 주었습니다. 그리고 지겨운 투쟁이 반복될 때마다 저는 모든 힘을 다해 기도하고 온전히 주님의 의지에 의탁했습니다. 그러면서 저를 완전히 믿어 주는 사랑하는 사람들을 더욱 이해할 수 있었습니다.

저는 영적으로 하느님과 일치한 삶을 살고 싶다는 열망이 점차 자라고 있음을 느꼈을 뿐 아니라 그리스도의 수난 관점에서 바라볼 때 제 십자가는 전혀 무겁지 않음을 알게 되었습니다. 물론 여전히 투쟁을 하고 있지만, 진정한 평화와 기쁨의 순간이 공존하고 있습니다. 그리고 구마 기도를 통해 점차적으로 좋아지고 있는 제 상태를 발견합니다.

이것으로 제 이야기를 끝맺습니다. 논쟁할 마음은 없지만 몇 가지 언급하고 싶은 내용이 있답니다. 제가 속한 교구의 교구장과 사제들은 항상 가난한 이들과 함께하고 있다고 선포합니다. 이런 차원에서 본다면 끊임없는 악령의 핍박 속에 살아야 했던 저야말로 가장 비천한 사람으로 도움을 필요로 하지 않았나요? 18년 동안이나 교구에서 말하는 가난한 사람들 부류에 속해 있던 저였지만, 이런 상황을 아무리 사제들에게 설명해도 전혀 이해하지 못했습니다. 전혀. 아무런 도움도 주지 않았지요. 예수님께서 "나의 이름으로 악령들을 쫓아내라."고 하셨음에도 불구하고 말입니다. 사제들에게 맡겨진 이런 사명과 권한, 의무는 너무나도 분명하다고 생각합니다.

사 례
드디어 길을 찾았다

저는 로마에 사는 알렉산드로라고 합니다. 5년 전부터 악마에 의해 육체적 고통을 당하고 있었습니다. 몸 전체, 특히 생명과 직결되는 신체 기관에 날카로운 바늘이 무수히 꽂혀 있는 것 같았습니다. 그것은 물어뜯기고 칼로 난도질을 당하는 것 같은 고통이었습니다. 저는 로마에 있는 모든 구마 사제들을 찾아다녔고 카리스마적인 특징을 지닌 여러 기도 단체에도 자주 기웃거렸지만 아무런 소용없이 치유되진 못했습니다. 하지만 모든 이들의 도움에 대해 감사드립니다.

그러다가 1년 전부터 드디어 완전히 벗어나기 위한 바른 길을 발견했는데, 그것은 다름 아닌 매일 미사 참례와 단식이었습니다. 제 경험은 다음과 같습니다. 고해성사를 본 뒤 미사에 참례하여 영성체를 모시는 것이야말로 가장 강력한 해방이었습니다. 이것은 예수님께서 우리에게 분명하게 제시하신 형태입니다. 마르코 복음에도 "어떤 악령들은 그 어떤 방법으로도 쫓아낼 수 없지만 기도와 단식이 아니면 나가지 않는다."(마르 9,29 참조)라고 쓰여 있습니다. 지금 저는 저와 가족을 덮쳤던, 하느님께서 허락하신 그 모든 고통들에 대해 주님께 감사드리고 찬미를 드립니다.

이 두 가지의 사례는 상반된다. 서로 다른 형태의 부마를 보여 주고 있다. 이처럼 부마 형태에 따라 구마의 방법도 천차만별이다. 하지만 기도와 단식, 성사는 어떤 부마에나 꼭 필요하다. 그것들은 구마를 위한 필수요소들이다.

활동하는 사탄

"사람들이 자는 동안에 그의 원수(악마, 하느님의 원수)가 와서 밀 가운데에 가라지를 덧뿌리고 갔다."(마태 13,25) 모든 시대에 흔히 일어났지만, 현대에 와서 더욱 극성을 부리며 놀라운 형태로 사탄이 활동을 드러내는 이유는 성경에 분명하게 언급되어 있는 가라지나 원수, 악마의 존재를 세상이 더 이상 믿지 않기 때문이다. 종들이 잠을 자고 있는 순간이 가장 심각한데, 우리는 이미 현대 가톨릭 사제들의 세 가지 태만, 즉 신학적인 준비 부족, 경험 부족, 교리적 오류 확산을 지적했다.

사탄에 대한 교회의 교육이 부족한 것 같지는 않다. 현대에 들어 제2차 바티칸 공의회에서는 사탄과 사탄의 활동에 대해 성경적이고 신학적인 교리와 관련하여 18개나 되는 텍스트를 제시하였고, 교황 바오로 6세는 세 번의 연설로, 교황 요한 바오로 2세는 10여 번이 넘는 연설에서 끊임없이 사탄과 사탄의 활동에 대해 경종을 울렸다. 단연코 분명하고 확고한 가르침의 목소리에 사제들이 귀 기울이지 않은 것이다. 호메로스가 있었다면 '바람에 흩날리는 내 허망한 어구語句들이여'라고 말하지 않았을까?

세속 일간지는 1972년 6월 29일 성 베드로와 성 바오로 사도 대축일에 교황 바오로 6세가 연설하면서 사탄에 대해 언급한 내용을 전하기까지 하였다. 이 교황 연설을 당시 사회는 스캔들로 규정하면서 크게 동요했다. "어딘지 깨진 틈을 통해 하느님 성전 안으로 사탄의 연기가 스며들기 시작했습니다. …그런데도 교회는 이를 확신하지 못하고 있습니다. 공의회가 끝난 뒤 교회 역사에 새로운 서광이 비칠 것으로 기대를 했습니다. 하지만 서광이 아니라 교회 역사 안에 구름이 내려앉고 폭풍과 어둠이 내려앉았습니다."

교황 바오로 6세가 악마에 대해 핵심적인 연설을 한 것은 1972년 11월 15일이었다. 이 연설은 악마론의 성경적이며 신학적인 요소들을 간략하게 포함했고 신학자들이 악마에 대해 잘못된 이론을 지속적으로 확산시키는 것을 크게 비판하는 내용을 담고 있다. 부록으로 교황의 연설문 전체를 싣도록 하겠지만, 여기서 우선 몇 가지만 살펴보자.

"현대 교회에 가장 시급한 것들이 무엇입니까? 그중 하나는 악마라고 불리는 악으로부터 교회를 지키는 것입니다." 연설문 서두의 이 선언은 연설문의 기저基底를 이룬다. 하지만 악마에 대한 연설문의 모든 면은 정확한 한계들을 그어 놓은 상태로 내용은 일반적인 하느님의 계획 안에 규정지어진 것이어서 교황은 창조의 전반적인 계획을 고찰하고 발전시켜 나가야 할 필요성에 대해 첨부하고 있다.

교황의 악마에 대한 가르침을 짧게 소개한다. "하느님의 창조 활동은 당신의 지혜와 전능하심을 거울처럼 펼쳐 놓고서 아름다움의 본질을 음미하신 것과 같습니다. …그리스도교적 우주관과 생명관은 지극히 긍정적입니다."

계속 이어지는 내용은 앞의 말과 서로 상반되는 것 같지만 잘 음미해 보면 앞의 말을 강조하기 위해 반어법을 사용했다는 것을 알 수 있다. "이 관점이 완전합니까? 정확합니까? 세상 안에 얼마나 악이 만연해 있는지 우리는 정말 보지 못합니까? 우리와 세상 안에서 칙칙한 존재, 원수인 악마를 발견합니다." 이런 고찰은 분명한 어조로 현대의 몇몇 신학자들을 향해 일격을 가하고 있다. "악은 이제 더 이상 무력한 무엇이라고 할 수 없습니다. 효력을 발휘하는 살아 있는 존재이며, 타락한 영이고, 인간의 타락을 주장하는 자입니다. 신비하고, 무서운 공포의 현실입니다.

이런 악의 존재를 부정하는 사람은 성경적이고 교회적인 가르침의 반경에서 벗어난 사람입니다. …그뿐만 아니라 이런 '현실을 개념의 의인화'라든가 우리가 알 수 없는 미지의 상상의 결과로 치부하여 설명하는 사람들도 역시 성경적인 교회의 가르침에서 벗어나 있습니다."

교황은 성경 말씀을 인용했다. "악의 전조前兆에 대한 정보를 입수하는 것이 중요합니다. …그리스도께서 당신의 원수인 악마를 향해 세 번에 걸쳐 이 세상의 왕자라고 한 것을 어찌 기억하지 못한단 말입니까? 성 바오로는 악마를 이 세상의 우두머리라고 불렀으며, 우리 그리스도인들이 이겨 나가야 하는 어둠의 투쟁이라고 경고합니다. 그 우두머리는 한 명이 아니라 두려운 악마 군단이라고 표현하고 있습니다." 교황은 이어 다음과 같이 결론을 내린다. "악마는 인류의 첫 번째 불행이 된 원죄의 근본이었습니다. …이 역사는 지금까지 지속되고 있습니다. 세례성사 안에 포함되어 있는 구마 예식과 성경 말씀에서 자주 언급하는 억압적이며 흉포한 어둠의 힘에 대해 기억합시다. 원수 중의 첫 번째는 최고의 유혹자였습니다. 이런 어둠과 혼란을 조장하는 존재는 지금도 분명 있으며, 교활함으로 똘똘 뭉친 배반자가 여전히 활동하는 것도 우리는 알고 있습니다. 칙칙한 원수는 인류 역사에 과오와 오류의 씨앗들을 뿌리고 있습니다."

우리는 단호하고 확고하며 힘을 지닌 이런 말씀들을 자주 반복해서 읽고 깊이 새겨 기억 속에 단단히 심어 놓아야 한다. 이 책은 나의 구마 사제 경험을 바탕으로 사탄에 대해 분명히 인식해서 사탄의 활동을 미리 예방하고 또 사탄에게 고통당하고 있다면 치료에 도움이 되도록, 타락을 조장하고 혼란을 야기하는 사탄의 숨겨진 활동에 대해서만 거론하여 한

정적으로 제시할 것이다.

우리는 영성 신학자들이 언급해 놓은 사탄에 대한 주제들로만 만족할 사람들은 분명 아니다. 지금 우리가 다루고 있는 내용은 이론과 실제에 기초하여 이루어진 아주 특별한 사탄의 활동에 대한 연구이다. 신중하게 다루어져야함은 물론이고, 표현도 분명해야 한다는 조건을 지닌다. 그러나 지금까지는 구마 분야에서 구체적이고 일치된 개념이 정립되지 못하였다. 언젠가 교회에서 우리의 연구에 사용되는 구마에 대한 개념들을 정확하게 규정 지어 주기를 바랄 뿐이다. 예를 들어서 로요 마린 Royo Marin의 텍스트에서는 단지 유혹과 부마, 편집광에 대해서만 언급하고, 노장 텐퀘리 Tanquerey는 이보다도 훨씬 더 간결하게 그것들을 다룬다. 하지만 이제는 이런 증상들을 더 광범위하게 확장시킬 필요가 있다. 이를 바탕으로 우리의 실제 활동과 진단, 치료가 이루어지기 때문이다.

구마 용어의 개념 구분은 프랑스의 유명한 구마 사제인 드 통크데 De Tonquedec에 의해 처음으로 이루어졌고, 이제는 보편적으로 받아들여지고 있는데, 그것은 악마가 유혹하는 일반적인 활동, 악에 의한 방해들, 여러 가지 심각성과 특이성을 드러내는 놀라운 활동으로 나뉜다.

일반적 활동인 유혹에 대해서는 길게 언급하지 말자. 예수님도 이런 유혹에 시험 당하도록 허락되신 분이며 우리 모두도 그것에 어느 정도 희생자라 볼 수 있다. 악마의 유혹은 우리 본성이 지닌 원초적인 상처(성경은 그 근본을 탐욕이라고 부르고 있음)이고, 세상이 만들어졌을 때 이미 그 유혹과 투쟁할 장이 마련되었으며, 유혹으로부터 승리하는 사람은 행복하다고 성경은 언급한다(창세 1,12 참조). 그리고 악은 행할 수도, 피할 수도 있다고 시사한다(집회 31,10 참조).

그럼 그것을 이겨 나가려면 어떻게 해야 할까? "유혹에 빠지지 않도록 깨어 기도하여라."(마태 26,41) 그리스도인의 영적 사명은 '하느님과 이웃을 향한 위대한 사랑의 실천'을 바탕으로만 똑바로 성장할 수 있다. 또 우리가 유혹을 이길 수 있게 도와주는 은총의 도구들을 올바로 사용하는 데 있다. 사탄의 일반적인 유혹을 이겨내는 방법은 사탄의 놀라운 활동에 대항하는 치료나 예방책에도 기초가 된다.

사탄의 놀라운 활동에 대해서는 이 책을 읽는 독자의 편의를 돕기 위해 내 나름대로 분류했는데, 이런 정의는 아직 공적인 표현으로 사용되지 않는, 보편적으로 받아들여진 표현이 아님을 다시 한 번 강조한다. 또 아래 분류한 표현들은 각각의 형태가 분명한 선이 그어져 있는 것도 아니어서 그 증세가 거의 비슷하거나 유사하게 보이기도 한다.

1. 외적 방해들 : 아르스의 신부(성 요한 마리아 비안네 - 역자 주), 십자가의 성 요한, 오상의 성 비오 등 몇몇 성인의 삶에서 보이는 육체적인 고통에 국한된 것들로(채찍질, 구타, 여러 증상의 국부적 통증, 물건의 낙하 등), 생각보다는 흔하게 일어나지 않는다. 이것은 사람의 외부에서 악마가 활동하고 있다는 인상을 준다. 반면에 사람 내부에서 활동하는 것처럼 보인다 할지라도 그 방해는 일시적이고 제한적이다.

2. 부마 : 악마의 활동이 지속되지는 않더라도 악마가 사람 내부에 계속 존재하는 심각한 형태로 잠복기와 발작기가 반복된다. 갑작스런 지적 장애를 보이거나 감정과 지능, 의지에 영향을 미쳐 폭발적인 폭력을 행사하기도 하고 모르던 외국어를 능숙하게 구사하기도 한다. 또 초인간적인 힘을 발휘하며 다른 사람의 생각을 읽어 내 감춰진 비밀을 훤히 꿰뚫기도 한다. 뿐만 아니라 성물에 대한 증오심을 보이고, 폭력과 욕설을

자주 사용한다. 하지만 이런 형태의 부마는 악마의 위장술에 특히 주의를 기울여야 한다.

3. 악마의 괴롭힘 : 염두에 둘 것은 지금 언급되는 것들은 심각성 면에서 서로 큰 차이를 보이며 증세들 또한 무척이나 각양각색이라는 사실이다. 악마의 괴롭힘은 간헐적으로 일어나고 건강이나 직업, 감정, 타인과의 관계 등에 영향을 미치는 형태로 나타나기도 하며(어떤 때는 이유 없는 분노, 전면적인 자기 고립화 등으로도 나타남), 개인이나 단체, 혹은 군중을 대상으로 해를 끼친다.

4. 악마적인 망상(편집광) : 편집광적인 생각들이다. 허황되지만 이런 악에 희생양이 된 사람은 여기서 혼자 헤어나지 못하기 때문에 지속적인 허탈감 속에서 살아가며 견딜 수 없는 자살 충동에 빠지게 된다(자살은 위에 열거한 두 가지 경우에도 번번이 나타난다는 사실을 염두에 두자). 이런 경우 자주 이중인격자로 표현된다. 즉 의지는 자유롭지만 사고는 편집적인 증세를 보인다.

5. 악마에 의한 전염 : 이 표현은 사람에게 사용하는 것이 아니라 장소(집, 사무실, 가게, 농지…), 물건(자동차, 베개, 매트리스, 인형…)과 동물에 해당한다. 이에 대해서는 이미 오리게네스의 증언을 통해 보았으며 초대 그리스도교 신자들은 이런 경우 구마 기도를 하곤 하였다.

6. 마지막으로 악마의 예속에 대해 언급하고 싶다. 이는 자의에 의해 직·간접적인 방법으로 악마와 계약을 맺어 악마의 하수인이 되는 것을 말한다. 그래서 악마와 아주 특별한 관계를 가질 수 있다. 이 상태는 원치 않았음에도 불구하고 위에 열거한 여러 종류의 악의 영향권에 들 수 있으며 특별히 가장 신각한 형태인 악마에 의한 부마 상태로 전락할 수

있다.

앞으로 제시할 논제를 이끌어 가기 위해서는 악마의 이런 놀라운 사악함에 어떻게 영향을 받게 되는지 살펴보아야 한다. 미리 예방하는 방법과 영향을 받는다 해도 해방되는 방법을 제시하는 게 중요하다. 여기 네 가지 기본적인 경우를 소개하는데, 두 가지는 본의에 의한 것이고, 나머지는 타의에 의한 것이다.

1. 하느님께서 전적으로 허락하신 경우 : 하느님의 허락 없이는 어떤 일도 절대 일어나지 않지만, 악이나 고통, 유혹을 원하지 않는 분이심은 분명하다. 그분은 우리에게 자유 의지를 허락하심으로써 악도 허락하셨고, 그 안에서 선도 찾아내게 하신 분이다. 이 경우는 하느님께서는 악마로 하여금 누군가를 고통스럽게 괴롭히도록 허락하시고, 덕으로 성장하도록 이끄신다. 성경의 욥의 경우가 이에 해당하며, 많은 복자와 성인들도 해당된다. 고통당한 사람들에 의하면 악마의 방해는 은총을 해치지는 못한다고 한다.

2. 마법에 의해 고통당할 때 : 이 경우는 타의에 의한 것으로, 행하는 사람이나 의뢰하는 사람들의 잘못이다. 마법은 악마의 개입을 통해 타인에게 해를 입히는 것이다. 여러 가지 방법으로 이루어지는데, 악마의 개입을 통한 주문, 묶임 의식, 저주 등이 있다. 지금 우리가 다루고 있는 주제는 상당히 막중한 것임을 잊지 말자. 그리고 지나치게 민감한 경우도 있기 때문에 이 분야에 엄청나게 많은 사기꾼들이 존재하고 몽상가나 미치광이, 혹은 이와 비슷한 부류들이 존재한다는 것을 분명히 알고 있어야 한다.

3. 그 어떤 경우보다도 심각한 상태로, 죄로 굳어진 상태 : 이 경우

는 복음에 등장하는 유다를 들 수 있다. 폭력과 마약, 타락한 성ᵈᵉ에 자신을 내동댕이친 경우가 이에 속한다. 낙태에도 오랜 기간의 구마 기도가 필요한 경우가 있다. 구마 기도를 진행할 때도 죄로 굳어진 상태는 정말 무섭고 충격적이다. 현대 가정의 파괴와 비 윤리의 보편화된 일상이 악마의 마법에 직면하도록 우리를 내몰고 있다. 과거에 비해 이런 경우가 무서운 속도로 증가하고 있다.

  4. 악마를 접하는 사람이나 장소를 자주 찾을 때 : 접신하는 곳이나 무당, 점쟁이, 마법사, 카드 점쟁이 같은 부류의 사람들을 찾아다니는 것, 신비한 예식이나 사탄 교단, 혹은 이들의 최고 절정이라고 하는 사탄 의식인 검은 미사에 참여하는 것 등이다.

  또 매스미디어를 통한 포르노 상영, 많은 채널에서 무분별하게 내보내고 있는 폭력물이나 공포물 영화의 영향도 여기에 포함시킬 수 있다. 사탄적인 음악을 배경으로 한 록 음악의 확산도 마찬가지인데, 이들은 자신들의 공연장과 공원 이외에도 자신들만의 교회를 소유하고 있으며 거의 모든 나이트 장과 클럽에서 이런 음악이 퍼지고 있다. 오늘날 이런 경향은 거의 폭발 직전이고, 신앙이 감소하는 곳에 미신은 더욱 증대한다는 표현을 실감나게 한다. 사목자나 교회 봉사 활동을 하는 사람들은 이런 현상을 막을 생각도 못할 뿐 아니라 이런 현상이 위험하다는 인식도 못하고 있다. 더 이상은 반복해 말할 필요가 없을 듯하다. 이들의 완전한 무지는 성경에서조차 언급하고 있을 정도니까.

  이 네 번째 경우는 악마의 조작으로 약 10여 년 전부터, 특히 젊은이들 사이에서 엄청난 속도로 퍼져 나가고 있다.[8] 지금까지 나열한 예들은 악마의 활동과 존재에 대한 일반적이고 기본적인 요소들이다. 이렇듯 사탄의 사악함은 언제 어디서나 일어날 가능성이 있다. 그러나 그 원인이 무엇인지를 알고 예방하면 이런 방해들은 막아낼 수 있다.

8 이 책의 첫 출판이 1992년도이니 지금은 그 악마의 세력이 어느 정도 커져 있을지 짐작할 수 있겠다. 그에 따른 책임은 믿는 사람들이라면 그 누구도 피해갈 수 없을 듯하다. - 편집자 주

사 례
사탄에 대한
교황 바오로 6세의 말씀

1972년 6월 29일 교황 바오로 6세는 분명한 어조로 악마에 관해 언급했다. "어떤 틈새 사이로 사탄의 연기가 하느님의 성전 안까지 들어온 느낌을 받습니다." 강력한 가르침이다. 교황은 공의회 결실의 숨통을 조이는 부정적인 힘의 이름으로 사탄을 지목했다.

 이 연설은 당시 국제적인 스캔들을 일으키며 보도가 되었다. 오늘날 악마에 대해 언급한다는 것은 교회를 중세로 돌아가게 하려는 의도라고 난리들이었다. (기자들이 이런 식으로 표현함) 교황의 표현이 중세보다 훨씬 오래된 복음과 성경의 역사인 아담과 하와에게로 돌아간다는 것을 모르는 기자들의 무지함이란! 몇 달 뒤인 1972년 11월 15일 교황은 일반 알현에서 성경과 교회의 가르침 속에 나타나는 악마에 대한 주제에 대해 분명하고도 완전하게 다시 한 번 언급했다. 앞에서는 오세르바토레 로마노에 첨부되어 실린 기사를 짧게 인용했지만, 교황의 녹음된 연설문 전문은 이렇다.

 이번 알현 시간에는 여러분에게 조금 이상한 주제이긴 하지만 꼭 필요한 것을 말하겠습니다. 오늘날 교회에 필요한 내용입니다. 하나는 오늘 아침에도 저의 주의를 환기시킨 힘들고도 이상한 방어에 대한 것입니다. '누구를 반대해 방어해야 할까?' 저는 혼자 곰곰이 생각해 보았습니다.

성 바오로는 우리는 투쟁해야 한다고 말씀하셨습니다. 잘 알고 있는 사실입니다. 하지만 누구를 대항해서 투쟁할까요? 바오로 성인은 여러 번에 걸쳐 군인들처럼 싸움에 임해 투쟁해야 한다고 말씀하시는데, 성인의 말씀은 보이는 것을 반대해 육신과 피로 싸우는 투쟁은 아닙니다. 우리가 투쟁해야 할 대상은 '어둠', 즉 인간 환경 안으로 밀고 들어오는 악령들입니다.

악마를 대항해 싸워야 하지만 현대는 이런 대항이나 싸움에 관심을 보이지 않고 있습니다. 오늘 저는 여러분에게 이제는 더 이상 간과할 수 없는 이 주제에 대해 말씀드립니다. 우리의 삶 속에 스며드는 보이지 않는 이 원수와 대항해 싸워서 악마로부터 우리를 지켜야 합니다.

이 문제에 대해 언급하지 않는 이유는 구체적인 경험이 없기 때문입니다. 보이지 않기 때문에 존재하지 않는다고 믿어 버리는 것입니다. 하지만 우리는 악은 멀리 하려고 합니다. 악은 도대체 무엇입니까? 악은 일종의 결핍이며 불완전입니다. 누군가 아프다면 건강이 온전치 못한 것이고, 가난해서 어렵다면 돈이 부족한 것입니다.

하지만 악이 의미하는 결핍은 건강이나 돈의 부족과는 다르기 때문에 심각합니다. 우리 앞에 있는 악의 불완전성은 불완전함으로 끝나지 않습니다. 결핍의 대가를 치러야 합니다. 악은 선이 몰락할 때만 들어오는 그저 악일뿐인 것이 아닙니다. 그렇기 때문에 누구에게나 두려운 것이고, 또 두려워해야 하는 것입니다.

이런 두려운 현실을 인정하지 않고 거부하는 사람은 교회와 성경의 가르침을 정면으로 반대하는 것으로 무섭기까지 합니다. '그런 것에 대해 관심 없어', '나는 성경을 다 믿을 생각은 없어'라고 말하는 사람이 있다고 칩시다. 왜 복음에 악마에 대한 주제가 많다는 사실을 외면합니까? 여러분이 베일에 싸인 악이 엄연히 존재한다는 사실을 인정하고 알고 싶어 해야만 저도 여러분에게 악을 대하는 심리학적이고 환경적이며 복음적인 정신에 대해 알려 드릴 수 있고 여러분이 악의 세력에 대항할 결심을 새롭게 할 수 있습니다. 여러분을 상상이나 미신 속으로 밀어 넣으려는 게 아닙니다. 악은 현실 속에 분명히 있고, 복음은 악에 대해서 가르치고 있습니다. 복음이 많은 부분을 할애하면서까지 악의 존재에 대해 언급하고 있다는 사실을 다시 한 번 말씀드립니다. 세상과 우리의 삶, 구원을 위한 그리스도교의 정확한 개념을 이해하기 위해서라도 이런 악에 대한 경고는 중요합니다.

그리스도께서는 친히 이런 중요성을 보여 주셨습니다. 몇 번이나 경고하셨습니까? 첫 번째, 주님께서 복음의 역사적 활동을 하시면서 악의 존재가 있다는 사실을 스스로 증명하시려고 세 가지 유혹과 투쟁하는 의지를 보여 주셨습니다. 이는 복음에서 가장 신비한 에피소드이면서 큰 의미를 부여해 줍니다. 러시아의 유명한 대문호 도스토예프스키는 그리스도께서 당하신 세 가지 유혹을 자신의 작품에 모티브로 삼아 교리 교육적 입장에서의 유혹에 대해 가르칩니다.

그리스도께서 굶주림을 겪으셨다는 것은 무슨 의미입니까? 현대의 물질주의는 먹는 것에 집중되어 있고, 개인이든 국가든 먹잇감을 더 확보하지 못 해 난리입니다. 그리스도께서는 영적인 유혹도 당하십니다. "그쪽으로 뛰어 내려 봐라. 천사들이 하느님의 아들을 구해 줄 것이다."(악은) 영적인 오만함을 보입니다. "세상을 보아라. 네가 원하기만 한다면 이 세상의 우두머리가 되게 해 주마."(이것은) 교만을 가득 담은 말입니다.

예수님께서 이렇게 말씀하십니다. "사탄아 당장 물러가라!" 그런 뒤 천사들이 와서 그분의 시중을 들며 도와드립니다. 정말 경탄할 만한 일입니다. 성경 주석가들조차 복음의 이 부분에서는 놀라움을 금치 못합니다. 예수님이 악의 이름에 대해 세 번이나 언급하시는데 흘려들어서야 되겠습니까? 당신이 대항할 대상을 악마로 언급하시면서 '세상의 지배자'로 단정 지으십니다.

누가 세상의 지배자입니까? '세상의 지배자는 악마'라고 예수님께서 말씀하십니다. 우리는 모두 어둠의 지배에 놓여 있습니다. 어둠은 우리를 불안하게 하고 유혹하며 병들게 하고 불신하게 하며 악한 사람들로 만듭니다. 그리고 복음의 여러 장면들을 읽다 보면 악령 들린 이들이 여기저기 나타나고 예수님께서 그들을 치유하십니다.

성 바오로는 이런 예수님의 말씀을 인용해 코린토 신자들에게 보낸 둘째 서간에서 악마를 '세상의 신'으로 표현합니다. '하느님'이라는 '모든 존재 중의 최고 이름'을 바탕으로 참으로 적절하게 악마를 규정지었습니다. 사도는 악마를 '세상의 악신'이라고 지칭하면서, 제가 처음에 여러분들에게 말씀드린 내용에 대해 경고합니다. 즉, 어디에 있는지 어떻게 생겼는지 모르지만 우리는 악령에 대항해 싸워야 한다는 것입니다. 그리고 그는 이런 원수를 대항해 싸우는 방법과 방어 태세를 어떻게 지닐 수 있는지 가르치고 있는데, 그것들은 우리가 방심해서 지나쳤을 뿐, 이미 모든 그리스도교 문학에서 발견되는 내용입니다.

친애하는 신자 여러분, 교회 전례에서 악마의 여러 이름들이 호명되는 순간을 알고 계십니까? 현재 우리가 사용하고 있는 세례성사 예식서에는 그 전에 실려 있던 구마 예식을 지나치게 축소시켰습니다. 이런 축소 형태의 예식서가 과연 현실적이고 바른 판단이었는지 저는 잘 모릅니다(이처럼 유감스러운 교황의 말은 모든 구마 사제들의 생각이기도 하다). 그러나 축소되었다는 사실은 잊지 않고 있습니다.

세례성사는 주님의 섭리에 따르는 첫 번째 활동으로 이를 통해서 죽음과 인간의 원수인 사탄을 멀리하게 됩니다. 왜 그렇습니까? 첫 번째 조상인 아담이 원죄를 저지르기 전에도 악의 주인공은 악마였으며 오로지 그리스도께서 우리를 구원하실 수 있었습니다. 이 역사는 지금까지도 계속되고 있어서 원죄는 우연에 의한 결과나 잘못에 의해 전파되는 것이 아니라, 세대를 걸쳐 계승되는 죄입니다.

태어났다는 것은 하느님의 품에 있다는 의미보다는 악마의 품에 있다는 뜻입니다. 세례성사는 이러한 노예 상태로부터 우리를 풀어 주고 자유롭게 하여 하느님의 자녀가 되게 합니다. 결국 첫 번째 우리의 원수는 악마입니다.

신자 여러분, 악마의 걸작이 무엇인지 아십니까? 우리가 우리 자신의 자유의지를 스스로 반대하도록 유혹하는 기술을 지녔고, 이것을 사용한다는 것입니다. 악마는 절대적인 유혹자입니다.

이런 방해자, 어둠의 존재이며 배반자는 아직도 활동하는 존재임을 잊지 말아야 합니다. 보이지 않는 원수는 불행과 잘못, 몰락, 인류 역사의 타락이라는 씨앗을 뿌리며 돌아다닙니다. 성경에서 언급하는 밀밭에 가라지를 뿌리는 원수의 비유를 기억해야 할 것입니다. 농부와 종들은 "도대체 누가 이 세상에 악을 심었단 말인가."하며 놀라워합니다. 주인은 곧 하느님의 형상을 의미하는데, 그는 "Inimicu homo hoc fecit, 즉 원수가 이 일을 하였다."라고 합니다.

세상에 뿌려진 악의 씨앗은 개별적이고 광적인 의미를 지니고 있지만 하느님께서 악을 무력화시킬 뿐 아니라 우리를 지켜 주십니다. "가라지를 뽑아내지 마라. 가라지를 뽑다가 잘못하여 밀까지 뽑아낼 수 있기 때문이다. 어느 날인가 마지막 날이 오면 분명히 선별해 낼 것이며 이것은 마지막 심판이 될 것이다."

악은 '처음부터 살인'이며 '거짓의 대부'라고 불립니다. 사람이 지닌 윤리적 균형을 교묘하게 지배하려고 하는 교활한 악마는 우리 안에서 끈질기게 유혹하는 사기꾼이며, 저와 여러분의 심리 안에서 환심을 사는 법을 알고 있습니다. 즉, 우리의 심리 속으로 들어오는 문을 찾아내고 감각과 상상, 유토피아적인 논리의 욕정을 타고서 무질서한 사회관계, 나쁜 친구들, 세상의 불순한 이데아들을 통해서 교묘하게 환심을 사며 흘러들어 옵니다. 우리들 활동 속에 들어와서는 신체 구조, 혹은 성性의 영감이 되는 본능적이고, 정신적인 구조를 이탈시켜서 겉으로 보기에도 해(유혹의 계략計略)를 끼칩니다. 우리의 심리에 환심을 사기 위해 우리의 조직을 이용합니다.

악마의 영향은 개인, 혹은 공동체나 사회 전반에 드러나기도 하고, 일어나는 사건을 좌우하기 때문에 현대 가톨릭 교리서는 이에 대해 폭넓은 장을 마련해야 하며 재연구가 필요합니다. 현재는 이런 사안의 거론조차 회피하지만 앞으로는 가톨릭 교리의 매우 중요한 장을 차지하게 될 것입니다. 얼마 전부터 정신 분석학, 혹은 정신 의학 분야에서 이를 검증하려고 하거나 강대국, 특히 미국 같은 큰 나라에서 강신술降神術을 통해 악마의 신비에 대해 어떻게든 규정하려고 시도하고 있는데, 이런 무분별한 접근이 오히려 세상을 선과 악, 하느님과 악마로 바라보는 오래된 마니교

(어떤 이들은 편견이라고 주장)의 이분법적 시각에 빠트려 무시무시한 상상이나 무속 확산으로 이어질까 두렵습니다.

쉽게 그렇게 생각할 수 있습니다. 현대인은 강자를 선호하고, 건전하고 긍정적인 사람, 구체적인 사람으로 보이길 원합니다. 반대로 미신적이며 민간 신앙과 무속 등을 맹신하는 경우도 참으로 많습니다. 예를 들어 13이란 숫자는 불행을 가져다준다느니, 이렇게 하면 저주가 오고 저렇게 하면 행운이 온다는 식입니다. 왜 이렇게 행동해야 합니까? 이런 가공의 실체들을 믿게 되면 사람을 우유부단하게 만들고, 지나친 집착을 보이게 할 뿐 아니라 대단히 어리석은 상태로 만들어 버립니다. 하느님께서 '그게 아니라 이것을 보라!'고 말씀하시는데도 그 말씀을 믿지 않습니다.

악마에 대해 언급하는 가톨릭 교리는 불확실하지만 악마의 유혹을 받는 우리에 관해서는 분명하게 말합니다. 악마의 존재가 그 숫자를 헤아리기 어렵다는 사실은 우리의 호기심을 대단히 자극합니다. 악마는 한 개체가 아니라 복수 개체들입니다. 게라사 지방의 악마 들린 사람을 기억해 봅시다. "이름이 무엇이냐?" "내 이름은 군단이다." 군단이란 무슨 뜻입니까? 예수님께서 해방하신 불행한 사람 속에 숨어 있던 악마들의 수를 뜻합니다. 악마들은 돼지 떼 속으로 들어가 돼지 떼가 겐네사렛 호수에 빠져 죽게 하여 가축을 치던 사람을 크게 절망하게 만들었습니다.

이제 두 가지 질문에 답할 차례입니다. 먼저 "악마를 알아볼 수 있는 표시는 무엇입니까? 악마의 존재를 나타내는 표시가 과연 있습니까?" 두 번째 질문은 "위험한 함정으로부터 우리를 방어하는 방법은 무엇입니까?" 이에 대한 답은 상당히 길겠지만 즉시 다루어 봅시다.

첫 번째 질문에 대해서는 대단한 주의가 필요합니다. 어떤 표시가 있는가? 주의할 것은 악마의 표시들이 드러나더라도 함부로 단정해서는 안 된다는 것입니다. 교부들조차 그랬습니다. "분명 악마다!"라고 단정할 수 있는 심안心眼을 지닌, 정말 복된 분이라 할 수 있는 교부 테르툴리아누스도 그랬습니다. 하느님을 부정하며 대치하는 주장이 여기에 속한다고 볼 수도 있을 것입니다. 하느님께 인도되어 그분을 만나더라도 생각을 복잡하고 교묘하게 한다면 하느님에 대한 근본적인 부정에 직면할 수 있습니다. 그렇습니다, 그분의 존재에 대한 근본적인 부정이 바로 우리의 원수입니다. '하느님이 죽었다'라는 말을 들어본 적이 있습니까? 누가 그런 말을 할 수 있겠습니까?

또한 속임수와 위선이 만연한 곳은 증명된 진리를 절대적으로 반대합니다. 증명된 진리가 부족한 곳, 사랑이 시들어 버린 곳에는 차갑고 잔인한 이기심만이 있을 뿐입니다. 그 뒷면에 악마의 자극이 숨어 있습니다. 예수님의 이름이 존재하는 곳에서는 증오와 악마를 감지할 수 있기 때문에 이들이 꼼짝도 할 수 없습니다. 바오로 성인은 예수 그리스도를 부정하는 사람은 단죄를 받는다고 했습니다. 단죄는 하느님을 부정하는 인간의 내면에 숨어 있는 악마의 행동입니다. 복음의 영이 있는 곳에 신비가 있고, 그 영은 정면으로 거짓에 대항합니다. 좌절이 있는 곳에서는 결과적으로 악마가 승리합니다.

하지만 이런 처방은 지나치게 광범위하고 어려운 것이라 당장 여기에서 깊이 다루고 증명해 보이지는 않겠습니다. 그렇다고 해서 현대 문학에서까지 흔하게 다루어지고 있는 드라마틱한 악마의 존재 모두를 제외하자는 것은 아닙니다. 대작가들의 문학 작품에는 모든 악마의 종류들이 등장합니다. 몇몇 사람들은 악마를 위대하게 표현하기도 하고, 어떤 이들은 악마의 행동을 파헤치기 위해 더욱 세심하고 신중하게 대처하기도 합니다.

현대 작가들 중에 이 주제에 대해 지혜롭게 글을 쓰고 있으며 엄청난 반향을 일으킨 작가는 다름 아닌 베르나노스^{Bernanos}입니다. 이 작가의 이름을 들어본 적이 있습니까? 「사탄의 태양 아래서$^{Sous le soleil de Satan}$」라는 책은 영혼 안에서 일어나는 악마의 출현 현상과 이를 해결하고 쫓아내는 방법에 대해 논합니다. 이 작가는 여러 가지 많은 책들을 출판했습니다. 악마에 대한 주제는 꿈이나 기분 전환용 소설, 혹은 공상 소설 속의 주제로 국한할 수 있는 문제가 아닙니다. 인간 심리학의 분야에서 무엇인가를 구별해 내 악마와 마귀의 흔적을 찾아내자는 것입니다.

요한 복음사가는 우리는 하느님으로부터 태어났다고 했는데, 옳습니다. 하지만 세상은 'otus in maligno postitus est' 즉 죄의 악마의 지배 밑에 있으며, 인간도 그렇습니다. 첫 번째 질문, '악마를 어떻게 분별해 낼 것인가?'에 대한 대답은 이것입니다. "유혹에 빠지지 않도록 기도하고 깨어 있어라$^{Vigilate\ et\ orate\ ut\ non\ intretis\ in\ tentationem}$." 이제 또 다른 질문은 '내 영혼을 악마의 활동으로부터 완전히 지키기 위해 어떻게 방어막을 칠 것인가?' 입니다. 이에 대한 답은 실천하기 어렵지만 아주 쉽게 접근할 수도 있습니다. 죄로부터 우리를 지키고, 보이지 않는 원수로부터 우리를 막아내는 방법은 은총 속에 머무르는 것입니다.

은총이야말로 완벽한 방패막입니다. 잦은 성사 참여가 희박해져 가는 지금, 매순간 우리에게 달라붙는 교활한 위험으로부터 우리를 지켜 주는 고해성사의 참여가 감소하는 것만큼 위험천만한 일은 없습니다. 순수함, 깨끗함은 위대한 힘을 보여 주는 표상입니다. 악마 앞에서 한 명의 어린이가 여러 명의 어른보다 훨씬 강한 이유는 깨끗하기 때문입니다. 하느님 군대의 무기로 상징되는 덕(德)이 '승리하는 지상 그리스도인의 무기'라는 사실을 우리는 기억하고 있습니다.

바오로 성인은 로마인들의 모든 무기에 대해 언급합니다. 건강의 투구를 쓰고, 갑옷을 입으며 칼 등으로 무장하라고 했습니다. 강해지기 위해서는 많이 무장해야 하기 때문입니다. 그리스도인이 깨어 있는 강한 군인이 되기 위해서는 금욕 훈련이 특히 필요합니다. 악마의 올가미로부터 해방되기 위해서도 그렇습니다. 예수님께서는 제자들이 악마를 쫓아내지 못한 이유에 대해 이렇게 설명하십니다. "이 악마는 기도와 단식을 통해서만 쫓아낼 수 있는 악마다."

악마의 올가미에서 벗어나 승리할 수 있는 방법을 사도는 이렇게 가르칩니다. "악이 승리하도록 내버려 두지 말라." 그리고 "선을 통해 악을 쳐부수라."고 말하면서 더욱 선함을 강조합니다.

그러면 사제의 사도적인 축복도 가치가 있다는 것을 기억하며 오늘날 우리 모두의 영혼과 교회, 세상에 돌아다니는 원수의 존재를 직시하는 중요한 기도인 "아버지 저희를 악에서 구하소서!"라는 기도의 효과와 그 의미를 찾아보도록 하겠습니다.

사 례
특정한 음악 장르들의 불길한 영향들

이미 여러 명의 가톨릭 저자들이 사탄적인 록 음악이 주는 불길한 결과에 대해 경고했지만 그중에서도 특별히 피에로 만테로Piero Mantero의 사탄과 그 권모술수에 대한 언급과 코라도 발두치Corrado Balducci의 저서「사탄의 숭배자들」(ed. Piemme, Riporto alcuni tratti fondamentali, dalla rivista Lumiere et Paix, maggio-giugno1982,p.30.)을 들 수 있다.

미국에는 WICCA(비밀 결사 대원들과 마법사 협회)라는 국제 음악 차트 협회가 존재한다. 이 협회는 회원이 엄청나게 많으며, 세 개의 음반 회사를 소유하고 있는데 이곳에서 출시되는 모든 음반은 젊은이들의 내적 심리를 교란시키고, 윤리적 타락을 조장하는 것을 목적으로 삼고 있다. 사탄주의를 실천하고 사탄에게 사람들을 제물로 바치는 것이다.

이곳에서 출시되는 모든 음반은 철두철미하게 사탄의 추종자가 되어 사탄에게 영광과 명예를 돌리도록 사람들의 정신 상태를 이끈다. 유명한 록 그룹인 '롤링스톤스'도 산 디에고 지역의 사탄주의 이단의 멤버로 자신들의 노래를 통해(물론 그들 노래 전부는 아니지만) 그런 목적을 지향하고 노래를 듣는 사람들을 항상 사탄 의식에 바친다.

'Garry Funkell'이라는 조직도 상당히 알려진 조직으로, 같은 목적을 가진 음반들을 출시하고 있다. 이런 그룹들은 자신들의 음반으로 젊은이들을 사탄주의로 이끌어서 사탄 의식에까지 가도록 유도하는 것이 목표이다.

사탄에게 바쳐졌던 음반들은 네 가지 중요한 기반을 두고 있다.

1. 리듬의 중요성 – 리듬을 가장 중시한다. 이 리듬을 비트^{beat}라고 부르는데, 성관계 도중 점차적으로 오르는 리듬감을 적용하면서 듣는 사람이 한순간에 특정한 광란으로 빠져들도록 만든 것이 특징이다. 그래서 이런 종류의 음반을 지속적으로 들으면 상당한 히스테리성 정신 증상이 나타난다고 보고되고 있고, 그 결과로는 비트를 통해서 성행위에 대한 본능이 과격하게 증대되는 것이다.

2. 음의 강렬함 – 신경 조직을 뛰어넘는 7dB까지 도달하는데, 대단히 교묘하게 계산된 것이다. 이런 음악에 어느 정도 노출되어 있으면 우울증, 난폭함, 반항 등의 증세를 보인다. 예를 들어 누군가 면담하러 찾아와서 하는 말이 "나는 아무런 잘못도 없다. 잘못이라면 매일 저녁 음악을 들은 것밖에는 없다." 한다고 치자. 부모나 교육자들이 이렇게 거리낌 없이 말하지만 그들은 이 분야에 대해 무지하기 때문에 이런 말을 하는 것이다. 음악이 내포하고 있는 교묘함은 철저하게 계산되고 연구된 방법으로 뇌신경 조직에 직접적으로 영향을 미치도록 만들어져서 생산자들이 원하는 확실한 결과를 도출해 내도록 되어 있다. 다만 피해자가 눈치 채지 못하는 것뿐이다. 즉, 청취자에게 무질서와 혼돈 상태를 유발시켜서 매일 저녁 들었던 비트와 리듬을 더욱 찾게 만들고, 사탄주의의 새로운 추종자로 가입시키는 것이다. 애당초 작곡가들은 이런 최종 목적을 바탕에 깔고 노래를 만든다.

3. 최고의 신호 발사 – 이것은 청각의 수용 상태를 넘어선 엄청난 고음을 내보내 무의식 속에서 작용하도록 한다. 귀청을 찢는 듯한 음역으로 초당 3천 킬로사이클에 달하기 때문에 도저히 청각으로는 통제할 수 없

는 대단한 음역이다. 이 소리는 마약과 똑같은 성분인 환각 상태를 두뇌에 일으키는 효과를 낸다. 이런 마약을 자연 발생적 환각제라고 부르는데 이는 자극을 통해 자연 발생적으로 두뇌 안에서 생성된 마약이므로, 전혀 눈치 채지 못한다. 또한 어느 한 순간 환청을 듣게 된다고 하는데 이런 환청은 계속 노래를 들으면 진짜 마약을 찾게 하거나 이미 마약 중독에 빠졌다면 과다 복용으로 유도한다는 것이다.

4. 검은 미사(사탄 예배)를 통해 음반을 바치는 행위 – 모든 음반이 사탄 예식 속에서 사탄에게 바쳐진다. 실제로 시중에 판매되고 있는 이런 부류의 음반들은 특별한 의식을 통해 사탄에게 바쳐진 것들로 완전하고 무서운 검은 미사에 제물이 되었던 것들이다.

이런 종류 음악의 노랫말 속에 숨은 의미들을 분석하거나 혹은 음악을 들으면서 그 말을 반대로 뒤집어 가면서 따져 보면, 내가 지금 하는 말을 이해할 것이다. 모든 가사의 주된 의미는 부모에 대한 반항, 사회에 대한 적대감, 무정부주의, 존재 자체들의 부정, 본능적인 성행위의 자유, 지구촌을 사탄의 왕국으로 만들기 위한 무정부 창출 등으로 한결같다. 뿐만 아니라 사탄에게 직접적으로 바쳐진 찬가들까지도 난무하고 있는 실정인데, 예를 들어서 'Hair'라는 노래에서 네 부분이 사탄 의식에 바쳐진 것들만 보아도 그 목적은 분명히 드러난다.

여기까지 언급하는 데에 과연 누가 악마의 영향이 주는 반항과 증오에 대한 위험을 부정할 수 있겠는가? 요한 묵시록의 다음 내용을 읽어 보자. "용은 여인 때문에 분개하여, 여인의 나머지 후손들, 곧 하느님의 계명을 지키고 예수님의 증언을 간직하고 있는 이들과 싸우려고 그곳을 떠나갔습니다. 그리고 용은 바닷가 모래 위에 자리를 잡았습니다."(묵시 12,17-18)

어떻게 해악의 존재를 가려낼 것인가

우리가 관심을 가지고 있는 현실적인 문제로 들어가 보겠다. 이제는 자연적인 것이 아닌 악과 악마의 영향에 의한 증세는 어떤 것이 있는지 살펴볼 차례이다. 이런 분석을 바탕으로 환자를 의사에게 보낼지, 아니면 해방 기도를 하도록 유도하거나 구마 예식을 받도록 할 것인지를 판별한다. 이곳에서 밝히는 것은 내 경험의 결과이므로 상당히 개인적인 것이란 점을 밝혀 둔다. 구마 예식서에서 제시한 얼마 되지 않는 규범은 불충분하고 이에 대한 책들도 현재 나와 있는 것이 없는 실정이라서 구마 사제들 사이에서도 구마 예식을 진행하는 방법은 다양하며, 각자의 경험에 의한 사건들을 바탕으로 하고 있다.

어떤 구마 사제들은 상담을 받으러 온 사람에게 설문지를 작성하게 하여 그것을 통해 구마 여부를 판가름하기도 한다. 또 다른 이들은 대부분 당사자와 가족들을 직접 면담하는 것으로 시작하는데, 악의 영향을 받고 있는 당사자는 자신의 반응과 행동에 대해 정확하게 표현할 만한 처지가 못 되기 때문에 가족과의 면담은 상당히 중요한 몫을 차지한다. 이런 과정들이 중요할 수밖에 없는 것은 여기서부터 의미 있는 증세 여부를 가리게 되고, 악의 마법에 의한 질병인지를 밝혀내게 되기 때문이다.

증세는 상당히 여러 가지라는 사실을 미리 말해 두고 싶다. 즉 한 가지 증세만으로 의미를 부여할 수 없다는 말이다. 하지만 구마 예식을 통해서 원하는 목적에 도달하게 된다.

내가 사용하는 방법은 간단한 면담으로 '의심'이 가는 증세들이 있는지 먼저 관찰한다. 만약에 이런 증세들이 잘 드러나지 않는다면(내게 자주 일어나는 일이지만), 그 증세에 대한 적당한 충고를 해주고 더 이상 만날 필요는 없다. 이런 첫 번째 관찰은 일반적으로 전화나 편지로도 가능하기 때문에 상당히 간단하게 이루어진다. 구마 사제는 혼자이고, 많은 사람들이 기도를 받으려고 대기 중일 때 이런 방법은 효과가 있다.

'의심이 갈 만한' 증세를 발견하게 되었을 때는 당사자와 약속을 하고 당연히 조사를 위한 구마 예식을 시작하는데 이것은 기도 중에 나타나는 상태에 따라서 오래갈 수도 있고, 짧게 끝날 수도 있다. 내가 중요하게 여기는 기본이 있다는 것을 여기서 밝히고 싶다. 즉, 구마 예식은 치유(해방)의 효과뿐만 아니라, 가장 먼저 진단의 효과를 지닌다는 것이다. 구마 예식 중에 드러나는 행동을 관찰하는 것은 흥미진진하다. 때론 구마 예식이 끝난 며칠 뒤에 일어나는 상황이 훨씬 더 흥미롭다. 많은 경우 특별한 구마 예식을 행하는 중에 당사자의 행동에 놀라운 일이 벌어지지만 내 경험에 의하면 특정한 구마 예식들을 끝낸 뒤에야 비로소 부마 여부를 정확하게 진단하게 될 때도 가끔 있다. 또 어떤 경우는 구마 기도를 받고 있는 당사자의 행동이 구마 예식 내내 도저히 상상할 수 없는 기행으로 드러나기도 하는데, 이것은 악의 자연적인 현상으로 해방으로 가는 증거가 되기도 한다.

나는 일반적으로 첫 번째 면담에서 가장 먼저 질문하는 것이 왜 구마 사제에게 찾아왔는지, 어떤 증세 때문인지를 묻는다. 부마 문제가 아닌 다른 문제로 찾아오는 사람들은 몇 마디 충고로 돌려보낸다. 예를 들어 "악마의 마법에 대해 들었는데 정말 그게 제 안에도 있는지 알고 싶어요."라고 말하는 사람에게는 특이한 현상을 찾을 수가 없는 경우가 많다. 이럴 때 나는 이렇게 충고한다. "기도하고, 성사 생활을 자주 접하십시오. 주님께서 가르쳐 주신 계명들을 지키고 생활하시면 모든 거짓 공포심으로부터 해방되십니다." "신부님, 제 아들이 예민해지기 시작해요. 무슨 일이 일어나고 있는 건 아닌지 불안해요." 이 경우도 내가 하는 질문에 대해 의심이 갈 만한 증세들이 드러나지 않을 때 일반적인 충고들로 마무리한다. "신부님, 남편이 저를 버리고 다른 여자와 달아났습니다. 저를 정말 사랑했거든요! 틀림없이 악마가 주문을 걸었을 거예요." 이는 최소한의 질문을 통해 의심할 만한 특별한 증상이 드러나지 않음을 알 수 있는 경우이기 때문에 필요한 충고를 해 주는 것으로 충분하다.

어떤 경우는 의심이 갈 만한 사람들이 구마 사제에게 도움을 청하러 온다.

"신부님, 악마의 주문에 시달리고 있어서 면담을 청하고 싶어요."

"누가 그것(악마의 주문)을 당신에게 걸었습니까?"

이렇게 반문하면 사람들은 당혹해한다. 이것은 뭔가 감이 잡히는 게 있다는 뜻이기도 하고, 넘겨짚었는데 야단맞을 수 있다는 것을 계산하기 때문이기도 하다. 하지만 용기를 내어 이렇게 말하기도 한다. "어떤 집시였는데요, 기도를 열심히 하는 거룩한 사람으로 제게 축복 기도를 해주었습니다." "저는 카드 점쟁이를 찾아갔었습니다. 그 사람 말이 제가 악마의 주문에 걸려 있는데 이를 떼어 내기 위해서는 적어도 오백만 리라(250만 원) 정도가 필요하답니다." "신부님께 솔직히 고백하지만 저를 위해 회원들이 기도해 주었는데 기도를 통해 제가 악의 마법에 걸렸다는 것을 분별해 주었습니다. 그렇기 때문에 구마 사제의 도움이 필요하다고 생각했습니다. 저는 명망 높은 사제를 찾아가서 축복만을 청했습니다. 진짜 구마 예식은 하지 않고 (그런데) 그 기도를 통해 난폭한 제 행동이 튀어나왔고, 소리를 지르면서 땅바닥에 굴렀으며, 하느님을 모욕하는 욕지거리를 하자 그 신부님께서는 구마 예식이 필요하다고 충고했습니다. 저는 치유사 혹은 초능력 치료사를 찾아갔는데, 무엇인지는 몰라도 이상한 의식들을 행한 뒤 제게 특별한 물을 마시게 했습니다. 그 뒤 저는 상당한 고통을 느꼈고 이를 통해 뭔가 이상한 방향으로 가고 있다는 것을 느꼈습니다."

이런 실례들은 수없이 나열할 수 있다. 지금 이 세상은 거룩한 사람, 치유 능력을 지닌 사람, 카드 점쟁이, 무당, 집시, 환시자, 카리스마적인 사람과 이와 비슷한 종류의 사람들이라고 일컬어지는 사람들로 넘쳐 나고 있다. 바른 진단은 쉽지 않은 일이다. 그렇다고 해서 '모두 새빨간 거짓말이다, 믿을 게 못 된다.'라는 식의 즉석 처방도 나는 반대한다. 많은 경우에 속임수나 거짓 경보를 분별할 시간이 필요한 것은 사실이다. 하지만 가끔씩 심각한 신호, 분명한 신호들이 있기 때문에 함부로 다루어서는 안 된다. 점쟁이나 무당들의 짓거리는 거의 대부분 분명한 사기에 속한다. 이미 위에서 다른 예를 통해 설명했듯이 면담을 하면서 의심스러운 증세를 가려내어 발견하고, 약속 시간을 따로 잡아 구마 예식을 행한다.

그렇다면 첫 면담만으로도 구마 예식이 필요하다고 판단되는 증세는 무엇일까? 여러 가지가 있지만 여기서는 흔히 등장하는 증세에 대해 언급하겠다.

실상 가족에 의해 증세가 밝혀지는 것이지 당사자로부터 직접적으로 밝혀지는 경우는 아주 드물다. 가족의 말을 들어보면 의사들이 도저히 정확한 진단을 내리지 못한다는 점, 어떤 약도 호전 증상을 보여 주지 못한다는 사실이 드러난다. 여기서 말하는 '효과가 전무한 약들'이라는 표현은 싸구려 가짜 약이 아니라 증상에 즉시 효과를 나타내는 약들이라는 것을 염두에 두기 바란다. 예를 들어 수면제나 안정제를 과다 복용해도 아무런 효과를 주지 못한다. 진단 불가능과 약효 불능이라는 것은 악마의 영향을 의심해 볼 수 있는 첫 번째 증상이라고 할 수 있다.

가족들의 말에 의하면 얼마 동안은 열심한 신자였는데 지금은 기도도 하지 않고 성당에 발도 들여놓지 않으며, 성당에 가자는 말을 듣는 즉시 불같이 화를 낸다는 것이다. 그런 사람의 생활을 들여다보면 자주 욕지거리를 내뱉거나 공격성을 보인다. 성물을 향한 증오심은 두말할 필요도 없이 의미 있는 증세이다.

만약에 당사자가 원래 성격에 맞지 않는 분노와 폭력을 내비치거나 욕지거리, 모독적인 언어를 사용했는데도 이런 자신의 상태를 기억하지 못한다면 이것은 의심스러운 증세이며 일반적인 정신적인 질환 증세도 될 수 있다.

질문을 하면서 아주 의미 있는 증세가 드러날 수 있기 때문에 이 시점에서 나는 상대방에게 또 다른 질문을 한다. 즉 언제부터 이런 고통이 시작되었는지, 혹시라도 어떤 특별한 사건과 연관되어 있는지 묻는다. 예를 들어 접신을 했는지, 무당을 찾아갔는지, 주변 친구가 마약이나 신비술에 관련된 사람들인지, 혹은 특정한 무도장과의 연결 관계 등이다. 일반적으로 위의 예들을 통해 악의 시작이 뿌리를 내린다. 그리고 늘 특정한 사람에 의해서 그렇게 된다. 이렇게 어떤 사람과 관계를 맺기 시작한 그 순간부터 당사자의 행동이 어떻게 변했는지, 예를 들어 아주 폭력적으로 변한 순간이 있었는지에 대해서 묻는다. 면담을 하면서 당사자의 가족들은 전혀 생각하지도 못했고, 중요하게 여기지도 않은 사건들 속에서 악의 영향을 밝혀낼 수 있는 중대한 요소들을 발견할 때 놀라워한다.

첫 번째 축복 기도(통상 구마 사제들은 면담을 하면서 사람들에게 구마 기도를 이렇게 표현한다)는 대부분 간단하다. 사람들은 구마 약속을 얻으려고 자신들이 받는 방해에 대해 자주 과장되게 표현하거나 사건들을 부풀리기도 하지만 그리 걱정하지는 않는다. 정말 흔히 일어나는 일로 어쩔 수 없이 이런 말을 해야 할 때가 있다. "당신에게는 구마 기도가 필요한 게 아니라 진정한 회개가 필요하군요." 실제로 나를 찾아오는 사람들은 기도와 성사 생활로부터 완전히 멀리 떨어져 있는 사람들로 주일 미사를 누워서 아주 쉽게 건너뛰며, 고해성사를 보면서도 전혀 죄책감을 느끼지 않는다 (오래전부터 이런 것들을 눈치 채고 있었다).

현실은 너무나 오랫동안 하느님의 계명과 교회의 가르침을 가르치지 않고 있다. 또한 비정상적인 결혼 생활과 불규칙하고 무절제한 부부 생활이 만연하다. 기도하지 않는 현대인의 가정, 그 자리를 TV가 대신하고 있어서 가족끼리의 대화도 오래전 이야기이다.

면담 도중 특별히 의심할 만한 증상이 보이지 않을 때 간단한 축복 기도를 하고 필요하다면 병자들을 위한 예식서에 나오는 기도를 드린다. 반대로 구마 예식이 필요할 때는 일반적으로 처음에는 간단한 기도로 시작하지만 당사자의 반응 상태에 따라 길어질 수도 있고 짧게 끝날 수도 있다. 그리고 기도를 끝내면서 기도와 성사 생활, 은총의 생활을 하도록 당부한다.

경험상 많은 경우에 일반적인 고해성사(항상 구마 기도를 하기에 앞서 충고함)를 보도록 한다. 열심한 기도 생활과 은총을 통해서도 힘들게 했던 방해 요소들은 사라진다. 기도와 은총의 생활 없이 구마 예식은 아무런 효과도 발휘하지 못한다.

내가 가장 강조하고 싶은 것은 의심스런 증세를 보여서 구마 예식을 해야 할 때를 알고 있어야 한다는 것이다. 실제로 가끔씩은 구마 예식을 행하는 도중에 특별한 증세도 나타내지 않고 그 예식이 끝난 뒤에 오랫동안 혹은 며칠 동안 긍정적인 효과를 드러내기도 한다. 이것은 다른 구마 예식을 계속해야 한다는 충분한 증거이다. 그리고 구마를 계속하면 할수록 악마가 있다는 증거를 여러 상황 속에서 더욱 뚜렷하게 보여 주는 증세들을 일으킨다. 눈동자가 위 혹은 아래로 올라가거나 쳐지는 경우는 구마 사제들 사이에 잘 알려진 증세이며, 간헐적으로 난폭해져서 괴성과 욕설을 내뱉기 시작한다. 그러다가 악마의 힘은 완전히 드러나서 대화 형태 혹은 질문에 답하기도 한다.

몇 달 동안의 구마 예식이 끝난 뒤에야(2년에 한 번씩 나타나기도 함) 악마가 있는 힘을 다해 모습을 드러낸 경우도 있었다. 누구든지 구마 예식서에서 나열하는 세 가지 증상들과 예(당사자가 알지 못했던 언어 구사, 인간의 힘을 초월하는 힘, 감춰진 사실을 알아내는 능력)가 없었다면 절대로 구마 예식을 시작하지 않았을 것이다.

증세가 심각할수록 더욱 기도에 충실하고 기도를 받아야 한다. 뿐만 아니라 은총을 방해하는 무엇인가가 있다면 찾아내야 한다. 그것은 재정립되어야 하는 불규칙한 상황일 수도 있다(비정상적인 결혼 생활, 직업, 재산 관리, 근본적으로 엄청난 비윤리적인 죄를 범하고 있는 상태…).

가장 중요하고 꼭 적용되어야 하는 것은 마음을 다한 용서이다. 긴장감을 주는 상황, 가족과 다른 사람들, 혹은 심각한 상처들을 입은 상황들로써 이미 누가 이런 불행을 조장했는지를 알고 있는 경우가 대부분이다. 진정한 마음으로 용서해야 하며, 복수심을 버리고 절대적으로 피해를 입힌 사람을 위해 기도할 필요가 있다. 대부분 이런 방법이 은총을 방해하던 길을 터주고 해방으로 이끌었다.

구마가 진행된 뒤부터 악의 모든 영향이 튀어나오는 것 같지만 실제로는 그렇지는 않고 악으로부터의 해방이 진행된 뒤부터이다.

그러면 항상 완전한 치유에 도달할 수 있을까? 얼마나 시간이 걸릴까? 이 두 가지는 참 어려운 질문이다. 이미 알퐁소 성인은 구마 예식에 대해 언급하면서 완전한 치유를 달성하는 것은 아니지만 악에 의해 피해를 입고 있는 사람에게 어느 정도의 치유는 가져다준다고 언급했다. 나는 구마를 행하면서 원하는 결과가 나오지 않아 실망할 때 선종하신 칸디도Candido 신부의 말씀이 생각난다. "우리가 얼마나 많은 생명들을 살리고 있는지 알고 있느냐?" 그분은 내게 자주 이렇게 말씀하셨다. 우리들은 할 수 있는 만큼 최선을 다한 뒤 나머지 결정은 하느님께 맡겨 두는 것이다. 실제로 구마 기도는 어떤 느낌이라기보다 우리의 직접적인 실전 경험으로, 구마 예식을 통해 악의 힘으로 피해를 보고 있는 당사자에게 자신의 상태를 받아들이고 앞으로 나가도록 자극하는 데 있다.

하지만 대부분 치유의 목적에 도달하며, 자주 완전한 치유까지 간다는 사실을 말해 두고 싶다. 이 목적을 위해 얼마만큼 시간이 필요하냐는 질문에는 답을 할 수가 없다. 그것은 상태의 경중에 따라 다르고, 당사자 안에 얼마나 오랫동안 악마가 머물렀느냐에 따라 다르기 때문이다. 당사자 자신이 얼마나 열심히 기도하고 하느님께 의탁하고 있는지, 당사자의 가족과 그를 도와주는 사람들이 얼마나 있는지에 따라 다르다. 또한 당사자를 위한 하느님의 계획이나 고통을 주시고자 하는 데에 따라서도 달라진다. 매우 심각한 경우에 심지어 3년에서 4년 동안의 구마 예식이 필요로 하기도 했다.

개인적으로 해방을 위해 이런 오랜 기간의 기도는 두 가지 도움을 준다고 생각한다. 첫 번째는 악의 영향을 받고 있는 당사자를 위한 것으로 하느님을 향한 신뢰와 은총, 기도 생활이 계속적으로 유지된다. 이것은 짧은 기간 안에 이루어질 수 없는 것들이다. 때에 따라서는 짧은 시간 내에 해결된 경우들은 물론, 열심하고 절대적인 신자 생활을 하다가 훨씬 더 강한 악으로 떨어지는 기회를 맞기도 한다.

두 번째 도움은 친척들과 친구들을 위한 것이다. 기도와 믿음으로 자극되고 도저히 믿을 수 없는 보이지 않는 세상에 대한 믿음이 생겨나게 된다. 현대의 많은 사람들은 더 이상 이런 것들을 믿지 않기 때문에 특정한 구마 예식에 참여해 그것을 좀 보았으면 좋겠다고 하는데 이것은 많은 교회 종사자들에게도 해당되는 말이다. 하느님께서 악을 허락하셨을 때는 항상 그 속에서 더욱 큰 선을 끌어내신다는 것이 틀림없는 사실이다.

주제를 발전시키기에 앞서 한 가지 질문을 던져 보자. 구마 예식이 항상 필요한 것인가? 다른 방법은 없을까? 이 질문은 무척 현실적이고 중요해서 이에 대해 다음 장에서 언급하려고 한다.

사 례
부마 증세를
훌륭하게 대처한 수도회

잔카를로^{Giancarlo}는 25세로 사제직을 지망하는 신학생이었다. 내가 처음 그에게 구마 기도를 하기 위해 찾아갔을 때 부마 증세가 재발한 순간이라서 그는 다섯 명의 동료 수도자들에 의해 강제로 침대에 눕혀져 있었다. 동료들의 어려움이 한눈에 들어왔다. 밤낮으로 두 명의 수도자가 교대로 그를 항상 감시하고 도와주는 데 전력을 다하고 있었다. 부마 증세가 재발될 때는 감당할 수 없는 놀라운 힘으로 창문으로 뛰어내리려고 하기 때문에 적어도 다섯 명 정도의 힘이 필요하다. 첫날 한쪽 손에 붕대를 감고 있는 것을 보았다. 주먹으로 창문의 유리 한 장을 날려 버렸기 때문이라고 했다.

　잔카를로를 위해 일주일에 한 번씩 교구 구마 사제가 정기적으로 구마 기도를 하고 있었지만, 나는 구마 기도를 좀 더 해 달라는 요청을 받고 찾아갔다. 그뿐 아니라 수도회 장상은 악마로부터 오는 진짜 부마 형태인지를 알고 싶어 했다. 그를 돌보고 있던 정신과 의사와 교구장으로부터 위임받은 교구 구마 사제들이 부마 증상이라고 동의했지만 그래도 내 의견을 듣고 싶어 했다. 그러면서도 몇몇 증상들이 수도회 장상들에게 확신을 주지 못했기 때문에 부차적인 정신 건강 테스트를 하기로 결정했고, 내가 방문하고 약 일주일 뒤에는 로마에서 오는 유명한 신경 정신과 의사를 만나기로 약속되어 있었다.

잔카를로는 아주 똑똑한 수도자였다. 그는 원만한 성격을 지니고 있어서 동료 수도자들과 장상들로부터 신임을 받고 있었다. 항상 자신의 모든 능력을 발휘해 훌륭한 수도회 사제가 될 수 있는 면모를 보여 주었다. 그는 지원기와 수련기, 유기 서원을 거쳐 종신 서원까지 한 상태였다. 기도 생활에 무척이나 충실했고 공부를 정말 잘했으며, 원만한 성격의 소유자였기 때문에 갑자기 이런 엄청난 일이 일어나리라고는 상상할 수도 없었다. 물론 이런 상태가 시간이 지나면서 조금씩 불거졌지만 누구도 눈여겨보지 않았다. 그는 갑자기 기도할 수 없게 되거나 성당 안에 앉아 있지 못하고 초조해하는 불안 증상, 난폭한 상태를 보인 후 처음으로 자살을 시도하였다.

그때부터 난폭한 증상은 하루에도 여러 번 반복되면서(한밤중에도) 두세 시간씩 지속되기도 했다. 괴성을 지르고 반복적으로 욕설을 퍼붓거나 조롱하는 듯 기분 나쁘게 웃기도 하고, 자해하려고 해서 힘센 동료가 그를 막기 위해 지켜야만 했다. 그뿐만이 아니다. 당사자는 오랫동안, 심지어 서너 시간씩 미동도 하지 않는 증상에 빠져들기도 했다. 이런 증상이 보일 때 자제 능력을 잃어버리고 말도 잃은 채, 외부의 자극에도(바늘로 찔러도) 반응하지 않았다. 문제는 의식을 잃지 않고 이런 상태를 분명하게 기억하고 있다는 것이다.

오랫동안 구마 사제로 살아온 경험으로 볼 때 이 경우는 철저한 부마 상태를 보여 주는 것이다. (다행스러운 것은) 그를 위한 훌륭한 보조자들이 곁에 있다는 것이다. 먼저 그의 장상은 부마 상태의 가능성을 믿고 있었고(오늘날 사제들 사이에서 찾아보기 힘든), 치유를 위해 가능한 모든 방법을 동원하면서 가장 힘든 일인 한밤중의 보초를 서는 일까지 솔선하고 있었다. 또한 동료 수도자들은 마음을 모아 그의 치유를 위해 기도하는 것 외에도 그를 위해 기쁘게 봉사했다. 구마 사제인 내 방문은 자신들이 지켜 나가던 선善에 큰 확신을 주는 것이었지만 그들은 앞에서 언급한 유명한 로마의 신경 정신과 의사의 최종적인 결정을 기다리고 있었다.

나는 그 신경 정신과 의사가 자신의 부인인 정신과 의사와 함께 진단한 결과가 그를 완전히 잘못된 방향으로 몰아가고 있다고 생각했다. 의사 왕진은 환자와의 편안한 대화로 제한되었다. 의사는 왕진이 끝난 뒤 얼마 지나지 않아 시작된 난폭성에 대해 정밀 진단을 하지 않은 채, 자신들의 왕진 결과를 다음과 같이 보내왔다. 즉, 히스테리 증상으로, 환자를 한 달 정도 수도회에서 떨어진 편안히 쉴 수 있는 곳에 보내 모든 종교적인 생활을 중단한 뒤, 구마 예식이나 동료들의 도움이 없는 곳에서 휴양을 하면 다 해결된다는 식이었다. 이에 대해 책임자와 장상들은 상당히 회의적으로 바라보았고, 난폭성과 자해 시도로 인해 그를 혼자 두지 않고 밤낮으로 힘센 수도자들과 함께 지내게 하였다.

나는 이미 구마 예식이 그에게 어느 정도의 긍정적인 효과를 발휘했다고 생각했다. 그래서 앞서 두 명의 정신과 의사의 진단에 의혹을 품으면서 제삼자의 의견도 필요하다고 여기고, 다른 전문의를 부르도록 요구하였다. 하지만 정신과 의사들 중 이런 현상을 믿는 의사들은 그리 흔치 않기 때문에 악마에 의한 부마를 잘 구분하여 다룬 적이 있는 의사를 부르라고 했다. 이는 분석을 할 때 가장 필요한 부분이라고 생각한다. 내 요청은 그대로 받아들여졌다. 이런 경험이 있는 유능한 정신과 의사가 와서 매우 조심스런 진찰을 한 뒤, 당사자의 성물에 대한 증오심을 드러내는 모습 등을 보고 환자의 신경 정신과적 소견은 전형적인 악마에 의한 부마 상태라는 결론을 내렸다.

　이렇게 하여 잔카를로는 계속해서 구마 예식과 이에 상응하는 다른 방법들을 통해 빠른 속도로 치유되기 시작하였다. 하느님께서 그에게 큰 은총을 내리셨음을 확신할 수 있을 정도로 그는 점차 치유되었고 낙관적인 상태를 보여 주었다. 매달 그를 찾아가 구마를 할 때마다 이런 사실을 확인할 수 있었는데, 교구 구마 사제도 매주 그를 찾아와 구마를 하곤 하였다. 나는 수도회 전체의 기도와 잔카를로 자신이 전적으로 협력하려는 노력으로, 악마의 공격이 시작될 때마다 지침을 따라 철통같은 의지로 대처한 모든 것이 이런 결과를 낳은 것이라고 믿는다.

　3년이 지난 지금, 그는 거의 완전한 치유에 도달했다고 말할 수 있다. 물론 작은 후속 증상들이 남아 있지만 빠르게 사라지고 있는 상태이다. 어릴 때 시작된(그의 아버지가 자식들, 특히 남자아이를 싫어해서 의식적으로 거부당함) 이런 상태는 25년 동안 조금씩 그의 삶 속에 쌓여 가다가 어떤 일로 인해 마침내 폭발했다고 가정하는 것은 어렵지 않다. 첫 번째 난폭한 증세가 드러났을 때 이미 축척되어 있던 악이 한꺼번에 드러난 상태였으므로 상당히 빠른 치유 속도를 보여 주고 있다.

　나는 이와 비슷한 증상들에 여러 번 대처했고(물론 똑같은 경우는 단 한 번도 일어나지 않았다), 치유에 가까운 상태, 혹은 완전한 치유를 위해 정말 오랜 시간을 노력했다. 가끔은 그저 좋아지는 호전 상태까지만 가는 경우도 있었다.

사 례
정신 병원 간호사

악마에 대한 기사를 유명한 가톨릭 신문에서 읽은 뒤 이 글을 써야겠다고 마음먹었습니다. 그 기사는 당연히 충실하게 써졌다고 믿습니다. 기사를 쓰신 신부님께서 증명해 주신 일에 대해 제게 일어났던 직접적인 경험으로 증언하고 싶어요.

저는 54세로 16년 동안 정신 병원에서 일하고 있는 간호사입니다. 결점이 많고 제대로 주일을 지키지 못했지만 항상 주님을 믿고 살았지요. 어린 시절에 받은 종교 교육이 전부였던 저는 신앙을 더 이상 깊이 있게 만들지 못한 상태였습니다. 혼자 제 방식대로 기도하곤 했지만, 십여 년 동안 철저한 냉담자로 살았습니다. 그러다가 더 이상 기도하지 않게 되자 왠지 모를 불행을 느끼게 되었고, 알 수 없는 절실한 사랑으로부터 거부당하는 느낌을 받았습니다.

7년 전, 자식들이 결혼을 하고 저 자신을 위해 한가한 시간을 가질 수 있게 되었을 때 비로소 하느님과의 관계를 정립하려고 나섰습니다. 하지만 엄청난 노력이 필요했습니다. 묶여 있고 메말라 버렸으며, 갇혀 있어서 도저히 소통할 수 없는 상태임을 느꼈고, 두려워지기 시작했습니다. 여러 동료 간호사들은 정신적인 병을 앓기도 했습니다. 저도 그런 정신병에 걸릴까 봐 두려워졌습니다. 병원 원목실 신부님께서 저를 도와주시려고 했지만 헛수고였습니다. 모든 것을 거부했고, 아침에 눈을 뜨면 모든 이를 향한 증오심이 잔뜩 차 올라와서 자제 능력을 상실하고 모든 것에 반항했습니다. 제 안에서 아주 오래된 살인적인 폭력이 느껴졌지만 받은 교육이 그것을 억누르게 했습니다. 이유 없는 분노들이 불쑥 밀려와서 생각 같아서는 괴성을 질러 대고 싶었지만 평소 자제력이 대단히 강한 사람이었기 때문에 겉으로는 상당히 침착하고 부드러운 사람으로 보이게 했습니다. 저는 사춘기 때부터 자살 충동을 느꼈지만 늘 감추고 살았습니다. 계속되는 분노의 상태로 살아왔던 것입니다.

오래전부터 한밤중에 이상하고 불규칙하게 꿈을 꾸곤 하였습니다. 예를 들어 텅 빈 터널 같기도 하고 종이를 말아 놓은 것 같기도 한, 혹은 하수구의 터널 같기도 한 곳에 있는 어떤 남자를 보곤 했습니다. 그런데 꿈속의 그 남자의 머리 부분은 한 번도 볼 수 없었습니다. 그런데도 저는 "저 모습이 나일 꺼야."라고 중얼거리곤 했습니다. 그 순간부터 공포에 질려 괴성을 지르면서도 그 남자를 따라가고 싶은 충동에 사로잡히곤 하였습니다. 이런 악몽에 시달릴 때마다 남편은 저를 흔들어 깨웠습니다. 또 다른 꿈도 꾸었습니다. 누군가 제 팔에 9~10개월 정도 된 아기를 안겨 주는 꿈이었는데 저는 굉장히 기뻐하면서 그 아이를 받아 안았습니다. 그런데 안자마자 가볍던 아기가 갑자기 납덩이처럼 무거워졌고, 있는 힘을 다해 그 무게에 넘어지지 않으려고 힘을 썼지만 힘을 쓰면 쓸수록 고통을 느끼며 아기에게 상처를 입히는 것이었습니다. 우울하게 깨어나서는 그 악몽, 혹은 불길함으로부터 구해 달라고 기도하곤 했습니다.

1989년 우연한 기회에 (하느님께서 하신 일이었습니다) 한 구마 사제와 대화를 나눌 수 있었습니다. 제가 느끼는 상태와 다른 많은 사람들을 지치게 하는 일들 때문에 기도할 수 없는 상황을 말씀드렸습니다. 그분 말씀에 의하면 저는 악마의 공격을 받고 있지만 해방시킬 수 있다고 하셨습니다. 신부님이 축복 기도를 하시는 동안 저는 특별한 괴성이나 볼썽사나운 행동들은 하지 않고, 놀라우리만큼 조용히 있었습니다. 증오심이나 괴성을 지르고 싶은 충동들이 조금씩 사라지기 시작했으며, 이유 없는 분노나 자살, 폭력에 대한 충동도 사라졌습니다. 또 악몽도 사라졌는데, 그동안의 삶을 통해 축척되었던 모든 고통이 한꺼번에 터져 나오는 것 같더니 완전히 모두 사라진 느낌이었습니다.

물론 '흔적'은 남았지만, 열심히 신앙생활에 몰입했고, 특별히 기도를 많이 하는 사람이 되었습니다. 악마는 끈질겨서 가끔씩 육체적으로나 정신적으로 저를 괴롭힙니다. 아주 힘든 상황이 닥칠 때는 저를 구해 주신 구마 사제에게 찾아갔고 그리스도의 수난에 일치하는 뜻으로 지니고 있는 고통을 잘 참아 받아 견딜 수 있는 힘과 평화를 다시 찾았습니다. 사탄의 공격으로 고통 속에 있는 모든 사람을 위해 제가 겪고 있는 고통의 사명을 기꺼이 희생으로 바칩니다. 성령께서 저를 인도하시고 원하시는 대로 사용하시도록 항상 기도하며 삽니다. 제가 여기 있습니다!

동병상련이라고 도둑은 도둑을, 거짓말쟁이들끼리도 서로 알아본다는 말이 있습니다. 저도 이런 일을 겪은 사람이고 세심하고 조심스러운 자세로, 실수하지 않으려는 염려스런 마음이어서 악마로부터 괴롭힘을 당하는 사람들을 느낄 수 있습니다.

체칠리아는 정신 질환자로 분류되어 15년 동안이나 정신병 치료를 받아 오고 있습니다. 그리고 변태적인 성향을 지니고 있습니다. 여러 번 구마 사제에게 데리고 갔고, 구마 사제는 여러 가지 관찰을 한 다음 특정한 구마 기도들을 하셨습니다. 그 뒤로 그녀는 기의 치유되었습니다. 세가 근무하던 정신 병원 과장님은 어떤 방법으로 그 환자가 치료되었는지 솔직하게 잘 이해할 수는 없지만, 완치를 인정할 수밖에 없다고 했습니다. 체칠리아는 이전의 습관들을 여전히 유지하고 있어서 심리적인 치료가 필요한 상태입니다. 그래도 그동안의 체칠리아의 병원 진단과 기록은 모두 쓰레기통으로 가게 되었습니다. 이제 가족과 정말 행복하게 생활하고 있습니다.

구마 사제에게 내가 맡고 있는 병동의 라켈레와 실비아라는 두 환자에 대해 아주 조심스럽게 말씀드렸습니다. 신부님은 한 번도 그들을 만나 보지 않은 상태에서 두 사람을 위한 해방의 기도를 하셨습니다. 그들은 그 자리에 있지 않았습니다. 함께 있지 않은 상태에서 기도의 가능성에 대해 사람들은 놀랍니다. 그러나 제가 더 놀란 것은 결과였습니다. 두 사람은 모든 형태의 난폭함에서 해방되었고 결국 퇴원을 하게 되었습니다. 병실 의사들은 빠른 회복에 놀라워했으며 자신들의 치료 방법이 효과가 있었다고 믿었습니다. 어처구니없는 말입니다! 라켈레는 병원에서 퇴원하기 한 달 전부터 지급되는 모든 약들을 화장실에 가서 토해 버리곤 했기 때문입니다. 정말 하느님께서 치유하신다는 사실을 인정하기가 그렇게도 어려운 것인가요?

구마 사제는 '라켈레와 실비아를 치유한 것은 당신'이라는 말을 듣고 싶어 하지 않았습니다. 그는 절대 아니라고 하면서 하느님께서는 믿음을 가지고 기도하는 이의 기도를 들어주신다는 말씀을 자주 하십니다.

여기까지가 그 기사를 쓴 분에게 증언하고 싶은 부분이었습니다. 송구스럽지만 악마의 공격에는 여러 단계가 있음을 알려 드리고 싶습니다. 물론 저는 이런 분야에 대해 연구해 본 적이 없는 사람이지만 경험한 사람입니다. 대부분의 사제들이 이 분야에 대해 전혀 알지 못하고 있어서 전문적이고 질적으로 양성된 구마 사제들이 필요하다는 것을 꼭 언급하고 싶었습니다. 작금의 현실 속에서 이런 일은 더욱 자주 일어나고 있기 때문에 구마 사제 양성은 매우 중요합니다. 신학교에서 양성의 한 과정 속에 구마 교육이 필요하다는 것도 강조하고 싶습니다.

저는 그 기사를 읽으면서 지금도 드물지만 진짜 부마 상태가 있다는 것에 동의합니다. 부마 상태의 존재를 부정한다면 악마를 선전해 주는 꼴이 되니까 말입니다. 유감스러운 것은 그 기사는 부마 상태를 제외한 여러 가지 경미한 경우들, 즉 악마의 영향들에 대해서는 언급하지 않고 있다는 것입니다. 그 글을 쓴 저자는 즉시 정신과 의사를 찾아가라고 충고하지만 저는 이런 말씀을 드리고 싶습니다. "정말 권위 있는 구마 사제를 아신다면 정신 병원에 가기 전에 먼저 그분을 찾아가십시오." 16년 동안 정신과 병동에서 근무한 간호사인 저의 충고입니다.

저는 구마 사제들이 자신들의 고된 사명을 완수할 수 있도록 필요한 모든 은총을 얻게 해 달라고 기도하고 다른 이들에게도 그 지향으로 기도하도록 가르칩니다. 교회는 이럴 필요성을 직감하고 권위 있는 구마 사제들을 양성해야 하기 때문입니다. 구마 사제들이 크게 부족하다는 것은 이 분야에서 일하고 있는 사람이면 누구나 아는 사실 아니겠습니까.

구마 기도와 해방 기도

"내 이름으로 마귀들을 쫓아내고"(마르 16,17)라는 말씀으로 예수님께서는 먼저 열두 제자들에게 마귀들을 쫓아내는 능력을 부여하신 뒤 다른 72명의 제자들에게, 또 그분을 믿는 모든 사람들에게 폭넓게 이 능력을 주셨다. 이때 당신의 이름으로 행하라는 것이 조건이었다. 구마 사제이건 아니건 마귀들을 쫓아내는 힘은 예수님의 이름에 대한 믿음을 바탕으로 하고 있다. "그분 말고는 다른 누구에게도 구원이 없습니다. 사실 사람들에게 주어진 이름 가운데에서 우리가 구원받는 데에 필요한 이름은 하늘 아래 이 이름밖에 없습니다."(사도 4,12) 그러면 이는 그리스도로부터 직접적으로 계승되는 힘이며 그 누구도 이런 힘을 제한하거나 인식하지 않을 수 없는 것이다.

그래서 교회는 악마의 영향으로 고통당하는 사람들에게 더 많은 도움을 주고 사기꾼들로부터 보호하기 위해 구마 예식이라는 준성사를 설정하였다. 불분명한 면을 제거하고 확실하게 이해하기 위해 절대로 혼동을 주지 않는 적절한 말을 이곳에 인용해 본다. 구마 예식은 준성사이며 교회로부터 세워진 것으로, 해당 주교로부터 특별하고 전적인 위임을 받은 사제(평신도는 절대로 할 수 없다)들에 의해 이루어진다. 이밖에 다른, 악마로부터 해방되기 위해 직접적으로 사제들이나 평신도들에 의해 이루어지는 모든 기도는 단지 사적인 기도로 '해방의 기도들'이라고 부를 수 있다. 아무리 유명한 저자들에 의해 사용된 표현일지라도 모호하기 때문에 나는 위에서 정의한 말 외에 다른 표현은 인정하지 않는다. 예를 들어 구마 사제에 의해 거행된 '대구마 예식'들과 일반 사제들이나 평신도에 의해 거행된 '단순 구마 예식'이란 말은 허용될 수 없다. 구마 예식의 정의는 오로지 교회에서 정한 준성사로 거행되며, 구마 예식서에서 지정한 기도들을 사용하고, 구마 사제에 의해 거행될 때만이 구마 예식인 것이다. 현재 일반 사제들이나 평신도들, 기도 단체에서 사용하는 여러 형태의 기도는 구마 예식이 아니다. 세례성사 예식에도 구마 예식이 포함되어 있다.

그렇다면 구마 예식과 해방 기도의 차이점은 어디에 있을까? 어떤 형태가 더 효과 있을까? 어떤 존재, 혹은 악마의 영향으로부터의 해방이라는 목적은 둘 다 동일하다. 이것은 토론으로 끝날 수 없는 것으로 그 효과는 상당히 복잡하다.

평신도가 악마로부터의 해방을 목적으로 기도할 때 이는 사적인 기도이고, 평신도가 지닌 사제직으로써 행하는 이 기도는 그리스도께서 그분을 믿는 모든 사람들에게 주신 능력의 가치를 지니는 것이다.

같은 목적으로 구마 사제가 아닌 사제가 기도할 때도 사적인 기도이지만 위의 경우보다는 사제 직무를 사용하여 축복할 수 있는 권한을 받았기 때문에 훨씬 더 효과가 크다.

구마 사제가 구마 예식을 거행할 때 그 자체로 훨씬 더 큰 효과를 발휘하는데, 준성사로 거행하기 때문에 더 이상 사적인 기도가 아니라 교회의 공적인 기도, 교회의 전구를 구하는 기도가 되기 때문이다.

그러나 이 부분에서 주의해야 할 것이 있다. 주님께서는 믿음을 가장 우선하시는 분이다. 때문에 단순한 평신도의 사적인 기도가 다른 형태의 기도보다 더 큰 효과를 볼 수도 있는 것이다. 이렇듯 구마 사제가 아닌 사제가 큰 믿음을 가지고 기도했을 때, 주교로부터 구마 사제로 임명되었지만 믿음이 약한 구마 사제의 기도보다 그 효과가 크다 하겠다. 실제 예를 보겠다. 카푸아Capua의 라이몬드 신부는 고해 사제이며 시에나의 성녀 카타리나를 연구한 학자이다. 그에 따르면 성녀 시대에 구마 사제들이 도저히 쫓아내지 못하는 악령이 있을 때 구마 사제들은 성녀 카타리나에게 사람을 보내곤 하였고 성녀가 기도할 때 악령이 쫓겨나가곤 했다. 물론 성녀는 사제가 아니었고 구마 사제는 더욱 아니었으며, 그녀의 기도는 구마 기도도 아니었다. 하지만 그녀는 성녀였다!

구마 예식이나 기도를 하는 사람의 믿음도 중요하지만 또 다른 요소는 기도를 받는 사람과 그를 위해 기도하는 가족과 친구들의 믿음도 중요하다는 점이다. 지붕을 뜯어내고 예수님 앞으로 내려 보내진 중풍 환자의 치유 부분을 전하는 복음에서 그리스도께서는 "그들의 믿음을 보고" 기적을 행하셨다. 이렇듯 당사자의 믿음도 중요하지만 그를 동반해 주는 사람들의 믿음 또한 중요하다.

다시 구마 기도와 해방 기도의 주제로 돌아가 보자. 둘 다 악마의 영향, 혹은 악마로부터 해방되기 위한 같은 목적을 지닌 기도지만 서로 다른 부분이 있다. 그렇다고 두 가지 기도에 대해 분명하게 선을 그을 수는 없고, 두 가지 모두 구마 대상자에게 똑같이 적용할 수 있다. 일반적인 규정에서 이미 알 수 있듯이 구마 예식은 심각한 상태에서만 사용하도록 정하고 있다. 교회법은 마귀에 홀렸거나 마귀 들린 상태, 혹은 완전한 악마의 부마 상태라고 인정되었을 때만 구마 예식을 하도록 규정하고 있다. 이것은 실제로 모든 구마 사제들이 악마의 개입에 이를 사용하고 있다고 생각하여 금지하는 것이 아니다. 단지 일반적으로 볼 때 경미한 경우, 혹은 그리 심각하지 않은 경우에는 굳이 구마 예식이 필요하지 않고, 해방 기도만으로도 충분하다는 뜻이다. 이는 기도와 성사 생활, 단식과 자선 활동과 같이 일반적인 은총의 도구들로도 충분하다.

이런 도구들에 대한 실제적인 사용에 앞서 깊이 있는 고찰이 중요하다는 사실을 꼭 염두에 두어야 한다. 현대를 사는 구마 사제들은 유감스럽게도 많은 어려움과 싸우지 않으면 안 된다. 악의 영향에 대해 연구하다 보면 구마 사제들의 개입이 필요치 않은 경우들이 대부분이다. 구마 사제들의 부족으로 인해 심각한 경우를 제외한 나머지 경미한 경우들은 구마 사제들의 과중한 업무를 덜어 주기 위해서라도 다른 방법들을 강구할 수 있다.

나는 이 책을 쓰기 시작한 순간부터 지금까지 구마에 관해서만 언급했는데, 이제 해방 기도에 관해서도 말해 보려고 한다.

첫째는 악마의 일반적 행위(유혹)와 경악할 만한 행위(우리가 이미 나열한 악의 마법들)는 분명한 구분이 없다는 사실이다. 이것은 치료 단계에서도 마찬가지이다. 우리는 성사 생활을 소홀히 하거나 특별한 중죄를 지은 상태에서 악마에 의한 부마 상태에 빠질 수 있음을 이미 보았고, 이스카리옷의 유다가 대표적인 인물인 것도 앞에서 언급했다. 때문에 치료 뿐 아니라 예방이나 해방 차원에서 볼 때도 은총의 일반적인 도구들은 기본적으로 필요하다.

두 번째는 사목 활동을 통해 악마에 대항하고 그리스도를 향한 충실한 믿음을 다시 일깨워야 한다는 사실이다. 모든 신자들은 그 본성상 세례와 견진성사를 받음으로써 악마에 대항하는 투사가 된다는 점을 명심해야 한다. 신자들은 자신이 성령의 성전이라는 것을 알고 있고, 악마가 이런 특전을 빼앗으려 한다는 것도 알고 있다. 그리고 예수님께서 '악마의 활동을 파괴'하기 위해 오셨다는 것도 알고, 자신들 또한 이런 활동에 협력해야 한다는 것도 알고 있다. 악마가 매일 우리들을 상대로 싸우고 있는 것처럼 우리들도 매일 악마에 대항해 싸워야 하며, 이 싸움에서 승리하는 몇몇 사람들은 성령께서 주신 힘에 의한 것이다. 은총의 지위 속에 생활한다는 뜻은 항상 그리스도께는 '예'라고 대답하고 사탄에게는 '아니요'라고 답하는 생활이며, 세례성사의 약속을 굳게 지키는 생활을 의미한다. 이런 생활의 반대가 죄로 떨어지게 한다.

오늘날은 강론이나 교리 교육에서 성경, 특히 신약에서 강조하고 있는 이 투쟁에 대해 크게 언급하는 것 같지 않은데, 이런 개념을 다시 살려야 한다. 은총의 지위 상태를 보호하고 성숙시키는 것은 악마의 일반적인 활동(유혹)을 반대한 승리이며, 이와 더불어 경악할 만한 악마의 활동을 미리 예방할 수 있는 훌륭한 방법이다.

그러면 해방 기도에 대해 좀 더 직접적으로 언급해 보겠다. 모든 기도는 다 좋다. 특별히 하느님을 찬양하고 조배하는 기도, 성 바오로의 말대로 "시편, 찬가, 영가" 등도 훌륭한 기도들이다. 여러 기도를 만들 수도 있는데, 자유 기도에 적응한다는 것은 아주 좋은 것이다. 단체로 기도하는 경우라면 사제, 혹은 평신도 등 단체 책임자에 의해 인도되도록 계몽하여 질서 정연한 기도가 되도록 하는 것이 좋다.

오늘날 우리가 사용하는 이런 자유기도 형태는 성령 쇄신 기도 단체들로부터 대단히 놀라운 발전을 이루었다. 경험이 부족해서 특별한 교육이 필요했던 것이 사실이나 악에 의해 고통을 당하고 있는 사람들을 향한 세심함과 도움을 필요로 하는 사람들을 돕고 있는 성령 쇄신 기도 단체들에 대해 특별한 감사를 표한다. 오늘날 다른 분야에서는 찾아보기 힘든 이해심을 지닌 그들의 활동은 상당히 칭찬 받을 만하다.

그러나 제대로 하는 것이 중요하다. 이런 목적을 위해 지난 1985년

9월 29일 성청 신앙교리성에서 발표한 서한을 분명히 숙지해야 한다. 서한에서 밝히고 있는 주요 금지 사항에 대해 간략하게 소개하고 나머지 것은 뒤에 첨부하겠다.

- 먼저 구마 사제들에게 해당되는 구마 예식은 행할 수 없다. 뿐만 아니라 교회의 공적인 권리가 된 교황 레오 13세의 구마 예식도 사용해서는 안 된다. 또 하나는 이런 구마 예식을 사적으로 사용하는 것, 그러면서 함부로 문서의 내용들을 추측해 사용하는 것을 금한다.

- 악마의 이름을 알아내기 위해 직접적으로 악마에게 질문을 던지는 것을 금한다. 그 어떤 종류의 질문도 하면 안 된다는 사실을 강조하고 싶다. 뿐만 아니라 교회의 위임 없이, 다시 말해 교회의 보호 없이 악마와의 직접적인 대화를 시도하는 사람에게는 위험이 올 수 있다.

- 이 성청 문서는 기도의 중요성과 성사 생활, 동정 마리아를 향한 전구와 천사들과 성인들의 전구의 중요성을 끝으로 결론을 내고 있다.

- 해방 기도는 여러 가지 방법들, 예를 들어 행하는 사람에 의해 개별적으로, 혹은 가족이나 친구들이 있는 자리에서 행해질 수 있다. 혹은 기도 모임 중에 이루어질 수도 있고, 가끔은 방해를 받는 여러 사람들이 있는 곳에서 행해질 수도 있다. 어떤 경우라도 신뢰 속에서 기도할 수 있는 분위기를 조성하는 것이 중요하다.

- 성수와 십자가 등을 이용한 축복처럼 일반적인 도구들을 사용할 수 있다. 절대적이라고 할 수는 없지만 단체로 기도하고 있을 때 성수를 사용하면서 드리는 축복 기도는 사제가 행하는 것이 좋다고 생각한다. 또 가정 안에서 아버지나 혹은 어머니가 자식들의 이마 위에 엄지손가락에 성수를 찍어 십자성호를 그어 주면서 축복해 주는 습관을 널리 전파하는

것이 필요하다. 이것은 해방 기도와는 상관없는 것이지만 말이다.

- 단체 기도에서 중요한 것은 호기심 때문이 아닌 신실한 기도를 드려야 한다는 사실이다. 예를 들어 악의 영향을 받고 있는 사람이 발작을 하거나 기도 도중 괴성을 지를 때 가족, 혹은 이런 임무를 맡은 봉사자가 꼭 잡고 있어야 한다. 기도 단체 구성원들이 이런 사실에 대해 양성되지 않은 상황이라면 기도는 격리된 장소에서 이루어져야 하며, 준비된 사람들이 있는 자리에서 행해져야 한다. 능동적으로 기도를 통해 협력하려는 자세가 결여된 상태에서 호기심 때문에 동참하는 사람에게는 해가 미칠 수 있다.

- 조심스런 행동이 절대적으로 필요하다고 충고하고 싶다. 몇몇 기도 단체는 모두가 기도를 받는 사람의 머리 위에 손을 얹고 싶은 충동을 느끼기도 한다. 머리 위에 손을 얹는 행위는 성경적 관례지만 사제, 혹은 기도 모임을 이끄는 책임자에 의해 이루어지는 것이 좋다. 회원들이 이런 습관에 익숙한 이들이라면 축복 기도를 받는 사람을 만지지 않는 상태에서 오른쪽 손을 들고 있거나 혹은 팔을 들어 그쪽을 향하게 한다. 방언으로 기도할 수 있지만 항상 충동적인 행동을 자제하면서 질서를 지켜야 한다. 이미 언급했듯이 하느님을 향한 찬양과 조배의 기도가 훨씬 더 효과가 있다는 것은 경험을 통해 이미 밝혀졌다.

- 기도 단체들의 놀라운 봉사는 해방 기도와 구마 사제를 도와 악의 공격을 받고 있는 사람이 기도와 교리 교육의 여정을 완성할 수 있도록 하는 데 있다. 특별히 기도 단체에게 내가 이런 말을 하는 이유는 본당 공동체는 이런 봉사의 역할을 감당할 만한 단계에 있지 못하기 때문이다. 악마의 공격을 받고 있는 사람은 상당히 많은 기도를 해야 하지만 누군가

로부터 도움을 받지 못하면 스스로 기도할 수 없는 처지에 놓인 경우가 많다. 즉, 성당에 가야 하는 것을 알면서도 누군가가 함께 가자고 권고하지 않으면 계속 유혹을 받기 때문에 자꾸만 외면하게 된다. 기도회 회원들은 이런 사람들이 종교적인 교육을 제대로 받을 수 있도록 함께해 주어야 한다. 이런 공격을 받으면서도 전혀 종교 교육을 받지 않는 이들을 위해 도대체 어떤 교육을 해야 하는지 막연할 때가 많다. 이것이 바로 교황 성하께서 강조하시는 '새로운 복음화'이며 이는 공동으로 혹은 개별로 할 수 있다. 우리가 다루고 있는 이 분야는 개별 교육을 위해 상당히 좋은 바탕이 마련되어 있다.

　- 마지막으로 구마 기도와 해방의 기도를 드릴 때 일어나는 행동의 근본적인 차이점에 대해 덧붙이고 싶다. 마지막 이 두 가지 요소는 특별한 규정이 없기 때문에 우리가 위에서 다룬 것들을 제외하고는 상당히 자유롭다. 그저 믿음으로 질서 있게 기도를 진행하는 사람의 말에 순응하면 된다. 가끔씩 해방 기도에 익숙한 사람들을 구마 예식에 참석시켜 함께 기도하도록 초대하는 경우가 있으며 필요할 때 구마 기도를 받고 있는 사람을 도와주도록 부르기도 한다. 이 경우에 준성사를 거행하는 사람은 당연히 구마 사제이며 구마 예식서대로 진행해야 한다. 일반 사제들이 함께한다면 그들 또한 구마 사제의 지시에 따라 구마 예식서의 기도를 함께 드릴 수 있다. 참석한 평신도들은 마음으로 기도하거나 작은 목소리로 기도하거나 모든 행위를 제한한다(손을 얹는 행위 등등). 혹은 교회의 준성사가 가르치는 바를 철저하게 준수한다. 기도 봉사자들이 함께 있으면 구마 사제를 훌륭히 도울 수 있지만, 자기 본분은 지켜야 한다.

　"내 이름으로 마귀들을 쫓아낼 것이다." 이 말씀은 그리스도께서 주신 힘으로 그분을 믿는 모든 이에게 주신 놀라운 능력이다. 하지만 이런 능력을 사용하기 위해 절대적인 믿음과 큰 겸손, 완벽하게 자신을 버리는 연습이 필요하다. 어느 날인가 요조 신부(메주고리에를 알고 있는 사람이라면 그 명성을 익히 들었을 것이다. 1981년 6월 동정 성모 발현 당시 메주고리에 본당 사제였으며, 이 사건으로 가톨릭 혁명 분자 사제라는 죄목으로 공산권 치하에 있던 교도소에 투옥되었다가 현재는 저술과 강연 활동을 펼치고 있다. - 역자 주)가 자신의 본당에서 어떤 사람을 위해 해방의 기도를 하고 있었다. 그 기도는 거의 밤새 계속되었고, 성당 안에는 사람들이 꽉 들어차 있었는데, 대부분이 순례자들로 해방 기도를 하고 있는 신부님을 도와주기 위해 각자 개별 기도를 하고 있었다. 얼마 지나지 않아 요조 신부는 이 분야의 전문가가 되었다. 그의 말에 의하면 그날의 기도는 해방을 위해 크게 도움이 되지 않았는데, 이유는 성당 안에 남아서 기도하던 대부분이 믿음으로 기도하지 못했던 것이다. 그는 그들은 단지 그 자리에서 무슨 일이 일어날지 보려는 호기심에 남아서 건성으로 기도하던 사람들이었다고 했다. 나 또한 한 사람이라도 엉뚱한 뜻을 지닌 사람이 구마 기도에 참석했을 때 구마 예식을 망쳐 버릴 수 있다는 경험이 있다.

    배울 만한 가치가 있는 사례들 중에서 몇 가지만 골라 실어 보도록 하겠다. 그렇지만 절대로 똑같은 경우는 일어나지 않고, 비슷한 사례들은 발생할 수 있다는 사실을 기억하도록 당부한다.

사 례
스스로 해방된 경우

그리스도를 믿는 모든 이에게 예수님께서 부여하신 능력인 "내 이름으로 마귀들을 쫓아낼 것"(마르 16,27)이라는 말씀은 다른 사람들을 해방하는 것에 국한되지 않고 자기 자신을 해방하는 것도 포함한다. 무엇보다도 하느님의 은총 속에 살고, 기도와 성사 생활을 자주 접하며 동정 마리아와 천사들과 성인들의 전구를 구하는 생활은 예방책으로 가장 훌륭한 방법이다. 하지만 이런 것으로 충분하지 않을 때가 가끔 발생한다. 앞서 보았듯이, 악마는 특별히 본인의 잘못이 없는데도 공격의 대상으로 삼을 가능성이 있으며 또 하느님께서는 그 영혼의 사도직과 정화를 위한 목적으로 악마의 공격이 성공적으로 침입하도록 허락하신다.

　욥의 경우가 그렇다. 주님께서는 많은 성인과 선한 영혼들에게 이런 시련을 허락하셔서 상상을 초월하는 모든 고통을 주신다. 하지만 이런 영혼들은 특별한 해방의 기도나 구마 기도 없이도 완벽하게 해방되고 이런 시험을 이겨 낸다. 이는 스스로 해방 기도를 한다고 말할 수밖에 없다. 이를 위해서는 일반적인 은총의 도구들이 필요하고, 예수님께서 가르치신 중요한 세 가지 방법인 믿음, 기도, 단식이 필요하다. 아홉 명의 제자들이 아이를 해방시키지 못하자 예수님께서는 아버지를 향한 강한 믿음이 필요하다고 말씀하신다. 덧붙여서 어떤 악령들은 기도와 단식을 통해서만 쫓아낼 수 있다고 말씀하셨다. 성경에서는 단식에 대해 굉범위하게 언급하고 있다.

성인과 관련된 두 가지 일에 대해 소개하고 싶다. 요한 보스코 성인의 삶에서 알 수 있듯이 성인은 2년 동안이나 악마에 의해 충격적인 공격을 받았다. 어떻게 거기서 해방되었는지 구체적으로 알 수는 없다. 요한 보스코 성인은 너무나도 겸손하셨기 때문에 그 시험에서 일어서기 위해 행하셨던 엄청나고 놀라울 정도의 참회를 밝히지 않으셨다. 아마도 자신을 위해 모든 방법을 다 사용하셨을 것이다. 즉, 다른 사람들이 성인을 위해 해방의 기도나 구마 기도를 행할 필요가 없었다는 말이다.

다른 경우는 베로나에 교황청 대학을 설립했고, 1988년 4월 17일 그곳을 방문한 교황 요한 바오로 2세에 의해 복자품에 오른 칼라브리아 Calabria의 요한 성인이다. 하느님께서는 그의 생애 말년에 완전한 부마 상태를 허락하셨다. 정화淨化와 속죄贖罪의 목적이 있음이 분명했다. 시복 시성 추진을 위한 공식 문서들에서 성인 자신이 겸손과 믿음, 기도를 통해 스스로를 해방시켰다는 사실이 밝혀졌다. 해방의 기도나 구마 기도를 필요로 한 사례가 아니었다는 말이다. 이런 경우는 모든 이에게 해당되는 것은 아니지만 하느님이 위로를 주시고, 어느 정도 방향을 잡을 수 있도록 도와주셨다고 믿는다.

사 례
구마 사제가 아닌 수도자가 악마로부터 환자를 해방시킨 경우

일어날 수 있는 가능성을 지닌 흥미로운 사례이다. 마리아 데레사 수녀는 이탈리아 사람으로 당시 브라질에 선교사로 파견되어 마릴리아Marilia 학교의 인문계 고등학교와 사범 학교에서 교편을 잡고 있었다고 전해진다. 약 700여 명 정도의 학생들이 다니는 학교였는데, 80여 명의 학생들이 수녀원 기숙사에서 생활하고, 나머지는 거의 모든 지역에서 등·하교를 했다. 그중 글로리아라는 학생은 초등학교 교사 자격증을 받기 위한 과정을 마무리하던 중이었다. 부지런하고 예의바르며, 봉사 정신이 강한 여섯 형제 중 맏딸이었다. 아버지가 돌아가셨기 때문에 할아버지가 모든 학비를 감당해야 했고 언젠가는 교사가 되어 나머지 동생들 뒷바라지를 하리라는 기대가 컸다.

　　마리아 데레사 수녀는 이 사건에 관해 다음과 같이 들려주었다. 글로리아에 대해 전에 없이 교사들이 수군거리는 소리를 들었다고 했다. 방학이 끝나 돌아온 글로리아는 변해 있었고, 결석을 하거나 자주 수업에 참석하지 않았다. 마리아 데레사 수녀는 지리학에 관심이 있어서 수업에 들어가고 싶다는 핑계로 그녀를 교무실로 불렀다. 글로리아가 가져온 지리학 책을 펼치자 책갈피에서 진한 빨강, 녹색, 노란색의 접힌 종이가 떨어졌다. 수녀는 즉시 그것을 집으려고 했는데, 갑자기 그것들이 어디론가 사라졌다. 글로리아는 창백해지면서 "아이쿠 이 일을 어째! 저길 잃으면

안 되는데!"라고 외쳤다. 수업 시작종이 울리기 시작했고, 마리아 데레사 수녀는 사라진 것들을 찾아 주겠다고 달래면서 그녀를 교실로 보냈다.

그런데 수업이 시작되고 글로리아가 책과 노트를 펼쳐 한 장 한 장 넘기자 마지막 장에서 그 종이를 발견하고 힘을 다해 그것을 움켜쥐었다. 마치 감전된 듯 부르르 떨면서 안절부절못하고 있었다. 수녀는 이 모습이 두렵고 의심도 들기 시작해, 즉시 성모님께 기도하고 그 종잇조각이 무슨 악마라도 되는 양 "더러운 것! 지극히 거룩한 동정 마리아께서 네 머리를 짓밟으셨다."라고 외쳤다고 한다. 그리고 그것들을 집어 들고 활활 타는 난로에 던져 넣었다. 그 일이 있은 뒤 글로리아는 더 이상 음식도 먹지 못하고, 매일매일 우울증에 빠져들었다. 마리아 데레사 수녀는 글로리아를 따로 불러 집에서 지내던 방학 기간 중 무슨 일이 있었는지 고백하도록 종용했다. 글로리아가 입을 열어 제일 먼저 고백한 사실은 한밤중에도 그녀의 베개에서 귀먹을 정도의 소리가 나서 도저히 잠을 자지 못하고 깨곤 했다는 것이다. 이어진 그녀의 이야기에 따르면 어머니께서 다른 집 파출부로 일하며 돈을 벌고 계셨기 때문에 맏딸인 글로리아가 집 안 정리와 동생들을 돌보기 위해서 많은 일을 도맡아 했다고 한다. 그러던 어느 날 어떤 여자가 집으로 들어와 명령조로 이렇게 말했다. "교사 자격증을 따자마자 내 아들과 결혼해라. 그리고 부적 종이를 잘 보관해라. 잃어버리면 공부도 못하고, 자격시험에 낙방해서 너는 죽어!"

글로리아는 동생들과 고생하는 어머니를 생각해서 그 여자의 말에 복종하기로 했다. 이 말을 들은 마리아 데레사 수녀는 "성모님을 굳게 신뢰하면서 내가 시키는 대로 하렴." 하고 그녀를 안심시키고, 잘 준비한 고해성사를 보도록 성당으로 데리고 갔다. 그런 뒤 기숙사에 아무도 없을 때 그녀의 방에 함께 들어가 그녀가 말한 베개를 조사했다. 베개 안을 들여다보기 위해 뜯으라고 명령하자, 글로리아는 굉장히 두려워하면서도 시키는 대로 했다. 베개 안에서 천 조각에 쌓인 무엇인가를 쉽게 발견할 수 있었다. 그것을 보자마자 그녀는 새하얗게 질려서 "제 머리카락들이에요!"라고 소리쳤다. 진짜 머리카락들이었는데, 글로리아의 기억에 의하면 그 여자가 무슨 말을 하면서 재빠르게 어깨까지 내려오는 그녀의 긴 머리카락을 한 움큼 잘라냈다는 것이다. 그런데 이보다 더 놀라운 것은 찾아낸 작은 종잇조각이 불태운 것과 똑같은 것이었다.

수녀는 기숙사 마당 귀퉁이에 자리한 종이 수집함이 있는 곳으로 가서 베개와 그 종잇조각을 넣고 불살랐다. 보자기와 머리카락들과 다른 잡동사니들은 즉시 재로 변했다. 하지만 색색의 종잇조각을 없애기 위해서는 무척 많은 폐휴지를 넣어 화력을 높여야 했다. 그러면서 그들은 기도하였고(이때 기도는 엄청나게 중요하다), 수녀는 다시 "지극히 거룩하신 동정 마리아께서 네 머리를 짓밟으셨다. 악령아."라고 외쳤다 한다. 그 뒤로 글로리아는 정상으로 돌아와 음식을 먹고 잠을 잤으며 훌륭하게 학업을 지속하면서 차분히 해방된 것을 느낄 수 있었다고 한다. 마리아 데레사 수녀는 이런 이야기를 하면서 처음에는 악마를 이용한 주문을 단 한 번도 믿은 적이 없었는데, 이 같은 일을 당하고 나서야 믿을 수밖에 없었다고 결론을 맺었다.

사 례
구마 위임을 받지 않은, 열심히 기도하는 두 사제

본당 신자인 부모의 요청으로 열한 살 된 남자아이에게 축복 기도를 하기로 하였다. 이 사건은 1987년으로 거슬러 올라간다. 가족과 몇 안 되는 사람들은 성당 안에서 기도하고 있었고, 사제들은 아이를 제의방으로 안내했다. 침착하게 순명하는 사랑스런 아이여서 도저히 악마의 영향을 받는다고 생각할 수 없었다. 그런데 공동 기도의 서두를 시작하자마자 아이는 거품을 뿜기 시작했고, 비정상적인 행동을 하면서 욕설을 퍼부으며 사람들을 위협하기 시작했다. 사제들은 2시간 동안 도구들을 사용해 계속 기도하였고 그럴수록 아이는 십자 성호나 성수를 통한 축복, 축성된 초를 켜는 것, 향을 사르는 것에 대해 더욱 괴상한 행동을 보였다. 할 수 없이 그날은 그쯤해서 끝내기로 하였다.

15일 뒤 다시 기도를 시작하는 초반에 이미 아이는 신경질을 내고 난폭해지기 시작했다. 성모님과 성 프란치스코, 성 베네딕토(그 본당의 주보 성인), 대천사 미카엘의 전구를 청하는 기도를 드릴 때 아이의 분노는 더욱 커졌다. 계속해서 한 사제가 커다란 십자가를 들고 십자 성호를 그었다. 더욱 난폭해진 악마는 안절부절못하는 듯했다. 실제로 다른 악마들의 이름을 부르면서 도와달라고 악을 쓰기 시작했는데, 특별히 루치펠과 다른 악령들의 이름을 불러 댔다. 모든 노력이 허사로 돌아가자 그때야 겨우 "성모님 안 돼!(어쩌면 성모님께서 오시는 모습을 보고 있었을 것이다), 아이쿠, 흰 새 너는 비켜!(어쩌면 성령을 보았을 수도 있다) 새! 비켜, 비키라고! 새가 날아와! 훨씬 더 큰 새!"라고 소리를 질렀다. 이 마지막 발악 뒤에 어린아이는 공중에 붕 뜨는가 싶더니 바닥으로 내동댕이쳐졌고 힘을 잃었다.

그리고 곧 죽은 듯이 잠잠해지고 모든 게 끝났다. 두 명의 사제와 성당 안에서 기도하던 사람들도 제의방으로 들어와 함께 기쁨의 눈물을 흘렸다. 그다음 날부터 아이는 부마 상태에서 환시 상태로 빠져들었다(아주 위험하고 섬세한 과정으로 자주 일어나는 일이다. 악마가 다시 들어오려는 계책이다).

그러나 얼마 가지 못했다. 그때부터 아이는 완전히 건강을 되찾아 열심히 성당에 다니고 있으며, 복사를 설 때 가장 행복해하는 아이로 변했다.

사 례
메주고리에에서
악마로부터 해방된 경우

메주고리에Medjugorje는 부마에서 해방된 사례가 굉장히 많이 일어난 장소이다. 그중 종신 부제인 프랑코 소피아가 경험했던 것을 요약해 소개하겠다. 직설화법이 듣는 데 훨씬 더 효과를 높일 수 있을 것 같아 그의 말을 그대로 인용한다.

시칠리아의 작은 마을에 사는 한 가정의 주부이며 엄마인 아순타 자매는 몇 년 전부터 부마 상태로 어려움을 겪고 있었습니다. 그뿐이 아닙니다. 그녀의 가족 중 몇 명도 사탄의 복수로 육체적 방해를 받고 있는 듯했습니다. 병원과 의사의 순례가 시작되었고, 진단서마다 아순타 자매의 건강 상태는 양호하다고 기록되자 급기야 자매는 주교관의 문을 두드립니다. 관찰과 조사가 이루어진 뒤에 구마 사제의 인도와 기도 단체의 도움을 받도록 조처했고, 기도하고 단식하도록 했습니다. 효과를 얻기 위한 것이었습니다. 저도 당시 구마 예식에 참여하면서 상당히 심각한 상태임을 감지했기 때문에 남편에게 부인과 함께 메주고리에 순례를 하도록 초대하였습니다. 몇 번의 토론이 오간 뒤(가족들은 메주고리에의 사건에 대해 전혀 모르고 있었기 때문에), 그들은 결정을 내리고 출발했지요.

1987년 7월 26일 주일날 일행은 메주고리에에 도착했습니다. 차에서 내려 메주고리에 땅에 발을 딛자마자 아순타는 고통을 느끼기 시작했습니다. 여름이었고, 너무나 많은 순례 인파 때문에 프란치스코 수도회 수도원장 이반 신부에게 특별한 도움을 청할 수조차 없었습니다. 나는 그 상황에서 아순타를 성당으로 데리고 들어가자고 제의했습니다. 적어도 성당 안에서는 악마가 모습을 드러낼 것이고, 그렇게 되면 당연히 신부님들께서 도와주겠지 하는 생각을 했기 때문입니다. 그런데 아무 일도 일어나지 않았고, 악마는 아주 조신하게 숨어 있는 것이었습니다. 그 다음 날 우리는 포드브르도(Podbrdo, 동정 마리아께서 가장 먼저 발현하신 장소이며, 한국 신자들에 의해 한반도의 평화 통일을 기원하는 평화의 모후 성모상이 세워져 있다. - 역자 주)라고 불리는 발현 언덕에 로사리오 기도를 드리면서 올라갔습니다. 여기서도 특별한 일은 일어나지 않았습니다. 언덕을 내려오다가 근처 비츠카(Vicka, 메주고리에의 여섯 명의 발현 증인 중 한 명이며 현재도 매일 성모님의 발현을 보고 있다고 주장하고 있다. - 역자 주)의 집을 지나게 되었고, 많은 군중이 모여 있었지만 가까스로 우리 단체에 부마자가 있다고 발현 증인인 비츠카에게 알렸습니다. 즉시 아순타는 비츠카에게 달려가 그녀를 붙잡고 눈물을 흘렸습니다. 비츠카는 아순타의 머리를 쓰다듬었습니다. 그때 발현 증인의 손길을 견디지 못한 악마가 즉시 모습을 드러냈습니다. 아순타는 땅바닥에 뒹굴면서 알아들을 수 없는 말로 고래고래 소리를 질렀습니다. 비츠카는 부드럽게 아순타의 손을 잡아 일으키면서 주위에 있는 놀란 사람들에게 "울지 말고 기도하세요."라고 했습니다.

전 세계에서 온 사람들이 각국 언어로 남녀노소 할 것 없이 강하게 기도하기 시작했는데, 꼭 성경의 한 장면 같았습니다. 비츠카는 아순타에게 성수를 뿌리고 기분이 어떠냐고 묻자, 아순타는 손으로 좋다는 표시를 했습니다. 우리들은 그녀가 악마로부터 해방된 줄 알고, 기쁜 눈짓들을 교환했지요. 하지만 악마는 우리의 기도를 중지시키려는 교활한 방법으로 괴성을 쏟아 냈습니다. 그곳에 있던 사람들은 더욱 분발하여 로사리오 기도를 드리기 시작했습니다. 어느 한 신사분이 멀리에서 손을 펴서 아순타의 어깨를 향하고 기도하자 악마는 이런 행위를 참지 못하고 아순타로 하여금 괴성을 지르고 난폭하게 행동하게 하면서 그 신사에게 덤벼들려고 했기 때문에 누군가가 그녀를 잡고 있지 않으면 안 되었습니다. 키가 크고 푸른 눈의 금발 청년이 나서서 엄청난 힘으로 악마와 대적하기 시작했습니다. 그는 예수 그리스도께 자신을 맡기며 기도하면서도 무언가 악마를 윽박지르는 것 같았습니다. 하지만 영어로 기도해서 잘 알아들을 수 없었습니다.

그 와중에 저는 소리 높여 호칭 기도를 드렸습니다. 천사들의 모후께 기도할 때 악마는 무서운 괴성을 내질렀고, 온몸을 비틀어 대는 아순타를 잡기 위해서 장정 8명이 필요했습니다. 우리는 계속해서 여러 번 성모 호칭 기도를 했고 더욱 목소리를 높였으며, 그 자리에 있는 모든 사람들이 함께 기도한 가장 강력한 순간이었습니다. 그 후 비츠카는 나에게 다가와서 "벌써 3시간째 기도하고 있어요. 이제 성당으로 데리고 갈 차례입니다." 영어를 할 줄 아는 이탈리아인이 전해 준 바에 의하면 아순타 안에는 스무 명의 악마들이 들어 있다고 했습니다. 성당으로 와서 아순타를 발현 소성당으로 들어가게 했습니다. 슬라브코Slavko 신부(2000년 십자가산에서 선종했다. - 역자 주)와 필립Philp 신부가 그녀를 위해 저녁 7시까지 기도하고 모두 나갔다가 두 시간 후에 다시 첫 번째 발현이 일어났던 소성당에서 두 명의 사제와 함께 밤 11시까지 기도했습니다. 여기서 알 수 있었던 것은 아순타는 여러 가지 언어를 구사할 줄 안다는 것이었습니다. 우리는 다음 날 오후로 다시 약속 시간을 잡았습니다. 정말 힘든 순간이었습니다.

다음 날 아침 우리들은 요조 신부를 방문하였고[9], 미사 후에 아순타의 머리 위에 손을 얹고 기도할 때 마귀들은 이런 행위를 참지 못하고 폭력으로 반항했습니다. 요조 신부가 아순타를 성당으로 데리고 가라고 했지만 반항하는 바람에 질질 끌고 가지 않으면 안 될 정도였습니다. 그때는 무척 많은 사람들이 강연을 듣기 위해 모여 있는 상태였습니다. 요조 신부는 이 기회를 빌어서 그들에게 악마의 존재에 대해 강연했습니다. 강연이 끝나고 아순타를 위해 기도하고, 여러 번에 걸쳐 성수를 뿌리자 아순타의 행동은 더욱 난폭하게 날뛰는 상태로 빠져들었습니다. 요조 신부가 있는 곳에서 메주고리에로 돌아오는 길에 그가 잊지 않고 한 말이 있습니다. 본인 스스로 협력해야 하는데 아순타가 지나치게 수동적이라고 귀띔했습니다. 오후 1시 사제관에서 슬라브코 신부와 필립 신부의 기도가 다시 시작되었습니다. 1시간이 지난 뒤 우리들에게 함께 참여해 기도로 협력해 달라는 요청이 왔습니다. 악마들의 힘이 상당히 미약해졌지만 아순타의 완전한 협조가 필요하다는 것이었습니다. 우리가 기도하고 있을 때 아순타는 기분 나쁜 듯 했지만 예수님의 이름을 부르려고 애쓰고 있었고, 여러 번 시도했으나 그럴수록 그녀는 숨을 헐떡였습니다. 기도하

---

9 요조 조브코Jozo Zovko 신부는 프란치스코의 작은 형제회 성모 승천 헤르체고비나 관구 수도회 사제로서 1981년 메주고리에 발현 사건 당시 그곳의 본당 사제였으며 이 사건을 계기로 공산 정부에 의해 종교를 선전하고 혁명을 주동한 정치범이란 이유로 수감 생활을 했다. 2014년 현재 크로아티아의 자그레브 프란치스코 수도회 신학원에서 생활하고 있다.- 역자 주

던 사제들은 그녀의 가슴에 십자가를 대고, 모든 형태의 마법과 점술을 끊어 버릴 것을(이런 경우에 최종적으로 행하는 것) 종용했지요. 그러자 아순타가 응했고, 그녀가 예수님의 이름을 제대로 부를 때까지 계속 기도한 뒤 성모송을 시작했습니다. 그 순간 아순타는 폭포 같은 눈물을 흘렸습니다. 해방된 것입니다! 성당으로 들어가기 위해 사제관을 나오는데 아순타가 해방되는 순간 발현 중인 비츠카가 상당한 고통을 느꼈다는 말을 누군가 전해 주었습니다. 그 순간 비츠카도 기도하고 있었기 때문입니다.

그 후로 성당 맨 앞줄에 앉은 아순타는 로사리오 기도와 미사에 경건히 참여하고 영성체를 모시는 데 큰 어려움이 없었습니다.

이 사례는 중요하다. 5년이 지난 지금 아순타는 완전히 악으로부터 해방되어 행복하게 생활하고 있다. 가정주부인 아순타는 하느님의 자비를 증언하는 활기찬 사람이 되었으며 기도 단체 회원들 중 가장 능동적이다. 그녀의 해방은 티 없으신 동정 마리아의 성심의 승리였음을 아무도 부정하지 못한다.

사 례
해방 기도를
장려하는 주교님

1992년 6월 29일 이세르니아 – 베나프로 Isernia-Venafro 교구의 안드레아 젬마 Mons. Andrea Gemma 교구장은 사목 서한을 통해 모든 주교들이 모범으로 시행하면 좋을 안건을 발표하였는데 주요 요소들을 이곳에 옮겨 보겠다. 단 성경적이고 신학적인 동기 등은 이미 우리가 앞장에서 광범위하게 다루었기 때문에 여기서는 제외한다. 성경은 1000번 이상 악마에 대해 언급하고 있고, 신약에서만도 거의 500번에 걸쳐 언급한다. 용감한 주교 한 분이 가톨릭교회 내부에서 더 이상 숙고하지 않는 것처럼 보이는 부분을 언급하고 있다는 사실에 정말 기뻐해야 할 것이다. 다음은 주교의 서한이다.

제가 시작하려고 하는 이 일에 대해 하느님께서 열매를 맺어 주실 때 사목자로서 제게는 큰 기쁨이 될 것이며, 그 열매들을 잘 거두겠다는 사목적 책임 의지도 분명히 밝힙니다. 지금은 제가 할 수 없지만 믿음과 순명 정신으로 신학적인 희망을 지니고 제가 발표하는 이 문서의 요지들을 수락하고 실천해 보도록 권고합니다.

사탄의 음습하고 전염성을 띤 활동(교황 요한 바오로 2세의 말씀처럼)은 우리가 믿고 생각하는 것 이상으로 그 영역을 불길하고 폭넓게 확산해 가고 있다는 사실을 제발 믿기 바랍니다. 세속의 위선적인 지식층들의 회의적인 비아냥거림, 혹은 정보 불충분으로 인해 허수아비 같은 그리스도인들과 종교 교육자들이야말로 은연중에 악마가 사로잡으려고 하는 주요 인물들(그들 스스로)이 되어 가고 있습니다. 누구도 하느님 백성의 목자들에게 이런 주제들을 가볍게 취급할 수 없습니다. 나는 지금 하느님 백성의 목자들에게 묻고 있는 겁니다. 만약 가볍게 다룬다면 모든 형제들에게 큰 인내심으로 귀 기울이는 것이 사제 직무라고 생각합니다. 특별히 사목자들이 건전한 식별을 통해 진행되어야 합니다. 하지만 타의에 의해 악마의 시달림을 받고 있는 고통스런 영혼 앞에서(이것이 사제가 도와줘야 할 부분이 아닐까요?) 그가 지니고 있는 문제들을 축소시키거나 형식적으로 넘겨 버리는 일, 더 위험한 일은 이런 영혼의 말을 들어주지 않고 귀를 막아 버리는 일은 절대로, 절대로, 참으로 절대로 일어나서는 안 됩니다. 예수님은 단 한 번도 이렇게 하지 않으셨습니다! 거룩한 직무를 수행해야 하는 사제들의 무관심으로 인해 자주 불행에 빠진 단순한 사람들이 마법사들이나 점쟁이들 혹은 다른 무속의식에 참여하는데, 이런 모든 특별한 수단들은 악마가 자신의 승리를 위해 사용되는 것들이 아니겠습니까? 악마의 전염을 막을 수 있는 무기들 중에서 권하고 싶은 것은 해방 기도 단체들로, 이런 기도회는 사제가 인도해야 할 중요한 특성이 있음을 강조합니다. 개인 혹은 단체 차원에서 항상 기도할 수 있습니다. 아니, 꼭 기도해야 합니다. 특히 주교는 이런 단체들을 '기도 단체들'이라고 부를 수 있도록 정해서 악마로부터의 해방과 특별한 전구의 직무를 부여해야 합니다. 그러나 중요한 것은 전례 행위를 거행할 수 있는 사제에 의해 구성된 기도 단체에 국한해야 합니다.

이 주교는 매달 개인적으로 이런 해방 기도 단체들 중 한 단체의 기도에 함께 참여한다. 이 도구들을 충분히 활용한 뒤에야 비로소 진짜 구마 예식을 행할 수 있으며 이미 아는 것처럼 구마 예식은 오로지 주교나 주교가 위임한 사람만이 할 수 있다.

사제들은 사람들이나 장소를 위해 항상 특별한 축복을 내릴 수 있지만, 축복 기도를 받는 사람이 굳건한 믿음으로 죄를 버리고 자주 기도하고 성사 생활에 열심히 참여해야 축복이 깃든다는 사실을 분명하게 알려 주어야 한다. 이런 사실을 제대로 알려 주지 않으면 축복도 잘못 인식될 수 있다. 즉, 미신으로 전락할 수 있는 것이다.

우리 영혼의 선을 위해 원수를 반대한 지속적이고 폭넓은 증거자로 불린 이들을 위해서 미사를 끝낼 때쯤, 파견 강복을 하기 전에(주교는 자신의 권위를 통해 특별한 해방의 효과를 첨부할 수 있으며, 이에 대해 사제는 자신의 기도 지향을 첨부할 수 있다) 믿음을 가지고 아래의 기도문을 드리도록 권고한다.

사 제 교황 성하와 주교와의 일치하에 우리가 받은 세례성사와 견진성사를 통해 사탄과 그의 모든 유혹과 활동을 끊어 버립니다.
회 중 끊어 버립니다!
사 제 오, 원죄 없이 잉태되신 어머니 마리아여.
회 중 저희를 의탁하오니, 저희를 위해 빌어 주소서.
사 제 대천사 성 미카엘이시여, 죄악과 어두운 악마와의 투쟁에서 보호하시고 지켜 주소서. 하느님의 권능을 악마에게 드러내 보이시도록 간절히 청하나이다. 천상 군대의 왕자이신 대천사여 하느님의 힘을 통해 이 세상의 영혼들을 전염시키고 잃게 하는 사탄과 그의 악령들을 지옥으로 쫓아내소서.

회 중 아멘.

사 제 이 자리에 있는 모든 이들을 강복하소서(교황 성하와 주교의 지향과 기도에 일치하여).

해악의 원인과 그 결과

지금까지 간략하게 부마와 악마로 인한 해악의 주요 원인에 대해 나열하였다. 이 장에서는 이것을 더 깊이 있게 다루려고 한다. 그리고 그 해악들이 존재하게 된 원인이 자주 어둠에 가려져서 원인 불명으로 남는 경우가 많다는 점을 지적하고 싶다. 거룩한 책들은 이에 대해 우리에게 이렇다 할 도움을 주지 못하고 있다. 예수님과 제자들의 경우에도 그 해악으로부터 영향을 받는 사람들을 해방하였지만, 부마 원인에 대해서는 전혀 언급하고 있지 않다. 많은 성인들의 삶 속에서도 여러 가지 악마로부터의 해방 사례를 읽을 수 있지만 부마자가 된 원인의 바탕에 대해서는 함구하고 있다. 더 나아가 이런 상황들은 항상 상당히 빠르게 진전되어 진단할 수 없기 때문에 똑같이 적용시키는 도움을 받을 수는 없다. 그런데 마귀들은 그리스도의 발 앞에 즉시 엎드린다. 예수님께서는 사람들 안에 있는 그들의 존재를 알아채시곤 하셨다. 이와 비슷한 경우들은 성인들의 삶 안에서도 찾을 수 있다.

하지만 우리 구마 사제들에게는 그렇지가 않다는 게 문제다. 가끔 어떤 부마자들은 우리들을 바라보는 것만으로도 증세를 드러내고, 괴성을 질러대거나 폭력적으로 변한다(히스테리나 환시와 이와 비슷한 증세들일 수 있음). 혹은 이런 사람들의 머리 위에 손을 얹는 행위만으로도 즉시 대항한다. 하지만 대부분 이런 일은 극히 드물다. 악마는 자신을 숨기려고 애쓰며, 부마 상태가 육체적인 고통으로 보이도록 흉내를 내거나 아무런 반응도 하지 않으려고 무진장 애를 쓴다. 그런데도 결국 모든 게 백일하에 드러날 수밖에 없는 이유가 기도와 구마 예식들 앞에서 당할 재간이 없기 때문이다. 또한 악마는 구마 사제에게 자신이 건네지기 전에 가족과 사제들, 성수를 통한 축복 기도를 견뎌 내지 못한다. 분명하게 자신의 존재를 드러내지 않으면 안 되도록 종용을 당하기 때문이다.

악마의 해악이 존재한다는 명확한 확신이 섰다고 하더라도 어떤 형태의 부마인지, 원인이 무엇인지, 끈질기게 붙어 있는 이유는 무엇인지, 많은 의문이 들 수밖에 없는데, 오늘날 구마 사제들도 이런 질문들을 자주 하게 된다. 대부분 해방을 위해 요구되는 시간이(부마자가 지내 온) 과거보다 훨씬 더 오래 걸리기 때문이다. 시간은 하느님의 것이기에 해방을 위한 시간이 얼마나 걸릴지는 아무도 예상할 수 없다. 그렇다고 해서 이것이 구마 사제들을 찾는 사람들의 고통을 최소화하고 최대의 효과를 얻기 위한 노력을 중지하게 하지는 못한다. 그렇기 때문에 구마 사제는 조금씩 자신의 개인적인 방법들을 익혀야 하고 조사, 혹은 특별한 몸짓, 기도에 효과를 주는 사람들의 협력이 필요하기도 하다. 특별한 카리스마를 가졌거나 구마 사제에게 유익한 충고를 줄 수 있는 민감한 사람의 도움이 필요한 경우도 가끔 있다.

이 장에서는 이런 문제들을 다루기보다는 다른 곳에서 찾아볼 수 없는 주제, 상당히 특별하고 개인적인 경험이라서 모든 구마 사제가 공통으로 지니고 있지 않은 주제를 다루려고 한다. 위험하지만 그렇다고 제외할 수 없는 것들이기 때문이다.

첫 번째는 완전히 인간적인 차원에서만 조사하려는 위험이다. 이는 해방 자체가 그리스도 이름의 권능, 이미 앞서 언급한 세 가지 요소인 믿음과 기도, 단식에서 오는 것이 아니라 단지 우리들의 능력에 달려 있는 것처럼 행동하는 것이다.

두 번째는 실제로 실행되고 있어 꼭 알려야 하는 위험이다. 이것은 어떤 특정한 방법들이나 효과를 가져다주는 편법들을 사용함으로써 구마 사제들 자신이 미신의 형태로 빠져들어 버리게 만든다. 결국 그리스도를 향한 믿음의 힘이 아니라, 무엇인지는 모르지만 다른 힘을 받는 것이다. 나는 줄에 돌을 매달아 흔들면서 악마의 존재 여부를 가려내거나 물이 가득한 접시에 기름 한 방울을 떨어트려 악마의 존재 여부를 가리는 어처구니없는 구마 사제들을 실제로 보았다. 그래서 지금 마법적이고 미신적인, 의심스런 방법들이 아니라 분명하게 해방을 보장해 주는 방법에 대해 언급하겠다.

   1. 어떤 사람에게 구마를 하면 할수록 새로운 부분이 등장하거나 첫 질문보다 훨씬 의미 있는 것들을 발견하게 된다. 일반적으로 의심할 만한 요소들을 발생시키는 것, 특히 호전 증세를 보여 주지 않을 때 은총을 방해하는 어떤 요소가 있는지를 조사해야 한다. 자주 등장하는 문제는 용서에 대한 인식을 심화시키는 것이다. 원수에 대한 사랑은 복음에서 가장 실천하기 힘든 계명일 것이다. 마음으로 용서한다는 것, 미움을 갖지 않고 악을 행한 사람을 위해 기도하는 것이야말로 화해를 향해 나가는 첫 과정이 된다는 것을 알아야 한다. 하지만 그렇게 되기까지는 무척 힘든 노력이 필요하다.

   하느님의 법을 지키지 않는 사람에 의해 치유를 방해 받는 경우도 있다. 내가 구마 기도를 할 때 자주 일어나는 일은 부부가 오랜 세월이 지난 뒤에야 바른 결혼 생활을 하지 않았다는 것을 밝히는 것이다. 오늘날 방임주의 현상은 혼인 생활에 대한 의식 자체를 크게 교란시켰다. 고해성사를 보았을지라도 충분한 통회나 보속이 이루어지지 않은 과거의 중죄가 이를 방해하는 경우도 있다(예를 들어 낙태의 죄). 여러 다른 경우도 있지만 해방되지 못하는 경우는 하느님의 은총을 방해하는 무엇인가가 자리하고 있기 때문이다. 그 방해를 제거했을 때, 즉시 호전 증세를 보인다.

2. 악마의 영향을 받고 있는 사람들의 대부분은 자주 스펀지 같거나 물먹은 종이 같아서 자신들이 부딪치는 부정성에 대해 너무 쉽게 고통당하고 종속되어 결국 그런 부정성을 자기 것으로 흡수해 버린다. 부정성의 근본은 사람이나 환경, 물건일 수 있다. 거의가 사람들에 의해 일어나는 것으로 이는 어떤 특정한 사람에게 접근했을 때 오는 느낌(혹은 그 사람의 집에 간다거나 그가 어느 사람의 집을 방문하거나 가까이 있는 것 자체만으로도)이다. 이것을 받은 사람은 몇 시간, 심지어 며칠 동안 고통을 호소한다. 주의할 점은 원하지 않았는데도 자주 타인에게 부정성이나 어둠을 전이시킬 수 있다는 것에 주의한다. 당사자가 어떤 어둠의 희생자이고 그의 곁에 있던 다른 사람이 그 방해들을 고스란히 흡수하는 식이다. 이런 악은 고통을 당하게 하고 긍정적인 것이라고는 전혀 가져다주지 않기 때문에 가급적 이런 악의 영향을 받은 개인과의 접촉을 피하는 수밖에 없다(늘 가능한 것은 아님). 고통스러운 일이지만 가끔씩은 친구와 친지 관계, 심지어는 훨씬 긴밀한 관계까지도 단절하여 되도록 접촉을 최소화해야 한다.

또 몇몇 환경, 집이나 사무실, 가게에서도 이런 어둠을 흡수할 수 있다. 지금 언급하는 감염이라는 주제 말고도 부정성을 흡수하는 사람이 특정한 집이나 가게, 심지어는 교회를 방문한 것이 고통의 원인이 되는 경우가 있다. 쓸데없이 이런 고통에 노출되지 않기 위해서는 가능한 한 피하면 된다. 불가능한 경우(자주 이런 어둠이 느껴지는 사람들을 피하는 것이 불가능함), 가장 큰 효과를 보이는 것은 예방책이다. 성물이나 성화, 특히 기도를 통한 방어를 예로 들 수 있다.

어떤 특정한 물건들도 이 같은 어둠을 전이시킨다. 이런 것을 느꼈을 때 접촉을 피하거나 그것을 파괴하는 것이 일반적인 방법이다. 악으로부터의 해방이 문턱에 닿은 사람일수록 이런 악마의 영향을 흡수하는 것이 최소화됨을 부언하고 싶다. 당했기 때문에 방어한다는 말이 있듯이 말이다.

3. 악마의 방해를 받는 사람들은 극도로 민감하다. 악마의 힘이나 능력이 그들 안에 존재함으로써 미래를 예견하고, 개인의 사적인 일을 밝혀내기도 한다. 그리고 특정한 환청을 듣고 환시를 본다. 방해하는 환청일 수도 있지만 무엇인가를 하라고 유혹하는 목소리가 대부분이다. 혹은 행동 지침이나 갖지 말아야 할 것, 기도, 욕지거리, 다른 이들에 대한 교활한 비방이나 험담, 비이성적인 이야기 등을 하라고 유혹한다.

이런 일이 일어날 때 힘을 다해 거부해야 한다. 이런 것들은 악마가 교란시키는 제안들이지만 가끔씩 특별한 은사처럼 여겨지는 능력을 주기도 한다. 그러나 이것들은 '사탄이 주는 선물들'일 수 있고, 이런 환청들을 듣지 않으려고 노력하고 일절 관심을 보이지 않아야 한다. 환청이 시키는 대로 행동하지 말고 믿는 신자답게 바르게 행동해야 한다. 이런 믿음으로 무장한 투쟁은 대부분 악에서 해방될 수 있도록 도와주며, 특별한 민감성과 환청은 악에서 놓여났을 때 사라진다. 반대로 이런 것들을 특별한 선물이나 능력으로 생각해서 집착할 때 악마로부터의 치유 가능성은 희박해지고 큰 해를 입는다.

4. 사탄과의 관계가 밝혀지는 경우가 자주 있는데, 악으로부터 해방되기 위해서는 사탄과의 관계를 단절할 필요가 있다. 사람들은 여러 가지 방법으로 사탄과 관계를 맺는다. 자의에 의한 것, 무의식중에 단순하게 처신한 일, 타인에 의한 것 등이다.

자의에 의한 첫 번째 경우는 쉽게 드러나지만 타인에 의한 경우는 오랫동안의 조사를 통해 치유를 방해하는 원인들을 찾아내야 한다.

본인 스스로 사탄과 계약을 맺는 경우는 피로 사탄과 계약하면서 제물이 되기도 하고, 사탄 의식에 참여하거나 사탄의 교주가 되기 위해 사탄적인 학원에 등록(이탈리아에만도 이미 엄청나게 많음)하는 것 등을 말한다. 이것은 직접적인 관계이며 자의에 의한 것이다. 이런 일을 했던 사람은 철저하게 끊어 버리고, 세례 예식을 갱신하며 형제들과 하느님께 해악을 끼친 죄를 보속해야 한다. 별 생각 없이 이런 관계로 엮이기도 하는데 무당이나 점쟁이, 미신을 숭배하는 이들이 찾아온 손님을 사탄에게 제물로 바쳐 악마와의 관계를 맺게 하는 경우이다. 이때는 양쪽 관계를 단절할 필요가 있다. 강령술降靈術을 하거나 접신, 무속을 숭상하고 점성술이나 흔들거리는 추를 사용해 모든 일을 결정하는 사람들은 당장 그런 행위를 그만두어야 한다.

이런 일은 상품화되어 있는 많은 종류의 입문서들이나 특정한 텔레비전 강의 등을 접하고 단순한 호기심으로 별 생각 없이 사탄적인 모임에 참여하거나, 동전이나 컵 같은 도구를 이용해 '점'을 치면서 시작되는 경우가 대부분인데, 좀 더 빠져들면 '마법사가 되려는' 의지로 스스로 점쟁이로 나서기도 한다.

어느 날 16세의 여자아이가 학교 다니기를 거부하고, 아무것도 못 하는 깊은 상실감에 빠지자 부모는 크게 당황했다. 도대체 무엇이 이런 어둠을 조장하는지 알아낼 수가 없었다. 남들과 거의 접촉하지 않고 혼자 지내는 아이였기에 어떤 위험한 모임에 참여했었는지 알 턱이 없다가 우연찮게 아이에게 물었다. "카드놀이를 하면서 시간을 보내니?" 그렇다는, 놀랍고도 결정적인 대답이 돌아오자 재차 물었다. "미래를 예견하고 네가 알고 있는 사람들이 한 일을 알고 싶어서 카드 점을 쳤구나?" 그렇다고 했다. 그래서 "그럼 항상 그런 걸 맞추니? 거의 대부분 맞추니?" 다시 그렇다고 했다. "그런 능력을 어디서 얻었지? 하느님께서 주셨다고 믿니?" 그 아이는 대답하지 못 하고 난처해했다. 이렇듯 악마와의 관계는 순진한 방법으로 맺어진다.

정반대의 가능성도 있다. 바로 타인에 의한 '묶임'을 당하는 경우이다. 다른 사람에 의해 사탄의 제물이 되는 것인데, 수태의 순간부터 시작되는 경우도 있다. 여기서부터는 정말 대단히 광범위한 악마의 영역으로 들어가는 것으로, 상상할 수 없을 정도의 많은 방법이 사람들을 묶어 놓는다. 그중에서도 사탄의 제물이 된 상태는 자연적인 악마에 의한 원인이 아니어도 완전하고 절대적으로 묶여 버리게 된다는 것이다. 구마 사제들은 부마 상태의 뿌리를 조금씩 발견하면서 이런 사탄과의 관계들을 자주 본다. 이런 경우에 치료는 모든 다른 방법들과 함께(기도, 성사 생활, 예수님과 동정 마리아께의 봉헌, 구마 예식 등) 세례성사의 서약들을 갱신하고 누가 조장했든지 여부를 따지지 말고 모든 사탄과의 관계를 끊음으로써 그 관계를 철저히 단절시키면서 이루어진다.

5. 특별한 형태의 악마의 방해들에 대해서는 장황하게 설명하지 않겠다. 이전의 책 「구마 사제가 들려주는 구마 이야기」에서 자세히 언급했기 때문이다. 단 여기서는 방해 요인이 악마라면 어떤 형태의 악마의 방해들이 사용되었는지에 대해서만 다루겠다. 가장 광범위하게 사용되고 있는 것은 악마를 이용한 주문에 의한 것들이다. 이런 주문을 어떻게 만들고, 그 목적은 무엇인지 밝혀내야 한다. 주문에 의해 숨겨진 물건들을 찾

았다면 태우는 것이 바람직하며 주문에 걸린 음식을 먹거나 음료를 마셨다면 피해자로 하여금 토하게 해야 한다. 그리고 구마가 된 물, 소금, 기름 등 세 가지 준성사들을 믿음을 가지고 사용하면 충분한 효과를 본다.

　　악마의 영향은 가까운 친척들에 의한 저주, 습관적인 모독, 그들의 접신 행위 등에 의해서도 비롯될 수 있는데, 경우에 따라 기도와 용서, 보속, 참회(죽은 영혼들을 위한) 등이 필요하다.

　　6. 면담 중 기도를 통해(구마 기도 혹은 해방의 기도) 영혼을 괴롭히고 공격하던 특별한 악마적 영이 드러날 수 있다. 분노의 영, 앙갚음, 불결한 영이나 자살한 영 등이다. 이 경우에는 이런저런 영혼과의 접신이나 관계를 끊어야 한다. 본인의 절대적인 의지에 의해 그 영과의 관계를 끊고 더 이상 따르지 않겠다고 선포함으로써 큰 효과를 거둘 수 있고, 그렇게 해방되도록 기도해야 하는 것이다. 이런 상태는 자주 당사자 쪽에서 특정한 영들을 끊어 버린다는 기도를 해야 하는데 사실 대단한 노력이 필요하다. 하지만 순조롭게 진행되지 않는 것은 해방의 징조이다. 어려움을 참아내면서 계속 기도하면 행동과 성격이 긍정적으로 변화되고, 마음에도 평화가 쌓여 평안해진다.

　　바오로 성인이 언급한 육의 결실과 성령의 결실들에 대한 길고도 긴 목록을 생각하게 한다. 성령의 결실은 육이 만들어 놓은 결실들을 조금씩 흡수한다.

　　7. 악마에게서 해방되는 길은 평탄하게 계속 올라가기만 하는 길이 아니고 굴곡이 심한 길이다. 가끔씩 갑작스런 저조 현상을 보이는데, 이것은 새로운 악마의 영향에 의한 것이거나(악의 방해에 의한 것이라면), 어둠이 느껴지는 사람을 만나서 어둠을 흡수한 상태로 스스로 피할 수 없는

경우일 때 그렇다(예를 들어 가족 중 누군가가 미신 행위나 접신을 하고 있는 경우).

　나는 지금도 구마 사제 직무를 처음 받았을 때를 생생하게 기억한다. 그때는 해결하지 못한 사건이었다. 정기적으로 악마의 주문에 노출된 소녀에게 구마 기도를 해 주고 있었는데, 그 소녀는 이상하게도 기도를 받고 집에 갔다 다시 오면 오히려 악의 힘으로 더욱 충전되어 있었다. 말 그대로 '재충전'이 되어 오곤 했다. 어느 날 내가 하는 일이 쓸데없는 일처럼 불안해져서 스승인 칸디도 신부께 말씀드리자 이런 대답을 주셨다. "그보다 훨씬 강한 분이 하느님이십니다. 악마로부터의 해방이 늦어지는 경우가 있지만 그렇다고 악마가 해방 자체를 방해하기란 불가능하지요."

　악마는 악의 피해자와 구마 사제를 실망시키고 지치게 만들어서 구마 기도란 쓸데없는 짓인 것처럼 보이게 하려고 갖은 수단과 방법을 가리지 않는다는 사실을 꼭 명심해야 한다. 정말 수 만 가지 방법을 사용한다.

　관찰했던 또 다른 사례도 덧붙이고 싶다. 그동안 나는 악마의 심각한 방해 사건 모두를 상대해 왔다. 그 사건들은 연이어 일어난 것들로, 원인이 한 가지뿐이었던 일은 없었다. 나는 이것을 연쇄 영향이라고 부르고 싶다. 예를 들겠다. 어떤 사람이 악의 영향 밑에서 생활하는 사람과 만나거나 그런 사람의 초대를 받고 순수한 뜻으로 그 집에 갔다. 하지만 그 집에서는 여러 번 강령술이나 접신술이 이루어졌고, 그 이후부터 놀랄 만한 외적 방해들이 시작되어 정신과 의사에게 찾아가다가 결국 구마 사제에게까지 오게 되었다. 그렇다고 이런 접촉이 원인이 되어 악마의 영향을 받았다고 생각하면 일반적으로 틀린 생각이다. 피해자가 된 사람의 과거 삶을 샅샅이 조사해 거슬러 올라가다 보면 그는 아주 어린 시절, 혹은 엄마 배 속에서부터 악마의 영향을 받은 사실이 밝혀진다.

그는 여섯 살에서 여덟 살 사이에 악의 영향이 '재충전'되고, 또 다른 악은 열여덟 살에서 스무 살 사이에 다시 충전되었지만 제대로 발휘하지 못하고 내재해 있다가 분출될 수 있는 원인이 제공되어 바짝 마른 짚더미에 떨어진 석유 한 방울처럼 되고 만 것이다. 하지만 한 가지 원인으로 이런 일이 발생한다고 보기는 어렵다.

이런 것들이 발견되면 악마로부터의 해방을 위해 인내심을 가지고 모든 상처들을 하나씩 치유해 나가야 하기 때문에 아주 오랜 시간을 투자해야 한다.

8. 마지막으로 최근 몇 년 동안 경험한 특이한 경우에 대해 말하기 전에 미리 강조할 요점은 미신, 혹은 악마를 이용한 부적이나 가족 중의 한 사람이라도 저주를 일삼던 사람이 있다면 절대로 믿지 말라는 것이다. 미움을 갖지 말고 완전히 용서하면서 그들을 위해 기도해야 한다. 하지만 되도록 멀리하는 것이 상책이다. 그들이 회개했는지 안 했는지는 관심 두지 마라. 회개는 그들이 살아 있는 동안 가능하겠지만 엄청나게 심각한 죄, 즉 사탄과의 강력한 관계를 맺은 죄를 지었다는 사실을 분명히 염두에 두어야 한다. 그 사람이 변했으리라 여기고 다시 관계를 맺기 시작했을 때 더욱 심각한 상태로 빠져드는 게 십중팔구이다. 내가 단죄나 심판에 대해 말하는 것이 아니다. 심판은 하느님이 하시지만 구마 사제로 살아오면서 해야 했던 고통스러운 경험들을 바탕으로 어떻게 행동해야 하는지를 말하는 것이다. 지금 우리가 취급하고 있는 주제는 성령을 반대한 죄들에 대한 것이다. 심판하는 것은 하느님이시지만 순진함이라기보다 무지 때문에 이런 악마의 소행에 빠지지 않도록 우리 자신을 스스로 지켜야 한다는 말을 하고 싶다.

9. 최근 여러 가지 경험 중에 악마의 훼방에서 자유를 얻기까지, 비교적 상세한 과정의 두 가지 예를 제시하겠다. 이 두 가지는 악마의 대상이 된 원인 분석에 상당히 중요한 요소들을 제공하고 있어서 이런 요소들을 발견한 경우라면 다음과 같은 방법으로 힘들지 않게 악마로부터 자유로워질 수 있다.

1) 희생양과 유다의 레온 수도회 – 이 수도회는 산상 설교 공동체La comunita' delle Beatitudini라고 불리며, 프랑스에서 생겨난 가톨릭 관상 수도회이다. 1977년 '의사 성 루카'라는 단체가 생기는 초석이 된 수도회이기도 하다. 이들은 정신 질환과 악마의 방해로부터 사람들을 치유하고 해방시킨다. 카리스마적인 단체로, 의학적인 치료를 겸한 영적 군대라고 할 수 있는 수도회이다. 마드레 필립페Philippe Madre 의학 박사가 이곳의 책임을 맡고 있다. 악마에 의해 발생하는 자연적인 질병을 치료하도록 돕는 단체를 만드는 것은 참으로 훌륭한 일이다. 내가 기꺼이 이 수도회를 예로 드는 이유는 교회 역사 안에 필요성으로 인해 수도회들이 생겨났지만 이런 목적으로 수도회가 설립된 적이 없기 때문이다. 그래서 그곳은 주교들의 철저한 보호를 받고 있다. 지금부터 마드레 필립페의 책을 인용하여[10] 유형별로 예를 들겠다(p. 151).

"E.S.,라는 남자는 28세인 약학을 공부하는 학생으로 충실한 신자지만, 발코니에서 몸을 던지거나 달리는 기차에 뛰어들기도 하고, 목을

---

[10] Alui dobbiamo il libro: Ma liberaci dal male, Ed. Rem, Roma 1980, da cui attingiamo le nostre informazioni.

매기도 하는 갑작스런 자기 파괴적 성향 때문에 우리에게 상담을 위해 찾아왔습니다. 몇 달 전부터 시작된 이 충동들은 처한 상황에 상관없이 갑자기 일어납니다. 시간이 지날수록, 또 노력하면 할수록 이런 일은 더 자주 일어났습니다. 정신 의학적으로 이런 상태는 병적인 신경 공포증이라는 특별한 경우로 설명 불가능하고, 심리학적으로도 해석하기 어려운 것입니다.

진단 결과 구체적인 병명을 찾을 수 없었고 육체적으로나 영적으로도 문제가 없는 상태였지만 공동 연구 결과, 이 피해자는 접술에 의한 피해자라는 판단이 내려졌습니다. 이 사실에 대해 환자와 역추적 토론을 하던 중에 드디어 그는 한 여인을 기억해 냈습니다. 그의 어머니에게 한 여자가 증오심 가득한 저주를 퍼부었었는데, 미신적 행위를 통한 것이었습니다. 그리고 이 저주가 환자를 향한 것이었고, 자기 파괴적 저주였다는 사실을 기억해 냈습니다. 환자인 E.S.,가 이런 말을 들었을 당시는 여덟 살이었으며, 이 사건을 잘 기억하고 있지 못했습니다. 하지만 역추적으로 그 원인을 찾아낸 뒤 즉시 그 악마로부터 오는 증상을 멈추게 하고 병적인 신경 공포증 제거를 위해 해방 기도를 드리는 것으로 모든 것이 해결되었습니다."

2) 가계 치유[11] - 개신교 구마사이며, 정신과 의사인 케네스 맥알 Kenneth McAll 은 종교적이고 의학적인 자신의 경험을 통해 새로운 치유의 지평을 연 사실을 들려주고 있다. 이것은 정신병을 앓고 있는 사람이나 부

---

11 가계 치유 - 한국 가톨릭교회에서는 가계 치유는 명백한 오류라 칭하고 신자들이 이것을 행하지 말 것을 명하고 있다. 더 자세히 알고자 하는 이는 주교회의 신앙 교리 위원회에서 발간한 소책자를 참고하기 바란다. 여기서는 이 책의 원문을 최대한 살리기 위하여 실었나. - 편십자 주

마의 경우에서도 좋은 효과를 보인다. 그는 많은 사람들이 조상들이 원인이 되어 질병을 앓는다는 사실을 발견했다. 그는 "이런 질병을 대물림하는 조상을 밝혀 기도, 특히 성체성사를 통해 관계를 단절시키자 환자가 곧 치유되었다."고 말한다. 케네스 박사는 자신의 저서를 통해 이런 실험 결과를 발표했고, 몇몇 이탈리아 구마 사제들이 이 방법으로 좋은 결과를 얻은 사실을 나도 알고 있다.

인용한 책에서 이런 전형에 어울리는 경우를 한 가지 발췌해 보겠다.

"몰리Molly는 30대 여성입니다. 명석하고 적응을 잘하며 건강에 문제도 없었지만 남몰래 앓고 있는 것이 있었기에 정말 어처구니없는 공포심이 시작되었습니다. 그녀는 아무리 얕은 물이라도 물이 있는 곳이면 어디서나 공포심으로 아무 일도 하지 못했습니다. 작년 여름에 그녀의 두 아이는 계획에 없던 수영을 하기로 했습니다. 아주 얕은 호수라서 수영이 미숙해도 익사의 위험이 전혀 없는 곳이었습니다. 그런데 작은 배에 물이 차기 시작하자 순간 공포가 엄습했습니다. 그녀는 정신과적인 치료를 위해 노력했지만 병적인 공포심은 크게 호전 증세를 보이지 않았고 누군가의 권고로 저를 찾아왔습니다. 저는 그녀의 조상들 계보를 멀리까지 뒤적일 필요도 없이 그녀의 삼촌이 타이타닉 호에서 익사한 것을 발견했습니다. 아무도 그 영혼을 주님의 손에 맡길 생각을 하지 못했던 것입니다. 그래서 우리는 성체성사를 통해 그 영혼을 하느님의 손에 의탁하였습니다. 성체 속에 하느님께서 분명히 계신다는 확신 속에서 말입니다. 그랬더니 그녀는 치유의 해방을 맞이했습니다. 성체 예식을 거행할 때 몰리도 그 자리에 있었지만 더 이상 병적인 공포심에 빠지지 않았고, 그 후론 영적이며 내적인 생활을 영위하게 되었습니다."

가계 치유에 대해 이미 많은 나라에서 실험되고 연구되었기 때문에 굳이 내 의견을 피력하지는 않겠다. 그리고 나는 구마 사제들이 사용하는 모든 방법들을 존중하며 그들은 좋은 결실을 맺으려고 노력하고 있다고 여긴다. 다만 위의 유형들처럼 어떤 방법이 주어지면 어떻게 구체적 성과에 도달하는가를 눈여겨본다. 그러면서도 이런 방법들에 대해 몇 가지 의문점을 지니고 있음을 고백한다. 그것은 이런 방법이 악마의 영향에 대한 치유보다는 정신적인 치료에 훨씬 적합하다는 것이다. 악마의 영향으로부터의 치유를 위한 우리들의 노력은 그리스도의 이름과 그분을 향한 믿음을 통해서 오는 것이지, 인간의 능력으로 이루는 것이 아니기 때문이다.

사 례
악마의 영향에 의한 경우

나디아Nadia 자매는 전통적인 가톨릭 집안에서 태어나, 매일 기도하고 주일 미사와 잦은 고해성사에 참여하며 매주 성체를 모시는 사람이었다. 남편은 고급 상인으로 아내와 신앙생활을 함께했다. 불행이라면 자녀가 없는 것이어서 부부는 가정 법원에서 맡긴 남자아이와 여자아이를 입양하기로 서로 마음을 모아 결정했다.

이런 일련의 결정은 가까운 친척들에게 심각한 문제가 되었다. 그전에는 자식이 없는 친척의 재산 상속이 자신들에게 이루어질 것으로 믿었지만 아이들을 입양한 뒤에는 상속 여부가 달라질 것이기에 친척들은 아이들을 향한 시기와 질투, 걱정을 드러냈다. 그리고 나디아의 오빠는 접신술과 무속의 경향을 강하게 띠는 여자와 결혼했다.

1978년 나디아는 그전까지 전혀 문제없던 건강에 이상이 생기기 시작했고, 특별히 심장과 간, 비장에 문제가 발생했다. 의학적인 치료는 전혀 도움이 안 되는 지 호전 될 기미가 보이지 않았다. 이런 일이 일어난 뒤 그녀는 기도할 수 없게 되었고, 성체성사의 거부, 십자고상과 동정 마리아를 향한 모욕적인 언사를 뱉으려는 유혹들, 모든 종교적인 생활을 전적으로 방해하는 영적인 질서의 교란도 느끼게 되었다.

1988년 나디아는 쓸개를 잘라내는 수술을 받았지만 기대했던 효과를 얻지 못했고, 담당 의사는 온천욕 치료를 권했다. 하지만 고통을 견디다 못한 나디아는 그 지역 전문의를 찾아갔다. 전문의는 환자를 진료하고 그간의 진료 과정을 상세하게 들은 다음 가톨릭 신자인지를 물었다. 신자라는 대답을 들은 의사는 "지금 환자분이 느끼고 있는 고통은 의학을 초월한 것으로 여겨지기 때문에 사제를 만나도록 권하고 싶군요. 이곳에 아는 사제가 없다면 환자분의 상태에 적당한 사제를 소개해 드리겠습니다." 아주 분명한 말이었다.

사제는 나디아를 위해 영적 투쟁의 무기라고 할 수 있는 모든 기도와 함께 해방 기도를 했고, 기도가 정확하게 여러 번 반복되는 동안 그녀가 보이는 반응을 눈여겨 본 사제는 악마의 영향을 받고 있다고 의심했다. "자매님께는 구마 사제가 필요합니다. 자매님 교구의 주교님께 청하십시오. 혹시 어렵다면 이웃 교구의 주교님께 청하시기 바랍니다."

집으로 돌아온 부부가 해당 교구장에게 이 사실을 알리자 교구장은 즉시 교구 구마 사제를 소개해 주었다. 부부가 집에서 구마 사제의 방문을 받은 것은 1988년 8월 16일이었다. 상세한 분석을 마친 구마 사제는 세 번의 면담을 하자고 제의했고, 나디아와 그녀를 방해하는 모든 것과의 관계를 단절시키는 해방 기도를 계속해서 했다. 그러는 중에 그녀의 친구 하나가 나디아가 입양에 성공하자 시기하여 그녀를 정신 분열증 환자로 만들려는 생각에 이 부부를 무당 손에 넘긴 것을 알게 되었다.

그들은 자신들의 시골 별장 일을 돕는 가정부 몇 명을 고용했다. 별장은 넓은 경작지를 포함하고 있는 집인데 이상한 소음이 들리는 곳이었다. 별장의 전 주인은 이단인 사탄교의 추종자였으며 이 집에서 악마 예식과 심지어는 검은 미사까지도 거행한 사실이 나중에 밝혀졌다. 사제는 집에 대한 구마를 실시했고, 의심이 가는 물건들은 보이는 대로 축복을 하고 불에 태웠다. 그러자 집은 안정되는 듯했으나 나디아는 여전히 성당에 가기 힘들어했고, 성체를 영하거나 기도하고 성경을 읽지 못하도록 어떤 힘이 방해하는 것을 느낀다고 했다.

사제는 다시 정밀 조사에 들어가서 교구 구마 사제를 도와주고 있는 정신과 의사와 함께 나디아에게 구마 기도를 실행하기로 했다. 첫 번째 구마 기도들이 끝났을 때 영적인 장애에 큰 호전 증세는 없었지만 구마 기도를 받으면서 일어난 증세로 정신병 증세가 아니라는 것이 분명해졌다. 사탄이 들어가 있다는 증세들은 훨씬 더 강력해져서 기도가 지속될수록 환자는 대단한 힘으로 완연한 부마 증세를 온전히 드러내며 발악하기 시작했다.

구마 사제는 나디아에게 어둠을 안겨 주었던 부정적인 사람들에 의해 묶여진 무속적인 관계를 단절시키기 위해 자신만의 방법으로 여러 다른 악마들을 향해 구마를 하기 시작했다. 그가 사용한 기도문은 다음과 같다. "우리 주 예수 그리스도와 지극히 거룩하신 동정 마리아께 힘입어 대천사 미카엘과 베드로와 바오로 성인을 비롯한 모든 성인들의 이름으로, 나디아와 악령인 너(이름을 말할 때마다 그 악마의 이름을 부르며 기도했음)의 모든 묶여진 것들을 끊노라. 당장 나디아로부터 나가 예수님의 십자가 발 아래로 가서 엎드리도록 명령하노라."

이렇게 지극히 거룩하신 동정 성모 마리아의 이름과 성 베드로와 바오로, 성 미카엘 대천사와 거룩한 다른 이름을 부르면서 구마 사제가 기도할 때 나디아는 반항하였다. 구마 사제는 거룩한 다른 이름들인 오상의 성 비오 신부, 교황 요한 바오로 2세, 아르스의 신부(성 요한 마리아 비안네) 등의 이름으로 계속 기도했다.

많은 구마 사제들은 일반적으로 축복 기도를 받는 당사자에게 어떤 성인을 가장 존경하는지 묻는다. 얼마 지나지 않아 나디아는 어렵지 않게 기도할 수 있게 되었고, 성체를 모실 수 있게 되었다. 호전 증세가 가속화된 것은 그녀의 남편이 구마 기도 때마다 함께하면서 아내가 필요로 하는 것들을 도와주었기 때문이라는 사실을 분명히 알아야 한다. 이것은 악마의 피해자가 된 사람과 함께 기도하면서 필요한 도움을 주는 것이 얼마나 중요한지 보여 주는 예이다.

구마 사제는 구마 예식을 행하면서 시편 기도, 호칭 기도, 로사리오, 찬가와 같은 기도들과 함께 많은 청원의 기도들을 드렸다. 이런 기도들은 악마를 무척 분노하게 만들어서 "나와 타협하자."고 유인한다. 모욕적인 언사들이 끝나고 나면 구마 사제에게 상상도 못할 욕들을 뱉어 내기 시작했다. 그러던 어느 날 악마가 이런 제의를 했다. "가족 중 여섯 명만 내 손에 붙여 줘. 그러면 여기서 떠날게." 그리고 자기가 원하는 사람들의 이름을 읊었다. 구마 사제는 성령께 기도하고 나서 검은 마법과 악의 마법과 무속으로부터 방금 악마가 호명한 사람들과의 관계를 끊는 기도를 하였다. 그러자 악마는 더욱 화가 나서 포악해졌다. 여섯 명 모두를 티 없으신 성모 성심께 봉헌했을 때에는 악마는 절망적으로 괴성을 질러 대며 난리를 쳤다. "나한테 모두 빼앗아 가면 뭐가 남는다고 이래! 나는 어쩌라고 이러는 거냐고!"

이 글을 쓰고 있는 지금(1992년), 나디아는 거의 치유가 된 상태이며, 지속적인 호전 증세를 보이고 있다. 이 사건을 통해 얻을 수 있었던 유용한 사실 몇 가지를 더 말해 주고 싶다. 현재 그녀는 큰 믿음으로 자주 집 축성을 위해 성수를 사용하거나 마시기도 하고, 성호를 그을 때마다 성수를 사용한다. 과거에는 구마 예식 도중 기름을 바르는 순간에 무척 예민하게 반응했는데 지금은 큰 믿음으로 병자성사를 받는다. 또 그녀는 자주 남편과 함께 고해성사를 보고, 성사를 통해 믿음이 강해졌다고 고백했다. 이제는 스무 살과 스물두 살이 된 입양한 자녀들도 열심한 기도 생활로 놀라운 일들을 경험했다. 그녀의 내부에는 악마들의 존재가 있었는데, 아스모데오(성경에 등장하는 악마의 이름으로, 가장 힘센 악마)를 우두머리로 하는 악마들이었다. 나디아를 담당했던 구마 사제는 그녀가 세례 받은 날에 구마의 효과를 이끌어 낼 수 있었다고 했다. 해당 교구 주교도 구마 기도 중 한 차례 참여했고, 참석한 것에 상당한 만족을 표명했다.

사 례
오순절 교회 신자들의 기도

건장하고 힘이 넘쳐 보이는 군인이 약속 시간에 나를 찾아왔다. 전화 상담한 것으로 짐작해 보면 악마의 부마 상태를 의심할 만한 요소들이 있었다. 하지만 많은 경우 지나치게 과장되거나 상상으로 부풀려지는 경우가 있기 때문에 직접적인 만남이 필요하다. 다행히도 아주 건장한 덩치의 아버지와 삼촌이 함께 동행해서, 필요할 때 나를 도와줄 수 있겠다고 생각했다. 예상대로 젊은 군인의 머리 위에 손을 얹고 기도를 시작하자마자 그 군인은 난폭하게 반항하기 시작했고 실제로 두 사람의 도움이 필요했다. 다행히 단지 세 번의 구마 기도만을 시행했는데도 좋은 효과를 얻을 수 있었다.

나는 이 기회에 꼭 언급해 두고 싶은 사실이 있다. 즉 부마자가 막강한 폭력성을 보여도 깊이 뿌리박힌 그 무엇 때문에 악마로부터 해방되는데 많은 시간이 소요되는 것은 아니라는 것이다. 어떤 사람들은 구마 기도에 대해 심하게 저항을 했어도 몇 달 되지 않아 해방되기도 하기 때문이다. 반대로 악의 방해들이나 구마에 대해 미미한 반응을 보였지만 오히려 해방되기 위해 몇 년 동안이나 기도를 받아야 하는 경우도 있다.

네 번째 약속된 날이 되자 그 군인은 전화로 근무 사정 때문에 오지 못하겠다고 알렸다. 그 뒤로 나는 더 이상 그를 만날 수가 없었다. 하지만 몇 달이 지난 뒤, 북이탈리아로부터 편지가 배달되었다. 갑자기 로마에서

북이탈리아로 전근되었기 때문에 오랫동안 연락을 할 수 없었다는 용서를 청하는 편지였다. 그리고 자신을 위해 해준 모든 것에 감사한다는 말과 함께 현재 자신이 완전히 해방되었다면서 다음과 같이 알려 왔다.

"제 안에 있던 악마는 예수 그리스도의 성령을 통해 쫓겨 나갔고 저는 완전히 치유되었습니다. 그 고통이 너무나도 심했기 때문에 제가 해방되리라고는 기대하지 않았습니다. 이렇게 빠르게 치유를 받으리라는 상상조차 할 수 없었지요. 우연히 제 문제를 직감하고, 공동체 기도회에 초대해 준 개신교 신자 한 명을 만났습니다. 이 단체는 오랫동안 저를 위해 기도했고, 다음 날 이미 저는 증세가 훨씬 좋아지고 있다는 것을 느꼈어요. 그다음 주일 저는 교회에 나오도록 초대를 받았는데, 개신교 신자들이 예수 그리스도의 성령을 통해 저를 위해 기도하기 시작할 때 신부님께서 제게 축복의 기도를 해 주실 때처럼 강렬한 저항 증세들이 튀어나왔어요. 반나절 동안의 기도와 투쟁이 있은 뒤 잠시 멈추더니 오후에 다시 오라고 하더군요. 오후에 다시 기도가 시작되었고, 저를 도와주시는 분이 정화하시는 그리스도의 보혈의 기도를 드리도록 이끌어 주었는데, 저는 거기에서 바닥에 넘어졌습니다. 얼마 뒤 다시 일어섰을 때 더 이상의 위통을 느끼지 않았고, 가볍고 자유로운 느낌, 원래 제 자신으로 되돌아와 있었어요. 신부님, 저를 위해서 하신 모든 것에 대해 감사를 드려요. 그리고 저는 예수 그리스도께서 저를 위해 하신 일을 증거하기 위해서라도 신부님께 편지를 써야겠다는 생각을 했습니다. 주님은 모든 기적의 원천이시며 마약 중독자들을 치유하시고 저에게 적용됐던 악마의 주문보다도 훨씬 더 강한 주문의 영향을 받는 사람들까지도 치유하는 분이십니다. 악마로부터 제가 해방된 것을 통해 주님께 모든 영광을 돌립니다."

사인을 하고 분명하게 주소를 기입한 편지인데, 그 편지에 주님께서 해방을 위해 사용하신 성령 강림 교회의 주소가 적혀 있었다. 처음 이 편지를 읽었을 때 약간 기분 나빴던 것을 숨기고 싶지는 않다. 그러나 나는 다시 마르코 복음의 말씀을 기억했다. 즉 제자 요한이 예수님께 이렇게 말씀드린다. "스승님, 어떤 사람이 스승님의 이름으로 마귀를 쫓아내는 것을 저희가 보았습니다. 그런데 그가 저희를 따르는 사람이 아니므로, 저희는 그가 그런 일을 못하게 막아 보려고 하였습니다."(9.38) 그때 예수님께서는 요한에게 막지 말라고 말씀하신다.

개별적으로가 아니라 가능하다면 단체 기도의 중요성, 특별히 오랫동안 믿음으로 기도하는 법을 배운 것을 칭찬하고 싶다. 기도가 필요한 사람을 위해 능력을 발휘하는 분은 하느님이시다.

사 례
해결되지 않은 경우

교회의 무관심으로 많은 부마 사례들 중에서 해결하지 못한 경우들이 쌓여 있음을 부인할 수 없다. 이런 경우에서 드러난 어처구니없는 몇몇 행동과 해답들은 복음 정신과 교회법에도 어긋나는 것들로, 해결되지 않고 공개되지 말아야 할 사례들이 지나치게 많기 때문에 열람할 수 없도록 폐쇄시켜 놓았을 것이라고 믿는다.

나는 여기서 수수께끼 같은, 해결되지 않은 실례를 하나 들어 보고 싶다. 나는 이 사건이 어디에서 발생했는지 말할 수 있는 권한을 받았다. 볼로냐Bologna, 이 글을 쓰고 있는 지금도 이탈리아의 대교구이면서도 구마 사제들을 임명하고 있지 않은 유일한 교구이다. 볼로냐 교구가 구마 사제들을 임명한다면 이탈리아 내 교구들 중에서 가장 마지막으로 구마 사제들을 임명한 교구라는 불명예를 얻게 될 것이다. 이런 비판을 할 수 있는 이유는 내가 모데나Modena 출신이기 때문이다. 지금부터의 이야기는 실제 일어난 일이다.[12]

---

[12] 그동안 많은 변화가 있었다. 2013년까지 구마 사제를 임명치 않았던 거의 유일한 교구였지만 현재 이곳 볼로냐 교구에는 매년 구마 사제 학교가 개교하고 있고 새로운 구마 사제 양성을 위한 연수가 열리고 있다. 특히 이 학교에는 구마 사제가 되려는 많은 사제들도 있지만 의학적으로 도저히 설명 불가능한 사례들을 접하기 시작한 많은 정신 신경과 의사들과 심리 상담사들, 학자들이 함께 참여하는 것이 특색이다. 굳이 가톨릭 신자가 아니어도 부마와 구마에 대한 심포지엄이나 연수, 학술대회에 대거 참여하고 있는 추세이다.-역자주

18세 소녀 소니아Sonia의 사건이다. 현대의 아이들이 그렇듯이 소니아도 많은 여행을 하고, 모든 형태의 경험이 풍부한 젊은이였다. 펑크족의 새로운 세대인 다크Dark 그룹과 관련을 맺고 있었고, 이 그룹을 통해 사탄 예식들과 접신 행위에 참여해 오다가 많은 이상한 현상들이 그 젊은이를 덮치는 결과를 초래했다. 예를 들어 외출할 때는 항상 목에 검은 스카프를 걸치고 커다란 검은 선글라스를 쓰곤 했고, 햇빛을 무척 싫어하고 조금이라도 햇빛에 노출되면 즉시 괴성을 지르고 발버둥 치다가 빛을 피해 어디론가 숨으려고 뛰어간다. 이와 더불어 이상한 증상들이 나타나기 시작했다. 그녀의 증언에 의하면 한밤중에 자주 혼령들의 방문을 받기 때문에 도저히 잠을 잘 수가 없다는 것이다. 그녀는 가끔 동양의 장송곡 같은 느릿한 음의 노래를 이상한 형태로 부르곤 했다. 주위나 장소를 가리지 않고 갑작스럽게 기절하기도 했다. 그녀와 부모는 그리스도교 신자가 아니었다.

유명한 많은 의사들의 치료를 받았지만 증세 자체가 불분명하다는 입장이었고, 나아지지도 않아 소니아의 상태는 고통과 절망의 연속이었다. 당시의 상황에 대해 여자 친구 몇 명에게 설명할 때 소니아의 모습은 공포에 질려 있곤 했다. 모든 사람들이 자신을 미치광이 취급하고 있다고 여겼다. 자주 일어나는 현상 중 한 가지는 정원이나 의자, 자가용이나 버스에서 내릴 때 이유 없이 넘어지는 것이었다. 갑작스럽게 땅바닥에 쓰러지고는 누군가 자신을 밀었다고 우기곤 했다. 그렇게 넘어지면서도 한군데도 다친 곳이 없다는 게 신기했다. 그녀는 넘어졌을 때 표현할 수 없는 고통이 있지만 그 부위에 상처가 나거나 아픈 일은 전혀 없었다.

어느 날 학교 계단에서 대굴대굴 굴러 떨어지는 모습을 목격한 친구는 크게 다쳤을 것이라고 두려워했다. 하지만 전혀 긁힌 자국조차 없었다. 단지 누군가가 자신을 세게 밀쳤다고 주장했다. 실제로 그 자리에 있던 친구의 증언에 의하면 보이지 않는 누군가가 강한 힘으로 층계 아래로 밀어 버린 것 같았다고 했다.

　직업상 대교구와 밀접한 관련을 맺고 있으며 보좌 주교들 사이에서 어느 정도 알려져 있는 자매(1986년 당시)가 이러한 사실을 보좌 주교들에게 알리고 사건을 해결할 수 있도록 구마 사제를 임명해 줄 것을 요청했다. 하지만 그들은 구마 사제를 임명할 필요성을 느끼지 못하고 있었으며 그 존재도 필요 없다고 했다. 그녀는 아주 분명하게 거절의 대답을 들어야만 했다. 볼로냐 교구 사제들은 중세적이라는 비웃음이 두려웠거나 그런 말을 하는 사람들의 환상의 결과라고 치부했을 수도 있다. 혹은 그들은 이런 하잘것없는 데 시간을 보낼 만큼 한가하지 않다는 뜻도 되겠다. 다른 사제들에게도 도움을 청해 보았지만 결과는 같았다. 이런 사건을 책임진다는 게 그들에게는 어처구니없고, 불명예스런 것으로 보인 것이다. 그 후로 소니아는 외출을 하지 않았으며, 극소수였던 좋은 친구들까지도 잃었다. 고통을 겪는 소니아를 위해 무엇을 해야 할지 그 친구들도 갈피를 잡지 못했던 것이다.

　이런 요소들 때문에 소니아가 악마의 영향 밑에 있다고 단정 지을 수는 없지만 구마 사제가 이 사건을 담당했다면 유감스런 일들은 일어나지 않았을 것이다. 그리고 구마 사제가 있었다면 무척 많은 악마로부터 비롯된 요소들이 내재해 있을 가능성이 농후했다고 말할 것이다. 그것은 무관심했던 교회 종사자들에게 부끄러운 사건이 되었다. 이런 어려움을 알고 나도 도움을 청했지만 그에 대한 답변의 자료들과 함께 이와 비슷한 사건의 정보들만 많이 아니, 엄청나게 받았다. 분명한 것은 '그리스도를 믿는 사람들'이라면 이런 식으로는 분명 대처하지 않았을 것이라는 사실이다.(마르 16,17 참조)

해결되지 않은 어려움과 문제들

일반적으로 구마 사제들에게 소개되는 사건들은 쉽게 해결할 수 있는 일들은 아니다. 사건의 배후가 악마의 방해가 아님을(다행히도 이런 경우가 자주 일어난다) 바로 알 수 있을 때를 제외하고는 말이다. 그럴 때는 몇 가지 좋은 충고와 지시를 하는 것으로 충분하고 진정한 회개의 시초가 되는 양심 성찰이 잘된 고해성사를 보라고 강력하게 충고한다. 그것은 지속적인 기도와 잦은 성사 생활을 통해 양분을 얻는 은총의 삶으로 돌아가는 것을 의미한다.

하지만 이미 앞에서 언급했듯이 의심스런 증상들을 보일 때는 진지한 조사가 이루어진다. 근래 몇 년 동안 이탈리아, 혹은 외국의 여러 구마 사제들과 교류하면서 발견한 사실은 각자 자신들의 방법과 경험, 노하우를 가지고 있다는 것이다. 나는 그들을 통해 배우려고 노력했고, 실제로 많은 것들을 배웠지만 그것들을 흉내 내는 것은 아니고 어쩌다가 적용하고는 있다. 나는 칸디도 신부의 제자로서 그분의 가르침에 충실하고 싶다. 그리고 한 구마 사제가 믿음을 갖고 사용해서 성공한 방법이 꼭 다른 구마 사제에게도 똑같은 효과를 내지 않는다는 사실을 자주 목격한다(그것과 관련하여 개인적인 경험담을 들려주겠다).

1. 나는 구마 출발점의 바탕으로 두 가지 광범위한 과정에 주의하였다. 어떤 이들은 첫 번째 축복 기도, 혹은 구마 기도를 받게 하기 위해 장시간의 면담과 오랜 기간 동안 여러 번의 조사를 한다. 다른 이들은(나도 이 방법을 사용함) 의심할 만한 요소들이 발견될 때 구마 형식을 띤 간단한 기도를 즉시 시작한 뒤 당사자의 증세에 따라 지속할 지, 말지를 결정한다. 앞서 언급했듯 구마 예식은 악마로부터의 해방만을 목적으로 두지 않고 가장 먼저 진단에 목적을 두고 있다. 이는 구마 예식을 통해서만 악마

의 영향에 대한 분명한 인식을 할 수 있기 때문이다. 이 두 번째 방법은 특별히 약속된 많은 사람을 만나야 하는 구마 사제들이 자주 사용하고 있는 방법이기도 하다.

첫 번째 방법을 고수한다면 구마 예식이 필요로 하지 않는 사람들로 인해 무척 많은 시간을 낭비하게 된다. 반면에 두 번째 방법을 적용한 조사나 집중적인 면담은 여러 번 나누어 하게 되고 조금씩 그 필요성이 밝혀지게 된다. 칸디도 신부님처럼 하루에도 70~80여 명을 만나서 구마기도를 할 경우에 두 시간씩 면담을 했다고 상상해 보라. 분명, 이 분야는 경험도 필요하지만 무엇보다도 은총이 필요하지 않겠는가!

먼저 기본적인 분석을 하고, 병원 진단서를 검토한 다음, 위에서 언급한 것처럼 의심의 소지가 되었던 것들을 살핀다. 다음 단계로 구마 기도 도중이나 그 후(구마의 효과는 당일 혹은 해당 주간에 나타남), 또는 구마 기도 중 특정한 기도를 드릴 때 일어나는 현상 등을 면밀히 관찰해야 한다. 그러면 이런 현상이 간단하게 해결되기도 하고, 악마의 주문 영향을 받은 사물화된 무엇인가가 구체적으로 나타나기도 하는데, 이 경우는 구마 예식을 중단해야 한다. 하지만 원인 불명의 사건이 발생하고 복잡해지기도 하며, 의심스러운 요소들이 나타나기도 한다. 분명히 말해 두고 싶은 것은 내 경우에, 대상자가 기도를 며칠 받지 않았는데도 좋은 효과가 나타난다면 그 상태를 계속 유지하는 방법을 사용하고 있다는 것이다. 물론 그런 좋은 효과가 암시적이며 정신적인 부분에만 국한된 효과라도 그렇게 한다. 다만 이때는 구마 기도가 아닌 다른 기도들을 드리고, 환자를 혼자 두어서는 안 된다. 암시적인 효과라도 그것은 실제적인 효과이기 때문이다.

반대로 진단을 내리기 곤란한 경우도 있는데 전문의의 추측이 확신을 주지 못하고, 의학적인 치료, 구마 기도에 대한 무반응 등이 이에 해당한다. 이런 상황이 발생했을 때 그 어느 때보다도 의학적인 협조가 더욱 절실하지만(이에 맞는 전문가, 대부분 정신 신경과 의사), 나는 꼭 여기에만 의존하지 않고, 미심쩍은 부분이 있다고 해도 구마 예식을 계속 진행하는 편이다. 여러 정황들을 돌이켜 보면 구마 예식을 계속 진행했을 때 얻어지는 효과가 상황을 풀어 나갔고, 윤리적으로 보았을 때도 분명한 진단을 얻어 내도록 해주었기 때문이다. 그리고 구마 예식을 강행했다고 해서 피해를 입힌 적은 단 한 번도 발생하지 않았다. 오히려 의사들이 확신을 갖지 못하던 증상들을 놓고 강행한 구마 예식들은 해결책에 도달할 수 있다는 희망을 불어넣어 주었고, 증상 자체가 부마가 아니라 분명한 정신 질환임을 밝혀낼 수도 있었다.

부마는 상상을 불허하는 상당히 다양한 증상들을 드러내는 반응을 내포하고 있다는 사실을 분명히 숙지해야 한다. 두 가지 예를 들면서 이에 대한 생각을 정립해 보겠다.

적어도 6명의 장정이 붙잡고 있어야 하는 부마자들에게 구마 기도를 한 적이 있었는데, 당사자들이 몰랐던 외국어들을 유창하게 하거나 전혀 알아들을 수 없는 언어를 구사하기도 하고, 그 자리에 있는 사람들이나 대상이 된 사람의 숨겨진 비밀을 밝혀내기도 한다. 또 겉보기에 구마 기도에 전혀 반응하지 않고 침착하며 단 한마디의 말도 내뱉지 않는 부마자를 구마한 적이 있었는데, 이 사람에 대해서는 다음 사례 부분에서 상세히 언급하겠다.

부마 진단에 있어서 실수를 범할 수도 있을까? 물론이다. 하지만 주위에서 본 것이나 나의 직접적인 경험으로 볼 때, 범한 과오를 즉시 알아낼 수 있도록 해 주는 사건이 있었고 우리들을 다시 정상 궤도로 돌려놓는 일이 있었다. 부마 상태인지 정신 질환 상태인지를 분별하는 데 있어서는 원인이 불분명한 일이 자주 발생한다. 거의 늘 그렇지만 부마 형태는 급박함과 잠잠해지는 휴지기가 교차한다는 점을 분명히 인식하고 조심해야 한다. 반면 정신 질환의 경우는 그 상태가 편차 없이 지속되는 차이가 있다. 시간이 지나면서 경험이 풍부한 구마 사제는 부마 증상에 대한 구마 예식의 효과와 반응이 어떤지를 깨닫는다. 그것은 경험이 많은 정신과 의사가 환자의 상태를 보면서 의심되는 병을 앓고 있는지, 아닌지를 구분해 내는 것과 같다고 하겠다.

가장 해결하기 힘든 경우는 구마 사제와 정신과 의사가 서로 의견이 엇갈릴 때이며 이럴 때에는 환자로 하여금 정신과 치료와 구마 사제의 구마 기도, 두 가지 모두를 받도록 하는 방법을 사용한다. 현재 두 분야의 상황은 이렇다. 구마 사제는 자신의 환자가 부마자가 아니라는 판단이 섰을 때 그를 정신과 의사에게 보낸다. 하지만 자신의 의견을 첨부하지는 않는다. 한편 정신과 의사들은 정신, 심리 분야를 뛰어넘어 진단이 불가능한 증상을 보이는 환자들, 의학적인 모든 방법을 강구하고 치료했어도 효과를 보지 못하는 환자들, 앓고 있는 질병이 의학의 모든 한계를 넘어서고 있다는 것을 알면서도 이런 환자들을 구마 사제에게 건네지 않는 것이 관례화되어 있다.

2. 악마가 괴롭히는 원인을 알고자 할 때 그 원인이 늘 밝혀지는 것은 아니다. 여러 환경 속에 널리 퍼진 미신들 중에 하나인 저주는 그 효과를 발휘하며 심지어는 몇 세대까지도 간다. 가끔씩 성경의 여러 텍스트에

서 이런 비슷한 예들이 인용되는데, 특히 수천 대까지 사랑을 베푸시는 하느님, 거슬러 반항하고 실수하는 죄를 용서해 주는 하느님의 축복이 그렇다. 그렇다고 그분이 벌하시지 않는 것은 아니다. 조상이 거스른 죄를 아들 손자들을 거쳐 삼사 대까지 벌하신다(탈출 34.7). 그러나 이 구절은 심판하는 하느님의 모습에 비해(삼사 대까지) 하느님 자비의 위대하심(수천 대까지)을 분명하게 인식시키려는 의도를 지닌다. 이런 관점에서 텍스트를 바라보며 다른 성경의 텍스트들과 비교할 때 우리가 분명히 알 수 있는 것은 어떤 경우에든 각자 스스로 값을 치른다는 것이다.

악마의 농간에 대해 논할 때는 고통당하는 사람이 선천적으로 특별히 민감해서 쉽게 상처에 노출되는지 알아봐야 한다. 예를 들어 신경이 훨씬 더 예민한 사람들이 있다. 내가 볼 때 이것은 정신적인 병을 다룰 때 의사들에게 매우 유용한 신호이지만 악마에 의해 저질러진 질병일 경우에는 전혀 그렇지 않다. 이런 경우는 피해자 자신의 완전한 협력과 그를 도와주는 사람들(가족들, 친구, 기도 단체 등 마음으로 도와주려는)의 협력이 필요하다. 환자의 수동적인 자세는 치유를 방해하지만 대부분의 환자들이 이런 수동성을 유지하고 있다. "신부님, 악마가 저를 괴롭히고 있으니, 제발 이놈을 쫓아내 주십시오." 그럴 때마다 나는 "도와드릴 수는 있지만, 악마와의 싸움은 내가 아닌 당신이 해야 합니다."라고 말해 준다. 악마와의 싸움은 대단한 의지와 폭넓은 은총의 도구들을 활용하려는 노력(기도와 성사들), 죄와 타협하지 않는 진정한 그리스도인의 생활을 전제로 한다. 즉 끊임없는 악마의 공격에 끊임없이 대항하는 투쟁을 의미한다. 거리상의 차이에도 불구하고 이런 사람들을 도와줄 수 있는 경우가 있는데, 나는 도움이 필요한 사람들이 전화를 하면 전화로 간단한 구마 기도들을 하면서 훌륭한 효과를 보고 있다.

3. 나에게 자주 발생하는 문제가 있었다. 환자 자신이 부마자인지 아닌지 인식하지 못한 상태에서도 그를 해방할 수 있느냐는 것이다. 개인적인 경험과 친구 구마 사제들이 해준 이야기에 의하면 당사자가 모르는 상태에서도 해방시킬 수 있다고 한다. 하지만 본인의 의지가 표현되었든 아니든 당사자의 의지를 반대하지 않아야 한다. 당연히 구마 형식의 기도들을 거부하는 사람에게는 해방이 불가능하다. 자주 이런 말을 듣는다. "신부님, 제가 신부님을 찾아온 이유는 가족들의 성화에 못 견뎌 온 것이지, 이따위 것을 믿어서가 아닙니다. 그러니까 제게 아무런 예식도 행하지 마세요." 구마 사제는 부마자의 의사를 존중해 주어야 하며, 생각할 여유를 주고 우리의 생각도 부마자에게 이야기해 주어야 한다. 우리는 이런 우리들의 직무를 믿고 부탁하는 사람에게 구마 기도를 해줄 수 있으며, 그것은 그가 그리스도인이 아니어도 문제되지 않는다.

4. 죽은 자들의 영혼의 현존 여부에 대한 문제는 그 자체로도 책 한 권 분량이 될 정도로 많은 문제들이 있다. 그것은 한 사람 안에 비참하게 죽은 영혼, 폭력에 의해 죽은 영혼, 갑작스런 죽음에 의한 영혼이나 조상들의 영혼, 혹은 자신의 가족이 아닌 다른 죽은 영혼 등이 존재할 수 있느냐 없느냐의 가능성을 따지는 문제이다. 또한 이 문제와 연결되어 '떠도는 영혼', 혹은 아직 갈 장소를 정하지 못한 영혼들의 존재 여부, 또는 소위 '사람을 인도하는 안내자 영혼'이 존재할 수 있느냐의 문제이다.

이 문제들은 아직도 해결되지 않았다는 사실을 미리 말해 둔다. 이에 대해서 신학자들이 성경과 교회 가르침과 성인들의 경험을 심도 있게 연구해 주길 바란다. 다만 우리는 지금 확실하게 정의된 가르침만을 알고 있다. 그것은 다음과 같다.

- 우리의 현재 삶에 의해 결정되고 앞으로 오게 될 삶은 하나이다. 우리는 윤회를 믿지 않고 부활을 믿는다. 그리고 모든 것은 부활하리라고 믿지만 어떤 이는 영광스런 부활을 맞을 것이고, 어떤 이는 고통의 부활을 맞을 것이라는 믿음이다.

- 뿐만 아니라 죽은 자들의 영혼은 즉시 지옥, 혹은 천국이나 연옥으로 들어간다는 것이다. 그것은 성경에서도 이미 드러난 진리로 리옹과 피렌체 공의회의 교의를 통해 최종적으로 확정되었다. 그래서 떠도는 영혼이나 안내자 영혼은 존재하지 않는다고 생각한다.

나머지 것에 대해 우리는 많이 알지 못한다. 심지어 성 토마스 아퀴나스조차도 영혼들이 과연 어떻게 육신 없이 살아갈 수 있으며, 어떻게 육신 없이(천국에 들어간 영혼들) 행복해질 수 있는가에 대해 논리적으로 증명하는 데 상당한 어려움을 겪었다고 고백하고 있다. 저세상에 대해서는 단지 성인들의 사적 계시를 통해서만 알 수 있을 뿐이고, 성인조차도 저세상에 있는 영혼들의 삶에 대해서 아는 것이 거의 없다고 첨부하고 있다. 신비한 육체에 대한 진리로부터 알 수 있는 것은 다른 삶 안에서 영혼의 활동이 존재한다는 것이다. 다시 말해 성인들이나 연옥영혼들은 우리를 위해 기도할 수 있고, 우리는 성인들에게 중재 기도를 부탁하고 연옥영혼들을 위해 기도하고 그들에게 우리들을 기억해 달라고 청할 수 있다.

그렇다고 이런 문제가 해결되지는 못했다. 예를 들어 어떻게 정확하게 죽음의 순간을 설정할 수 있느냐 하는 어려움이다. 뿐만 아니라 신학자들은 죽은 이들의 영혼이 살아 있다면 어떤 상태, 혹은 장소일 것이라고 논의하고 있고, 이런 분야가 신학자들의 현재 활동에 영향을 미칠 수 있다. 하지만 구마 예식서는 구마 사제가 악마의 가능한 속임수들로부터 방어하기 위해 서두에 14항의 규정 사항을 두어 이렇게 정의하고 있다. 악마의 속임수 중의 하나는 천사, 혹은 어떤 사람의 죽은 영혼이나 성인의 영혼으로 위장한다는 것이다.

내가 여러 다른 구마 사제들과 토의하면서 얻을 수 있었던 것은 구마 사제들이 많건 적건 간에 이런 현상을 경험하고 있다는 것을 제한적으로 말해 두고 싶다. 이런 악마의 변장술에 관해 언급하던 구마 사제들은 공통적으로 상당히 조심스러워했다. 예를 들어 라 구루와La Grua 신부나 에르네티Ernetti 신부는 문제를 해결하려고 온갖 힘을 짜내기보다 그들이 지닌 자연스런 성품 그대로 해결책을 찾으려고 노력한다. 아무튼 위에 언급한 공의회의 정의들을 바탕으로 죽음 뒤 영혼의 상태에 대한 깊은 연구가 필요하다고 본다. 그렇다고 꼭 여기에 국한할 필요는 없다. 예를 들면 구마 사제이며 모데나의 주보성인인 성 제미니아노(St. Geminiano, 약 310-392년)와 동시대 성인인 암브로시오와 아우구스티노에게서 이런 비슷한 경우들을 볼 수 있다.

5. 나는 초월적인 힘을 이용한 치료사, 초능력자들, 외계의 목소리들을 녹음한 것, 초월적 현상들, 다른 나라 언어로 신들린 받아쓰기(영어) 등에 대해 논하는 인터뷰에 자주 초대받곤 한다. 이런 분야는 구마 사제와는 완전히 다른 분야이다. 상상을 초월하는 대단히 많은 속임수와 사기가 만연되어 있기 때문에 좋고 나쁜지에 대한 분별, 자연계로부터 오는 힘과 마법이라는 미명하에 점쟁이, 무당 등을 흉내 내기, 혹은 악령이 개입된 진짜 마법인지 아닌지를 가려내려는 이들 각자에 대한 세심한 연구가 필요하다.

예를 하나 들어 보겠다. 치료자나 진정한 초능력을 소유한 치료사들이 있는데 그들은 초월적인 힘(자연적인 특성)을 통해 자연적인 질병에 대해서 효과를 일으킬 수 있다. 하지만 악마가 발생시키는 질병에 대해서는 단 한 번도 자신들의 초능력을 발휘하지 못한다. 그리고 이 분야에는 진짜 마법을 행하거나 사기꾼에 지나지 않는 치료자나 초능력 치료사들이 있다.

나는 신들린 받아쓰기, 죽은 이들의 목소리를 녹음하는 것 등은 절대로 하느님의 방법이 아니라고 생각한다. 이것들은 초월적인 현상일 수도 있고, 경우에 따라서는 악마적인 현상일 수도 있다.

오늘날 초심리학 현상이라는 이름으로 불리는 초자연적 현상들이 보여 주는 가치와 무가치에 대해서는 상당한 주의를 요한다. 왜냐하면 현대는 우리가 모르거나 믿지 않는 것에 대해 무조건 비하하는 경향을 보이고 있고 여기에는 비가시적인 악마의 현상도 포함되기 때문이다. 이렇게 '초자연적인 것'은 우리의 무지가 보이지 않게 잘 덮어 주는 보호막 역할을 한다.

6. 이 장에서 내가 치료자들이나 초능력을 사용한 치료사들에 대해서 간단하게 거론한 이유는 아주 난감한 문제에 대해 언급하기 위해서이다. 악마로부터 해방되는 데 있어서 가장 큰 장애는 부마자들이 교회를 충분히 사랑하지 않는 데서 비롯된다는 사실이다. 심지어 교회의 이름으로 구마 예식을 행하는 교회의 사목자를 찾아와서도 그들은 이 사실을 망각한다. 구마 사제에게 찾아가는 것이 신앙과 상관없이 무슨 병을 고치는 사람에게 찾아가는 것처럼 행동하는 모습을 그들에게서 자주 보게 된다. 교회를 사랑하지 않는 이런 모습은 상당히 심각한 문제로, 현대 우리들이

겪고 있는 신앙의 위기의 핵심을 찌르고 있다.

　　라칭거 추기경(교황 베네딕토 16세)이 메소리 Vittorio Messori (이탈리아의 유명한 바티칸 전문가이자 기자임.-역자 주)와의 인터뷰에서 예리하게 핵심을 찌른 부분을 이곳에 옮겨 본다. 이 부분은 아무리 여러 번 읽어도 싫증이 나지 않는다. 메소리는 이렇게 질문한다. "위기, 가톨릭 신앙의 내적 형태를 위협하는 위험 신호들이 확대되어 가고 있는 원인은 어디에 있다고 생각하십니까?" 대답은 이랬다. "무엇보다도 교회론에서 교회의 개념이 위기를 맞이했다는 것은 의심할 수 없는 사실입니다. 여기에 애매모호하거나 가톨릭 일반 의견과 신학 부분을 위협하고 있는 근본적인 과오들이 있습니다."

　　어느 인터뷰에선가 그는 칸디도 신부에게 이렇게 질문하였다. "신부님은 혼자라고 느끼지 않으십니까? 구마 기도를 하실 때 신부님의 영혼 안에는 무슨 느낌이 있으신지요?" 칸디도 신부는 아주 자연스럽게 이렇게 대답했다. "물론 두 가지가 서로 다르지만 그것들은 제가 미사를 집전하는 것과 같습니다. 내적인 자세는 똑같거든요. 즉 제가 개인적으로 하는 게 아니라, '악마들을 쫓아내라'는 예수님의 명령에 의한 제 사제직의 직무를 완성하고 있는 것이지요. 또한 하느님의 교회에서 악마를 쫓아내는 군사적인 행동이기도 합니다."

　　이 말씀에는 찾아오는 사람들을 대하는 구마 사제들의 행동 규범이 드러난다. 교회를 다시 사랑할 수 있도록 반듯이 교회를 언급해야 하며, 찾아오는 사람들에게 알 수 없는 마법 같은 힘으로 구마 직무를 수행하는 것이 아니라, 하느님의 특별한 직무를 수행하는 사제로써 하느님으로부터 받은 능력으로 하느님이 명령하신 임무를 수행해야 한다. 구마 사제들에게 의뢰해 오는 사람들에게 부족한 자세 중 하나는 교회를 향한 사랑의 결핍과 교회에 대한 신뢰의 결핍이다. 이런 자세라면 자신들이 원하는 결과를 전혀 얻지 못하기 때문에 어떤 사람들은 이쪽저쪽 구마 사제들을 기웃거리며 능력 없는 구마 사제들이라고 투덜댄다(누구는 자격이 없고, 어떤 구마 사제는 아무것도 모른다는 식으로…). 분명, 그들은 교회에 대한 믿음이 결핍되어 있는 사람들이다. 교회의 이름으로 행동하는 사제에게 찾아간다는 분명한 의식 없이 찾아오려면 차라리 본인들의 집에 있는 것이 여기저기 기웃대는 것보다 훨씬 좋을 것이다.

    7. 악마로부터 해방되는 표시에 대해 더 덧붙이고 싶다. 언급했듯이, 시간은 하느님께서 주관하시므로 구마 사제들은 악마의 유린이나 부마 상태로부터 해방되는 시기를 가늠할 수 없다. 그럼에도 예를 든다면 악마의 희생자는 첫 번째 구마 기도에서부터 점차적으로 좋아지는 것을 느끼며 방해들이 점차 줄어든다. 또 어떤 경우에는 구마 예식을 하면 할수록 대상자가 더욱 포악해지고 방해들이 훨씬 더 심해지는 경우가 있는데, 이것은 숨어 있는 악마가 외부로 표출되는 증거이다. 그런 다음에 후퇴 증상이 보이면서 좋아지기 때문에 방해들은 더욱 강하게 표출되지만 점차 감소한다. 또 이것은 완전한 해방으로 나가고 있는 표시이기도 하다.

    다른 표시들은 악마 스스로가 하는 말에서도 알 수 있다. 예를 들면 이런 말이다. "네가 나를 죽이고 있구나! 아이고, 나 죽네! 그래, 네가 이겼다!" 다른 경우에는 악마 스스로 힘을 잃어 가고 있는 것을 느끼고 구마 사제의 안수를 감당할 능력이 안 되니까 다른 악마들을 부르면서 도움을 청한다. 또 다른 경우에는 구마 사제가 언제 나가겠냐고 질문했을 때 첫 구마 기도에서는 절대로 안 나간다고 하던 것이 이제는 빨리 나가겠다고 대답한다. 혹은 정확한 날짜를 지정하기도 하지만 대부분 이런 말들은 거짓말이다. 때로는 하느님의 뜻에 의해 정확할 때도 있기는 하다. 모든 경우에 있어서 악마들이 힘과 자만심을 잃기 시작하는 때가 해방이 멀지 않았다는 징조이지만 오래갈 수도 있다.

해방의 순간은 봇물이 터지는 듯한 통곡(기쁨에 의한), 완전히 기운을 잃는 것이 일반적이다. 다른 경우로, 악마의 영향을 받던 사람이 조금씩 완전히 해방되는 것을 느끼고 놀라워하는 경우도 있다. 이것은 당사자에게 해방될 수 있다는 확신을 가지게 한다. 악마와 투쟁하면서 당사자들을 도와주고 지탱해 주던 기도의 리듬, 하느님과의 일치, 잦은 성사 생활, 용서를 향한 개방성을 평생 잃지 않도록 하는 것이 중요하다.

8. 나는 이 장을 마치면서 다른 구마 사제들과 경험을 공유하면서 구마 예식의 진행에 대해 더욱 확신을 얻었음을 고백한다. 돌이켜보면 부마의 과정으로 넘어가기 전 악마의 악행들은 중간 과정을 거치는 듯한 인상을 받았다. 나는 심각한 방해 증상들을 지니고 살아가는 사람들을 많이 만났는데 그것은 의학적인 방해도 아니고 그렇다고 구마 기도가 필요한 방해도 아니었다. 하지만 이런 악들은 해방 기도와 용서, 모든 악마와의 관계를 끊어 버리는 것을 통해서 치유되는 것들이었다. 이런 방해들은 태어날 때부터 옴짝달싹 못하게 하는 것들로 가정에 뿌리를 박고 있는 것이 대부분이다. 어떤 경우에 그런 방해들은 잘못된 만남들이나 저지른 죄, 눈치 채지 못했던 강력한 분노 등을 통해서 자극되기도 한다. 그러므로 그 원인을 분별하고 파헤치는 것이 중요하다. 아무튼 그런 방해들은 치유 기도, 혹은 해방 기도를 통해 호전되며, 순례나 며칠 동안의 피정 기도 등을 통해서도 효과를 얻는다. 나는 페루자의 타르치시오 메체티 Tarcisio

Mezzetti 교수의 '세미나들'을 통해서도 그 효과를 볼 수 있었다. 다른 사람들도 이런 방법을 통해 치유와 도움을 위한 새로운 형태들을 발견하기를 바란다.

    나는 이런 현상들을 보면서 악이 아직 영글지 않았다는 인상을 받는다. 그렇다면 이는 빠른 시일 내에 수월하게 치유가 가능한 것이다. 하지만 마냥 기다린다면 심각성은 증대되고 그 힘은 축척되며 치유 활동은 상당히 길어지고 오래 걸린다. 그리고 어떤 경우는 띄엄띄엄 무슨 시기마다 드러나기 때문에 당사자는 그 원인을 알아내지 못하고 당연히 치료도 하지 못하게 되는데 그런 증세들은 아주 특별해서 의학적인 검사나 구마 사제의 조사에서조차 흘려버리기 쉽다.

사 례
협력자들과 연대를 통한
구마 예식

프랑스에서 일어난 사건을 옮겨 본다. 정신과 의사인 마리아 도메니카 후퀘레Fouqueray가 실감나게 쓴 글이다.

저는 1986년부터 신경 정신과 개인 병원을 운영하면서 교구 구마 사제와 협력하여 일하고 있습니다. 이것은 우리 교구 주교인 레네 피캉데Picandet 몬시뇰이 악마적인 부마의 가능성을 믿고 계셨기 때문에(모든 주교들이 이렇지는 않다!) 이루어진 일이며, 그분은 우리 일을 도와줍니다. 저는 어릴 때부터 그리스도인 교육을 받고 자랐으며, 훌륭한 신부님 덕분에 신앙을 성숙시킬 수 있었고 의학 공부를 하면서 성서 신학 과정을 마칠 수 있었습니다.

1974년 성령 쇄신 기도회를 알게 되면서 치유와 해방의 기도, 구마의 기도를 알았습니다. 정신과 전문의라는 전문직으로 인해 기도회에 협력해 달라는 요청을 받아 기꺼이 응하였고 저는 교구 구마 예식에 (기존의 팀원들과) 훌륭한 조화를 이루게 되었습니다. 우리가 다루었던 첫 번째 사례를 소개합니다.

40세가량의 그녀는 네 명의 자녀를 둔 가정주부이며 교육 전문가로 활동하고 있었습니다. 그녀가 겪고 있던 악마에서 비롯된 고통은 10여 년 넘게 사탄적인 이단에서 활동한 것이 원인이었습니다. 우리에게 의뢰가 왔을 때, 그녀는 이미 세 번씩이나 이단으로부터 탈출하려고 시도했었습니다.

이단의 일원으로 생활하면서 그녀는 아이러니컬하게도 사제들과 상당한 친분을 맺고 있었습니다. 그리고 어떤 사제가 이 자매를 우리에게 연결해 주었습니다. 그녀는 이중생활을 하면서 많은 사제들과 가까이 지내고 있었고, 주일마다 성체를 영한 것은 아니었지만 미사 때 성가대 반주를 했습니다. 그런데도 그녀는 루치펠을 우두머리로 하는 윅카^{Wicca}라고 부르는 사탄 비밀 결사대의 우두머리 여사제였습니다. 이런 모든 일들은 천천히 진행되었으며, 그 단체에서 빠지고 난 뒤에야 비로소 그녀는 그곳에서 나가면 폭력적인 죽음을 맞이할 거라는 사실을 알았습니다. 그것은 자살을 위장한 교묘한 타살, 살인이었습니다. 엄청난 공포가 몰려왔고 그녀는 탈출에 뒤따르는 위험을 알면서도 탈출을 시도할 수밖에 없었습니다.

그녀를 처음 만났을 때 그녀는 우울증과 공포, 거식증과 불면증에 시달리고 있었습니다. 과거에 정신병을 앓은 흔적은 없었지만 구마 사제는 그녀를 상세히 분석한 뒤 구마 예식을 행하기로 결정하고, 처음은 15일마다 한 번씩, 그리고 나중에는 매주 한 번씩 구마 예식을 행하였습니다. 이 일은 저의 신앙을 풍성하게 해 준 놀라운 발견이었습니다.

저는 정신과 전문의로서 '해결 방안'을 찾으려고 애썼고, 왜 그녀가 사탄교에 빠지게 되었는지 원인과 동기를 찾아내고 싶었습니다. 그녀가 받았던 신앙 교육은 상당히 엄격했고, 전통적인 규칙을 바탕으로 하고 있었기 때문에 그녀는 자비로우신 하느님의 사랑을 발견하지 못했습니다. 그녀가 다닌 학교는 수녀님들이 운영하는 기숙사가 딸린 곳이었는데, 지적으로 상당히 훌륭한 학교였지만 불행하게도 영적으로는 그녀에게 아무런 도움을 주지 못했습니다. 결혼 생활도 그녀를 도와주지는 못했습니다. 남편은 좋은 직장에 근무하고 있었으며, 그는 그녀에게 아이들 교육을 핑계로 가사 일을 하도록 강요하였답니다. 남편은 외출을 하고 싶어 하는 그녀를 자주 막았을 뿐 아니라, 여름 바캉스도 연로하신 부모님이 계신 시골에 가서 지내야 했기 때문에 편안한 휴식을 원했던 그녀를 따분하게 했습니다.

많은 시간 집에서 지내면서 어느 날 아무 도움도 되지 않는 잡동사니 같은 잡지들을 읽다가 하루를 진탕 놀 수 있다는 광고를 보고 호기심에 그녀는 그곳의 출입을 시작하였습니다. 자신이 다니는 클럽이 아주 특별한 곳이라는 것을 알았지만 찾아오는 사람들에게 술을 권하고 마약을 권하는 그곳에 빠져 사탄교에 발을 들여놓게 되었답니다. 그곳은 출입하는 사람들에게 상당히 친절해서 그들이 가정에서 느끼지 못했던 공허와 갈증을 해소할 수 있는 곳이었습니다. 시간이 가면 갈수록 더욱 그곳에 빠져든 그녀는 세례성사를 부정하고 이단에서 제공하는 새로운 세례를 받으면서 새로운 이름으로 불리게 되었으며, 허벅지 위에 비밀 마크를 받고, 그리스도교의 세례성사 대장을 불태운 뒤 사탄에게 피로 계약을 맺는 사인을 하였습니다.

매주 금요일 오후 3시에 그녀는 검은 미사를 거행하기 시작했습니다. 그녀는 가톨릭교회의 모든 전례가 악마에 의해 악용되어 '악마화'되는 것을 분명히 볼 수 있었고 확인할 수 있었습니다. 검은 미사는 성체성사를 서툴게 흉내 낸 것이며, 영성체 순서에서는 악의 대향연으로 변합니다. 구마 예식 도중에 완전하게 사탄을 끊어 버리도록 부마자들을 이끌기 위해서는 사탄 계약의 여러 요소들을 아는 것이 상당히 중요합니다. 예를 들어 "악마 X, 너를 끊어 버린다. 나는 더 이상 너를 원치 않으며, 내게 요구했던 모든 사항들을 끊어 버린다." 하는 식입니다. 사탄과의 계약 사항 12가지는 다음과 같습니다.

1. 세례성사를 부정함(신자들이 세례 대장을 요구해 올 때 본당 사제들은 특별히 주의해야 함).
2. 성체성사의 믿음을 부정함.
3. 하느님께 향한 순명을 부정하고 사탄과 루치펠, 베엘제불에 대한 복종을 맹세함.
4. 동정 마리아를 배척함.
5. 성사들을 부정함.
6. 십자가를 짓밟음.
7. 동정녀와 성인들의 상본을 짓밟음.
8. 악마의 책에 손을 얹고 어둠의 왕자에게 영원한 충실 서약을 맹세함.
9. 악마의 이름으로 세례를 받고 이때 받는 세례명을 선택함.
10. 악마에 속해 있는 표시로 이단의 마크를 허벅지 위에 새김.
11. 이단에서 대부와 대모를 선택함.
12. 감실을 모독하지 않으면서 성체를 영하는 줄에 서서 성체를 모시는 척하다가 숨겨 가지고 나와서 검은 미사 도중에 성체를 모독함.

저는 구마 예식이 진행되는 도중에 그녀에게서 조금씩 이런 요소들을 발견했습니다. 악마의 영향에 묶여 있는 그녀는 구마 예식 도중 우리가 그녀 앞에 들고 있는 십자가를 야수처럼 노려보고 있었으며, 마지막에는 구역질을 하면서 토하고(물만 토한 듯), 도저히 불가능한 일이지만 열이 41도까지 올라갔습니다. 하지만 성 시지스몬도 St. Sigismondo의 물(형용할 수 없는 고열을 치유하는 효과로 유명한 우리 지역의 물)로 열이 내렸습니다. 그녀는 셀 수 없을 만큼 여러 번 검은 미사에 참여했고, 의식 때 오르간 반주를 했기 때문에 이단 내에서도 믿음직하고 충실한 추종자로 통했습니다.

여기서 한 가지 강조하고 싶은 것이 있습니다. 이런 경우에 구마 사제의 한 가지 행동으로는 악을 몰아내기가 부족하다는 점입니다. 이미 두 번에 걸쳐 두 명의 구마 사제가 실패했는데, 이유는 그들이 피해자가 전해 주는 모든 이야기나 특별히 사탄교 추종자들의 협박과 박해들을 지나치게 비하시켰기 때문입니다. 그녀는 구마 사제를 비롯한 공동 작업의 도움으로 해방될 수 있었습니다. 이것은 알 수 없는 고열 증세나 자살 충동이 부마자에게 엄습할 때 도와주는 봉사자가 필요하며 그리스도교의 신앙에 대한 교육을 다시 해줄 사람이 필요하다는 것입니다. 우리는 더 이상 그녀를 혼자 내버려 두지 않았고 항상 그녀와 함께 있었습니다.

그 기간은 3년이나 되었습니다. 그 뒤로 그녀는 처음에 다니던 성당에서 미사에 참여하는 데 약간의 어려움을 느꼈지만, 기도하고 성체를 모실 수 있게 되었습니다. 여전히 그녀는 적절한 교리 교육이 필요한 상태이지만 성경을 읽지 못하게 하고 기도하지 못하게 하던 '장애들'로부터 시간이 지날수록 자유로워지고 있습니다. 다만 하느님의 말씀에 대해서는 특히, 피와 희생에 대해 언급하고 있는 텍스트들은 피할 필요가 있었습니다. 그녀는 교리 교육을 다시 시작하면서 복음보다도 성 바오로의 서간 텍스트들에 상당히 충격을 받았습니다. 그녀는 그간의 악몽 및 환시들과 관련된 기억의 치유와 상상의 정화를 위해 많은 시간이 필요했습니다.

그녀가 혼자서도 영적 투쟁이 가능해져 기도하고, 고해성사와 영성체를 할 수 있게 되었을 때 우리는 구마 예식들을 중단했습니다. 그녀가 일반적인 투쟁 도구들을 사용할 수 있게 되었기 때문입니다. 이제 두 가지 중요한 사건에 대해 첨부하려고 합니다. 그녀는 견진성사를 받지 않았기 때문에 적절한 견진 교육 뒤에 스스로 견진성사를 청했습니다. 부교구장에 의해 집전된 견진성사에는 남편과 자녀들, 구마 공동 작업을 했던 회원들이 함께 참여했습니다. 얼마 지나지 않아 그녀는 견진성사에 참여했던 모든 사람들과 주교님 앞에서 교회로 다시 돌아오는 성대한 예식을 거행했습니다. 그리고 그녀는 자신이 완전한 해방에 도달하기 위해 보낸 2년 동안 주님과 동정 마리아께 봉헌하는 아름다운 기도를 작성하였습니다.

사 례
침착하고 절대적으로 차분했던
안젤로 바티스티

지금 여기 소개하려는 사례는 내가 참여했고, 알고 있는 사례 중에서 가장 어려운 사건이었다. 진단이나 치료 측면에서 무척 어려운 사건으로, 증세가 거의 나타나지 않았기 때문에 칸디도 신부처럼 경험이 많은 분이라야 무엇인가를 알아내지 않았나 싶을 정도이다. 주님께서 다른 사제를 선택하셔서 좋은 결말에 도달할 수 있도록 만드셨더라도 어려운 사건이었던 것은 분명하다. 결과가 없는 일을 하거나 누군가 이미 했던 일의 결과를 얻는 경우는 자주 있다. 하지만 그럴수록 주님께 항상 영광을 돌린다.

안젤로 바티스티 Angelo Battisti 형제가 겪은 고난의 길은 그가 1981년 퇴직을 하면서부터 7년 동안 지속되었다. 가족들은 처음에는 제대로 밝혀지지 않은 질병이라고 생각하면서 안젤로를 젊을 때부터 잘 알고 있었고, 행동이나 성격을 파악하고 있는 집안 가정의에게 진단을 부탁했다. 그의 증세는 모든 외출과 씻는 것을 거부하는 이상한 행동에서부터 시작되었다. 항상 활동적인 그였으나 하루 종일 침대에서 소파까지가 그의 생활 반경이 되었고, 식당에 내려와 식사하는 것을 거부해서 할 수 없이 그의 아내가 식사 때마다 응접실에 식탁을 마련하는 수고를 해야만 했다.

그는 친구들, 심지어 가장 가까운 친구들이 찾아와도 얼굴을 내밀지 않았고, 침실 문을 잠그고 침대에 앉아서 꼼짝도 하지 않았으며, 라디오나 텔레비전도 싫어했고 성당에 가는 것도 거부했다.

이런 행동들을 평가하기 위해서는 안젤로라는 사람이 누구인지, 그 때까지 어떤 삶을 살아왔는지 살펴보아야 한다. 그는 보통을 넘는 대단한 활동가였으며 상당한 인텔리로 놀라울 정도의 의지력을 지녔고 눈부시게 자수성가한 사람이었다. 그의 정직성과 윤리 의식은 모범이 되었고, 그의 여러 다른 덕목들은 그를 최고의 신뢰와 책임감을 지닌 위치에까지 올라가게 했다. 그는 사람들과 함께 지내는 것을 좋아했고, 사람들은 그와 대화하는 것을 좋아했다. 또 그는 성체를 영하기 위해 밤 12시부터 물 한 모금 마시지 않으며 공복제를 엄격하게 지키곤 했다. 그렇게 철저한 그였지만 아내에게는 항상 친절했으며 존중했고, 사랑했다.

이런 점으로 비추어 볼 때 그의 갑작스런 행동 변화는 이해하기 어려웠다. 이제 그는 더 이상 침대에서 일어나지도 않았고 완전한 거식증을 드러냈다. 단지 일주일에 한 번씩 한 잔의 차와 한 조각의 파인애플을 억지로 먹는 게 고작이었다. 그는 자신의 침대에서 성 미카엘 대천사상을 껴안은 채 고통으로 울부짖으며 하소연했다. "당신이 저를 좀 도와주십시오! 더 이상은 못하겠어요." 혹은 있는 힘을 다해서 명령하기도 했다. "더러운 놈 꺼져 버려! 나를 내버려 두란 말이다! 네게 침을 뱉어 버린다!" 이런 말들은 당연히 악마에게 향하는 것들이다. 실제로 그는 있는 힘을 다해, 우리에게는 보이지 않으나 그만이 볼 수 있는 누군가를 향해 침을 뱉곤 했다.

이런 일들은 오랫동안 지속되었으며 그가 완전히 미쳐 버린 것처럼 보였다. 초기에 우울증이라는 진단이 나왔지만 시간이 지나면서 그는 더욱 편집광적인 증세, 혹은 정신 질환까지 가는 것처럼 보였다. 부연 설명을 하자면 그는 상당한 지식인으로 여러 가지 사도직 단체의 책임을 맡았었으며, 퇴직하면 오히려 더 많은 성당 활동을 할 수 있다면서 크게 반기던 사람이었다. 퇴직한 사람들은 직장을 그만두었을 때 오는 우울증에 시달리느라 이렇게 말할 수 없겠지만 안젤로의 경우는 달랐었다.

나는 그를 치료하기 위해 차례로 만난 그 많은 신경과 의사들의 명단을 나열하고 싶지 않다. 왜냐하면 그들은 모든 종류의 약이나 신경계 약 혹은 안정제 등으로 몽롱한 바보 상태를 넘어서 그의 모든 기운을 다 빼놓는 데 공헌하였기 때문이다. 그래서 그가 침대에서 일어나려고 할 때 바닥으로 떨어지면 혼자 일어나지 못해 부인이 육중한 그를 일으켜 세우느라 진땀을 흘리곤 했다.

어느 날 아침, 그는 그날도 미카엘 대천사상을 부둥켜안고 늘 하던 대로 하소연을 했다. 그 자리에는 아주 친한 의사도 함께 있었다. 그도 충실한 가톨릭 신자였다. 환자의 아내와 함께 병상 침대 곁에서 둘은 이런 말을 주고받았다. "'나를 내버려 두라고 하던가, 침을 뱉어 버리겠어.'라고 말하는데 진짜 누군가 눈에 보여서 저런 말을 한다면 어쩌죠?" 이 지경까지 이르자 그는 굉장히 유명한 교구 구마 사제인 칸디도 신부에게 이 일을 의뢰하기로 결정하였다. 그리고 구마 사제를 직접 초대해서 안젤로의 집으로 모셔 갔다.

그는 구마 예식 내내 눈을 감고 있었으며, 기도가 진행되는 동안 한 마디의 말도 하지 않았다. 그런 뒤 다정하게 구마 사제와 대화를 나누었다. 이런 행동은 칸디도 신부가 그의 집을 찾아가 구마 기도를 하고 봉성체를 모셔 줄 때마다 똑같이 반복되었다.

기도가 끝난 뒤 두 사람은 여러 가지 주제나 서로 알고 있는 사람들에 대한 화제로 대화를 나누곤 하였다. 구마 예식을 하는 동안 안젤로는 정신이 말짱했으며 예의 바르고 지극히 평범했다. 하지만 이미 앞에서 언급한 모든 증상들은 구마 기도가 끝난 뒤에야 비로소 보이곤 했다. 안젤로는 매일 미사에 한 번도 빠짐없이 참여하던 사람이었는데, 그해 성탄 미사에는 죽어도 갈 수 없다고 버티는 바람에 부인은 완전히 탈진하고 놀란 상태가 되었다.

이렇게 되자 의사는 다른 친구 구마 사제를 불렀는데 그도 마찬가지로 칸디도 신부가 했던 것과 똑같은 기도 예식을 진행하였다. 즉 그것은 절대 묵비권과 돌 같은 무반응 속에서 깊은 신심으로 성체를 영하고 난 뒤 대화를 나누는 식이었다. 모든 것은 전혀 변함이 없었다. 그런데 문제는 구마 사제가 집에서 떠나기만 하면 안젤로는 난폭해지기 시작했다는 것이다. "무슨 짓들이야? 구마 사제를 집으로 불러들여? 너한테 무슨 일이 일어나는지 두고 보자." 곤경에 처한 그의 부인에게 별의별 일들이 다 일어났다. 어느 날인가는 집에서 넘어져 코뼈가 부러지고 또 어떤 날은 집에 있는 낡은 철판 위에 넘어져서 눈 주위가 찢어져 거의 기적적으로 생명을 구하는가 하면, 발목이 부러지고, 어느 날은 차에서 내리는데 보이지 않는 강력한 힘에 떠밀려 마주 오는 차 밑으로 굴러 떨어지기도 했다. 그녀는 이 일로 어깨를 다쳐서 몇 년째 정형외과 치료를 받고 있는데도 차도가 없었다.

얼마 지나지 않아 구마 사제가 위급한 병에 걸려 더 이상 방문하지 못하게 되자, 안젤로의 부인은 토스카나 지방에 아주 특별한 치유의 은사를 가진 구마 사제가 있다는 정보를 얻었다. 안젤로는 그 사제를 만나러 가겠다고 했는데, 당시 목에 상당한 통증을 느끼고 있어서 암이 의심되던 시기였기 때문이었다. 토스카나의 구마 사제는 그를 보자마자 즉시 이렇게 말하였다. "암은 무슨 암! 악마의 장난이구만. 여기서 약 한 달 정도 지낼 수 있는 시간이 있다면 뭔가 해 볼 수 있겠군요." 그렇지만 안젤로는 그곳에서 8일 후 집으로 돌아와 버렸다. 부인이 상심하며 그 사제를 찾아갔더니 그는 "그냥 집으로 모시고 가십시오. 그렇지만 분명 이곳에 다시 돌아와야 할 겁니다. 자매님은 아무 말도 하지 마시고, 안젤로가 뭐라고 하던 절대로 대꾸하지 마십시오."라고 위로하였다.

이런 경고는 정말 꼭 필요한 것이었다. 안젤로는 도저히 상상할 수 없을 정도로 오만불손해졌고, 몇 년 동안이나 아내에게 온갖 상스러운 욕설을 퍼부었기 때문에 그녀는 '침묵하라'는 사제의 충고를 지키기로 하였다. 어느 날인가 나도 마찬가지로 칸디도 신부님의 격려를 받고 그에게 40여 분 간 전체 구마 기도를 한 적이 있었는데, 조용하고 침착하게 소파에 앉아 있으면서 끝에 가서는 예의 바르게 인사까지 차렸던 그를 기억하고 있다. 하지만 그것은 아무런 효과도 얻지 못하였다. 그리고 여러 다른 방해들 때문에 이탈리아와 해외 의사들을 찾아다니며 복용한 모든 약들은 아무런 효능을 발휘하지 못하였다. 그가 눈이 너무 아파서 눈 속에 물이 잔뜩 고여 있는 것 같다고 호소하며 18명이나 되는 안과 전문의들을 찾아다닌 것을 생각해 보라!

부인은 다시 토스카나에 있는 구마 사제를 찾아가도록 남편을 설득했지만 안젤로는 극구 거부했다. 이렇게 되자 부인 혼자 구마 사제를 찾아갔는데 그녀는 다음과 같은 말을 들었다. "부인 침착하세요. 그는 이번에는 틀림없이 이곳에 오고야 말겁니다. 제가 여기서 한 달 동안 기다린다고 가서 전하십시오." 이 말을 들은 안젤로는 "당장 그쪽으로 갈 테니까 빨리 여행 가방을 준비해 주시오."라고 말했다. 그는 다른 사람이 된 것 같았다. 다시 활력이 넘쳐 보였다. 집을 떠나 혼자 그곳의 작은 마을 여관에서 한 달을 지내고 집으로 돌아왔을 때 그는 7년 전 모습으로 다시 돌아와 있었다. 예의 바르고 친절하며 사랑이 넘치는 모습이었다. 그 사건에 대해 그는 이렇게 말했다. "내 안에 들어 있던 그놈이 이제 사라졌어. 내 평화를 송두리째 앗아 갔던 놈이었어." 임종하기 전 몇 주 동안 그는 평안한 삶을 보내고 미소를 지으면서 아버지 하느님께로 돌아갔다.

그가 죽은 뒤에도 나는 여러 번 칸디도 신부님과 이 사례에 대해 대화를 나누었는데, 특히 어려운 몇 가지를 해결하는 게 나의 주된 목적이었다. 첫 번째는 구마 예식들 중에 아무런 증세가 드러나지 않았는데도 구마 사제는 과연 어떻게 그의 상태가 부마에 의한 것임을 감지할 수 있었느냐이다. 물론 칸디도 신부님 같은 분은 많은 경험과 여러 가지 드러나는 요소들을 통해 분별할 수 있다. 예를 들어 그것들은 돌연한 변화, 기도와 성사들을 향한 아주 특별할 수밖에 없는 어려움들, 증상에 대한 많은 전문의의 아무 증상이 없다는 진단들, 안젤로가 자신의 강한 신앙심과 의지로 악마를 이기려고 노력했는데도 악마가 특별한 형태로 공격했던 일들이다. 이와 더불어 드러나는 증상들이 없었는데도 칸디도 신부님은 구마 기도를 하던 중에 그 안에 들어앉아 있는 악마의 존재를 너무나 분명하게 보고 계셨다. 이런 모든 고찰들은 내가 이와 유사한 사건을 맡았을 때 많은 도움이 되었다.

나는 또 이 경우를 통해서 악마의 방해들이 도래하게 된 동기와 원인을 찾으려고 애썼다. 혼령술, 무당이나 이와 비슷한 이들을 찾아다니는 것 등은 당사자에 의해서 일어난 일이 아니었다. 가능한 가정을 해 보면 (물론 지금까지도 정확한 원인을 밝히지 못했지만), 안젤로가 평생을 살면서 행한 선행에 대해 사탄이 앙갚음을 했지만, 하느님께서 최종적으로 그를 정화해 당신을 믿는 신자들에게 약속하신 상급을 받고, 하느님과의 위대한 만남을 갖게 한 것이 아닌가도 싶다.

마지막으로 이 사건에 대한 나의 또 다른 의심은 '칸디도 신부님과 다른 구마 사제의 많은 구마 기도에도 해방되지 못한 그가 어떻게 토스카나의 구마 사제를 통해서는 그토록 간단하게 해결될 수 있었는가?'이다. 여기서 주목할 점도 모든 것은 하느님께서 주관하신다는 사실이다. 하느님께서는 안젤로의 정화를 위하여 그가 이런 모든 과정을 거치도록 주관하신 것이 틀림없다. 여러 가지 구마 예식들이 아무런 효과도 주지 못한 것처럼 보이지만 하느님은 안젤로가 호전 증세를 보이면서 많은 고해성사를 보게 하셨고, 성체까지 영할 수 있게 하셨으며, 그 고통을 참아 받을 수 있는 힘을 얻게 하셨다. 또 악마로부터 최종적인 해방을 위해서 주님께서는 당신이 원하는 사람을 도구로 사용하시는데, 성 바오로가 이 경우를 겪었다면 주님께서 허락하지 않으시면 아무도 이룰 수 없다고 말했을 것이다.

안젤로 바티스티는 정부의 비서관으로 일했다. 뿐만 아니라 그는 오상의 성 비오 신부가 창설한 솔리에보 델라 소페렌자(Solievo della Sofferenza, 산 조반니 로톤도에 있는 병원 - 역자 주)의 첫 번째 회장이었으며, 경영자였고, 비오 신부의 절친하면서도 충실한 친구였다. 그의 부마 상태는 1981년에서 1988년까지 지속되었으며 그를 부마에서 해방시킨 구마 사제는 선종하신 몬테 산 사비노 Monte San Savino(아레초 Arezzo)의 안젤로 판토니 Angelo Fantono 신부이다.

사 례
기이한 방문

다음은 프랑스 리옹 대교구의 구마 사제 크리스티앙 퀴르띠Christian Curty, O.F.M의 증언이다.

　프랑스 대도시에서 동정 마리아의 보호 속에 구마 사제로 생활하면서 불행을 당하고 있는 사람들, 사탄으로부터 유린당하거나 박해를 당하고 있는 사람들을 만나는 경우가 있습니다. 해방의 성격을 지닌 고해성사를 집전하면서 악마로부터의 해방이나 치유에 대한 기쁜 증거를 듣기도 합니다. 저는 하느님의 종이며 도구일 뿐, 하느님의 어머니의 자비하심과 교회의 공식적인 구마 기도를 통해서만 이런 일들을 할 수 있다고 밝혀둡니다. 그리고 많은 여러 사건들 중에서도 미묘하면서 회의적인 인상을 남긴 사건 하나를 소개하는 것이 좋겠다고 생각합니다.

　그날, 이상하고 기이한 남자 한 명이 제 사무실로 들어왔습니다. 모든 것이 이상한 사람이었는데, 기괴한 옷차림의 모습이나 행동에 묘하고 구역질나는 악취가 특히 심했습니다. 그냥 보통의 악취가 아니라 사람 썩는 냄새랄까, 유황 냄새랄까, 아무튼 설명하기 힘든 냄새를 풍기고 있었습니다. 저는 그 사람에게 배어 있는 향은 하느님을 모독하는 이단에서 사용하는 종류로, 그런 의식에 참여한 사람들의 옷에까지 스며든 냄새라는 것을 직감적으로 알아차릴 수 있었습니다.

　그의 모습은 저의 생각이나 느낌을 떠보려는 호기심에 찬 수수께끼 같았다고 표현하겠습니다. 저를 상대로 신앙에 대해 얘기하면서도 보이지 않는 누군가가 배후에서 자신을 적극 지지한다고 믿는 것 같았습니다. 그는 실제로 빠르게 문 쪽을 응시하거나 누군가 듣기라도 하는 것처럼 목소리를 낮추기도 했지만 그 자리에는 우리 둘뿐이었습니다! 처음에는 저를 찾아오는 고해자들 중 서로 아는 누군가에게 들키지 않으려는 행동으로 생각했지만 실상은 자신이 속한 이단의 누군가에게 들키지나 않을까 하는 염려, 혹은 자신을 노예 상태로 만들어 버린 악에게 들킬까 봐 하는 노심초사임을 알게 되었습니다.

그가 입은 옷은 잿빛이 감도는 보라색으로 이상하게 재단된 옷이었습니다. 그를 보면서 이런 종류의 옷은 사탄 미사에 대해 언급하던 어느 잡지에서 본 적 있음이 조금씩 기억이 났습니다. 실제로 그 옷은 그런 의식을 행할 때 입던 것이었습니다. 그는 자기 자신을 이렇게 표현했습니다. "제 스승은 특별히 밤에만 일을 하십니다." 저는 이런 말을 들으면서 그 잡지에서 읽었던 루치펠의 전례가 떠올랐습니다. 그리고 그 남자는 검은 마법과 무속을 행한다고 말했습니다. 이 고백은 많은 사람들이 했던 고백들 중 하나였고 그들은 이 고백을 통해서 해방되고 싶어 했습니다. 하지만 그와 반대로 방문자는 도대체 무슨 의도로 저를 찾아왔는지 도저히 이해할 수가 없었으며, 그가 특별한 의식을 통해 사탄을 우두머리로 하는 이단에 속해 있다고 말하면서도 거기서 나올 생각은 없어 보였습니다.

저를 찾아온 이유가 궁금해졌습니다. 사탄으로부터 진심으로 해방되기 위해서인가 아니면 그날 저녁 성체를 모독하려고 그것을 얻기 위해 찾아온 것인가? 그게 아니라면 나를 끌어들이려는 목적? 혹은 자기 스승의 승리를 선포하기 위해 찾아온 것인가? 실제로 그는 계속해서 승리와 자신의 스승에 대해 떠들어 댔으며, 보잘것없는 사제인 저에게 전해 줄 중요한 메시지가 있는 것 같기도 했습니다. 그가 말하는 것들을 모두 주의 깊게 받아썼는데 그중 하나를 소개합니다.

"내 스승님이 당신들을 이겼어! 당신네 교회를 우리가 파괴하고 있지. 스승님은 국가들 사이의 균형을 조절하는 당신네들 교회보다 훨씬 우월해. 제대로 알고 행동하라고! 사탄의 힘이 세상에서 극명히 드러나니까 동정녀가 여러 지역에서 발현하면서 지키려고 안간힘을 쓰는 것 아닌가? 보라고, 많은 이들이 교회의 세 기둥이라고 하는 성체, 성모님, 교황에 대해 혼란을 겪고 있는 게 보인다고. 이런 혼돈을 겪으니까 당연히 신앙이 흔들리는 거지. 이미 교황 바오로 6세와 교황 요한 바오로 2세도 특별히 묵시록에 기록된 사탄과의 전쟁을 언급했잖아? 지금은 사탄의 시기이면서도 태양의 빛을 입은 여인의 시기이기도 하지."

이런 그의 1인 극이 끝나자 저는 그에게 이야기할 기회를 달라고 말한 뒤, 악마의 승리는 단기간에 지나지 않음을 이해시키려고 했습니다. 예수님께서는 사탄의 승리가 거의 완전해지는 순간에 십자가를 통해 사탄을 멸망시키셨듯이 지금 교회도 그렇게 승리하게 될 것이고, 수없이 선포되고 기다려 온 준비된 새로운 성령 강림을 통해 교회 전체가 쇄신될 것이며 사탄은 훌륭하게 창조되었지만 하느님의 많은 창조물 중 하나에 지나지 않고 자신의 잘못으로 인해 배반의 길을 걸었다는 내용이었습니다.

말이 끝나기가 무섭게 그는 "아니야! 사탄은 하느님과 똑같은 위치에 있어!"라고 소리쳤습니다. 저는 그가 예수님에 대해서 말하기를 거부하면서 하느님에 대해서만 이야기하는 것을 눈치 챘습니다. "그분을 반대한 투쟁은 성공적이에요!" 이 말은 그가 저를 만나러 온 첫 순간부터 계속해서 반복한 것으로 위협적이기까지 했습니다. 그러면서도 자신의 스승이라고 했던 사탄이 자신의 모든 것을 보고 있고, 모든 것을 듣고 있다는 내면의 두려움을 역력히 드러냈습니다. 저는 사제로서 예수님의 이름으로 말하고 있음을 분명하게 그에게 주지시켜 주었고, 주님의 허락 없이는 저에게 아무 일도 일어나지 않을 것이라고 강조했습니다. 더불어 동정 마리아의 보호하심, 특별히 구마 예식을 행할 때의 보호하심이 저를 지켜 준다는 사실을 강조했습니다.

그는 제가 동정녀에 대해 말하는 것과 자신의 스승인 사탄을 비꼬는 것을 싫어하는 눈치였습니다. 그래서 저는 복음 서문을 그에게 상기시켰습니다. "여자와 원수지간을 맺어 줄 것이다." 그는 이 말을 듣자 자기 식으로 해석했습니다. 즉, '사탄이 그의 발꿈치에 상처를 입히리라'는 말의 뜻을 '동정녀를 이길 것'이라고 주장했습니다. 그래서 저는 "그렇다면 동정녀께서 사탄의 머리를 짓밟고 서 있는데 어떻게 그분을 이길 수 있겠습니까?"라고 대답한 다음 그에게 태양빛의 옷을 입은 여인이 붉은 용과 싸우고, 미카엘 대천사에 의해 패하게 되는 묵시록의 환시를 설명해 주었습니다. 복음에서 전해 주는 '그리스도의 광야에서의 유혹들'도 성경적인 텍스트 그 자체로 효과를 지녔지만 그 순간 우리들의 대화의 방향은 '마리아'였습니다. 그 주제 앞에서 남자는 당황했고, 격렬해지다가 결국 좌절하고 말았습니다.

처음에 저는 그에게 그의 스승인 사탄은 마음의 평화나 행복도 주지 못하는 존재라고 말했습니다. 하지만 예수님은 평화와 기쁨을 주시며, 세상의 영광과 권력, 그리고 돈을 약속하는 사탄의 노예 상태로부터 해방을 주시는 분임을 설명했습니다. 그러면서도 저는 속으로 끊임없이 동정 마리아께 기도하고 있었는데 남자가 자신의 주장에 힘을 잃어 가고 있는 게 보였습니다. 자신의 스승인 사탄에 대한 두려움만을 간직하고 있는 게 확연히 보였습니다. 그래서 저를 구원하기 위해 돌아가시고, 모든 것을 용서하신 저의 스승이신 예수님의 사랑에 대해 말해 주었습니다. 남자는 절망적으로, 정말 말 그대로 절망에 찌들어서 하느님을 모독하는 말들을 내뱉었습니다. 저는 이 사건을 떠올리면서 성령을 모독한 죄에 대해 생각했고, 불행에 빠진 그 남자야말로 완전하게 성령 모독죄를 짓고 있는 것 같았습니다.

아울러 자신이 신봉하는 스승을 버리고 회개하도록 그에게 권유했고, 매일 밤 모든 죄와 모독적인 언사까지도 용서해 주시도록 하느님께 청하겠다는 말도 했습니다. 그 남자는 이런 저의 말에 상당히 괴로워하는 듯했고, 희망과 절망의 두 갈래 길에서 헤매는 것 같았습니다. 원하면 기도해 주겠다는 저의 제의에 그가 호의적인 것 같아서 속으로 사탄을 쫓아내는 간단한 구마 기도를 한 뒤 그를 향해서 큰 목소리로 기도했습니다. 그런데 제가 너무 지나쳤나 봅니다! 그는 자신의 이름이 베드로라는 말만을 남긴 채 튕기듯 벌떡 일어나 급하게 뛰어나갔습니다. 지금도 저는 그때의 방문이 어떤 의미를 지니는지 의문이 들곤 합니다. 그 남자는 저를 떠보기 위해 사탄이 보낸 방문객이었을까요? 아니면 성모님께서 그를 구하기 위해 그를 위해 기도해 주라고, 저에게 보내신 것은 아닐까요? 이 사건은 악마에게 제물이 된 사탄의 추종자들이 하느님께 돌아오려면 얼마나 큰 어려움이 있는지, 제가 직접 경험할 수 있는 기회가 되었습니다.

악마에 의한 전염

앞에서 언급한 것처럼 오리게네스의 증언은 큰 중요성을 지녔다. 초대 그리스도교 신자들은 이미 사람들에게서 마귀들을 쫓아낸 것뿐만 아니라 집이나 물건, 동물들에게서도 악마들을 쫓아냈다고 한다. 구마 분야에서 새로운 용어들을 만들어야 하는 경우가 있는데 여전히 적절한 용어가 없어 '전염'이란 말을 쓴다. 이 말은 악마의 방해로 인해 사람들에게 일어나는 현상이 아니라 악마에 의한 장소나 물건, 동물들에게 일어나는 일을 말한다.

지금 우리가 다루는 분야는 새로운 게 아니다. 이미 오랜 옛날부터 모든 민족들 사이에서 이런 형태의 방해들을 봐 왔고, 이를 타파하기 위해 힘썼다. 하지만 이에 대한 두 가지 현실적인 문제를 밝혀 두어야겠다.

1. 이 분야는 직접적인 경험만이 도움이 된다. 직접 경험이 없으면 믿을 수가 없기 때문이다. 각 구마 사제들은 자신의 직무를 수행해 나가면서 자신들이 직접 눈으로 확인하지 않았다면 믿지 못했을 만한 일들을 증언할 수 있는 사람들이다. 이 분야에 대한 교회의 지나친 불신이 내재하고 있다는 사실은 이미 언급했는데 이는 놀랄 일이 아니다. 이유는 여태까지 이 분야에 대해 제대로 된 교육이 없었기 때문이다.

2. 다른 분야와 마찬가지로 이 분야도 과장된 공포나 환상 등 광적인 상태로 심취해서 별의별 일들이 다 일어난다는 것을 부정할 수 없다.

누군가 당신에게 당나귀가 날아다니는 것을 봤다고 한다면 어떻겠는가? 무조건 믿을 것인가? 아니다. 당연한 주의가 필요할 것이다.

나는 일련의 믿지 못할 사건이 일어날 때 항상 하던 대로 성경 말씀 중에서 이스라엘 백성을 향한 은유적이며, 또 모든 세대를 위한 교훈적인 부분을 말해 주는 창세기를 인용한다. 두 가지 이유로 인해 이집트의 10

가지 재난 사례가 아주 중요하다고 강조하고 싶다.

첫 번째. 모세는 하느님의 이름으로 활약하지만 마법사들은 사탄의 힘을 통해 똑같은 현상들을 만들어 낼 수 있다는 것을 알 수 있다. 어떤 현상들은 하느님의 활동인지 아니면 사탄의 것인지 분별해 내는 것으로 끝나지 않는다. 또 그것이 카리스마적인 사람이 한 일인지 마법사가 행한 것인지를 이해시키는 것으로도 충분하지 않다. 그야말로 적합한 분별이 필요하다.

두 번째. 이집트의 재난 에피소드는 특별한 중요성을 지니고 있으며, 오늘날도 이와 비슷한 현상들이 일어난다고 생각한다. 위에서 언급했듯 눈으로 보지 않고는 믿지 못할 일들이 일어난다는 사실을 다시 한 번 말해 두고 싶다. 한 가지 예를 들어 보겠다. 이집트의 첫 번째 재난은 물이 피로 변하는 것이다. 나의 여러 친구 구마 사제들은 지은 지 얼마 되지 않은 개인 주택에 연결된 도시 수도관을 통해 수도꼭지에서 물이 아닌 피가 쏟아지는 것을 목격했다. 이는 이전에 출판된 책(「구마 사제가 들려주는 구마 이야기」, 가톨릭 출판사)에서 나도 언급한 일련의 사건들 중 하나인데, 파도바의 유명한 두 명의 교수(분석학자)는 이런 믿을 수 없고 의심스러운 현상을 목격하면서 그 수도꼭지에서 쏟아진 '피'를 대형 포도주병에 담아 가기도 했고, 분석 결과가 인간의 피라고 나오자 그들은 공포에 질려 그 집에 더 이상 가려 하지 않았다. 나는 많은 이성주의자들, 무신론자들, 사제들이 이런 식으로 악마의 현존에 대한 불신이 공포로 변하는 것을 많이 봐 왔다.

탈출기는 두 번째, 세 번째와 네 번째 재앙에서 개구리와 모기, 파리 등이 출현하여 이집트인들의 집을 가득 메웠다고 전해 준다. 여덟 번째 재앙은 메뚜기 떼의 출현이다. 이것 또한 내 눈으로 직접 확인한 것으로, 갑작스럽게 파리나 날아다니는 개미 떼, 가끔 멸종되었다고 여기던 곤충들(전갈 혹은 종류를 알 수 없는)이 나타났다가 장소에 대한 구마 기도, 혹은 성수를 뿌릴 때 갑자기 완전하게 사라지기도 한다.

뿐만 아니라 탈출기는 알 수 없는 질병으로 인해 집짐승이 죽는 사건도 전해 준다. 이것은 '상당히 심각한 전염병'(다섯 번째 재앙)인 것 같고 사람과 동물들에게 위궤양이 생긴 것을 전하기도 한다(여섯 번째 재앙). 악마는 질병을 유발시킬 수 있는 능력이 있으며, 기능적인 특색을 지닌 그 질병들은 의학적인 방법으로 치유될 수도 있지만 의학으로는 도저히 손을 쓸 수 없는 완전히 악에 의한 질병일 수도 있다. 그러나 이것들은 은총의 도구들을 통해서 치유가 가능하며 그중 하나가 구마 예식이다. 구마 사제들은 물혹, 종양 등 여러 가지로 진단을 받은 각각의 질병들이 구마 기도 뒤에 사라져서 의사들을 당혹시키는 사건들을 무궁무진하게 증언할 수 있는 이들이다. 뿐만 아니라 아홉 번째 재앙은 3일 동안의 어둠이다. 이와 연결시킬 수 있는 것은 악마의 유린이 원인이 되어 얼마 동안 갑작스럽게 시력을 잃는 사람들의 경우이다. 하지만 이는 전염의 경우가 아니고, 악마의 억압에 의한 것이다.

집, 가게, 경작지 등 장소에 대한 전염은 악마에 의한 감염 여부를 진단하는 데도 어려움이 있지만 해방시키는 데도 상당한 어려움이 있다. 구마 사제들은 각자 자신만의 방법들을 통해 일에 착수하고 폭넓은 분별력을 통해 활동한다. 교회법이나 예식서는 부마 증세를 보이는 사람들에 대해서만 말하고 장소에 대한 악마의 전염은 전혀 언급하지 않는다. 이것은 중대한 결핍이라고 본다. 이에 대한 언급이 전혀 없으니까 사제든 아니든 상관없이 아무라도 이런 일을 해결하려고 나설 수도 있고 간혹 이를 악용한 사기꾼이나 마법사, 무당들에게 그 틈새를 공략하도록 기회를 주기도 하는 것이다.

구마 예식서에는 참으로 풍부한 기도들과 축복(기도)들이 있어서 앞서 예를 든 집들을 축복하는 기도로 적합하게 사용할 수 있다. 하지만 이런 풍요함을 썩도록 내버려 둔다는 것은 정말 큰 잘못을 범하는 것이다. 예를 들어 집 혹은 장소, 학교나 경작지에 대한 축복 기도 편을 보라. 이런 기도들은 자주 사제들이나 구마 사제들에 의해 사용된다. 또한 성수와 더불어 향 혹은 구마 소금을 뿌리는 사람이 있다. 이것은 전적으로 사용하는 사람의 자유이며 나도 이 부분에 대해 개인적인 경험이 있고 다른 구마 사제들의 경험을 제한적으로 들었다. 악마의 전염 형태에 대해서는 반드시 구마 사제의 활동만이 필요한 것은 아니다. 어떤 사제이든 미사를 드리는 것으로 효과를 볼 수 있다. 또한 그 장소에 신자들이 모여 함께 기도해도 효과를 본다.

악마에 의한 장소 전염에 대해 구마 사제들이 일을 시작할 때 일반적으로 사람들에게 적용되는 구마 예식을 장소에 맞게 사용한다. 그런데 그것이 효과를 거두려면 어떤 연유로 해서 그 장소가 악마의 유린을 받게 되었는지를 분석하고, 이에 맞게 행동을 시작하는 것이 좋다.

그러면 이런 전염이 일어나는 원인은 무엇일까? 여러 가지 중에서 몇 가지만 나열해 본다.

1. 그 집에서 귀신을 불러내는 예식이나 마법, 사탄 의식이 행해졌을 때(이런 경우들은 악마의 전염으로부터 깨끗해지는 데 상당히 어렵다).

2. 사람이 살해당했거나 자살한 집일 경우. 이 경우는 연옥 영혼들

을 위한 기도가 많이 필요하다.

3. 창녀의 집이었을 때, 혹은 프리메이슨이나 욕지거리를 내뱉는 사람, 혹은 범죄 조직이나 마약상이 살았던 집일 경우, 그리고 동성애자들의 만남의 장소 등이었을 때. 이런 모든 경우는 엄청나게 많은 속죄의 기도가 필요하다.

4. 악의 마법의 대상이 된 집일 경우이다. 이 경우는 마법의 목적이 무엇이었는지를 철저하게 파헤쳐야 한다. 예를 들어 무당의 주문에 걸린 어떤 물건을 발견하였을 때는 그것을 구분해 내고 태워야 한다. 이런 물건이 그 집에 남아 있는 상태라면 아무리 기도를 해도 그 효과는 적을 수밖에 없다. 장소 해방의 목적을 위해 그 집에 사는 사람들의 도움이 물론 필요하다. 언제부터 이상한 일들이 시작되었고, 악마의 사주를 받고 있다고 의심이 되는 사람으로부터 언제 특정한 가구를 선물로 받았는지 등에 대해서 물어야 한다. 혹은 카리스마적인 사람이나 은사를 받은 사람들의 도움도 유용하다(이들에 대해서는 따로 언급하기로 하자).

떠도는 혼령에 대해서 많은 언급은 하지 않으려고 한다. 이는 일반적으로 어느 한 개인에게 붙어 있는 일시적인 것이며 자연적인 현상으로 정신과 치료를 요한다. 이 현상을 악마의 전염과 구별해 내기 위해서는 그것의 원인과 기원을 알아내는 것이 필요하다. 그리고 겉보기에 비슷한 것 같은 이것들을 구별해 내기 위해서는 약간의 경험으로도 충분하다. 이를 구별해 내는 데 있어서 수반되는 어려움은 정신 질환과 악의 전염의 구분이며 이것은 (접근하기가) 양쪽 모두 만만치 않다.

구마 분야 전체를 놓고 볼 때 악마에 의해 전염된 물건인 경우 특별히 지나친 두려움이나 상상, 이유 없는 의심 등을 상당히 조심해야 한다.

무속에 종사하는 사람들이나 이에 해당하는 사람을 찾아갔을 때에도 사기꾼들을 만나지는 않았는지 눈여겨볼 일이다. 이런 전염의 유일한 원인은 거의 대부분 악마의 주문 때문이다. 또한 이론상으로는 무당에 의한 악마 주문 의식 때 사용되었던 어떤 물건이든지, 혹은 여러 경로를 통해 사탄에게 자신을 바친 사람들이 행한 사탄 의식으로 전염된다. 그렇지만 이는 실제로 상당히 드문 일이기 때문에 어떤 경우이든 악마에 전염된 물건이라고 단정하기 전에 먼저 세심한 주의가 필요하다. 즉, 이런 일이 발생했을 때 정말 이것이 악마의 영향에 의한 악의 전염일까를 의심해 보고 타진해 보는 지혜가 필요하다.

그렇다면 어떻게 이를 알아볼 것인가? 그것은 그 기원이나 발생 효과들을 통해 알 수 있을 때도 있고, 때로는 카리스마적인 사람이나 민감한 사람들에 의해 밝혀지기도 한다. 그것의 기본적인 원인은 무속에 종사하는 사람들이 준 물건 대부분이 악에 의해 전염되었을 가능성에서 비롯된다. 전형적인 예로, 무속에 종사하는 사람들이 준 부적들은 자주 비싼 비용을 지불하는데 사기꾼이 아니라 진짜 무속에 종사하는 사람이 준 것이라면 그 물건은 어둠(부정성)을 포함하고 있어서 강력하게 부정적으로 작용한다. 하지만 악마에 의해 전염된 물건이라고 해서 그 안에 악마가 있다는 뜻은 아니다! 일반적으로 단지 악마의 주문을 위한 의식 중에 바쳐진 것으로 어떤 특정한 사람에게 해를 입힐 목적이나 특별한 목적 달성을 위한 것이었다면 그것은 해를 미치게 된다.

때로는 어떤 효과들 때문에 알아낼 수 있는 경우도 있다. 예를 들면 전염된 물건이 있는 침대에 누웠을 때 불면증에 시달리거나 심한 두통이나 다른 고통으로 괴로워하는 것이다. 그런데 잠자리를 바꾸면 이런 고통들이 사라진다는 것이다. 이런 경우 베개나 매트리스를 의심해 볼 만하다. 즉, 베개를 바꿔 베고 잤을 때는 이런 고통들이 일어나지 않지만, 원래 베개를 베고 잘 때는 즉시 그 고통들이 밀려온다. 그렇다면 그것은 악의 주문에 영향을 받은 베개일 수 있으며 그 속을 열었을 때, 지난번 내 책에서도 언급했던 것처럼 이상한 물건들을 발견하게 된다. 발견한 즉시 베개를 태우고 성수를 뿌려야 하지만 조심해야 한다. 기도하면서 반드시 외부에서 태워야 하고 잿더미로 변한 것을 확인한 다음 강이나 바다, 하수구 등 흐르는 물에 버리거나 외부 쓰레기통에 버려야 한다. 간단한 경우에는 굳이 없애 버리지 말고 성수를 뿌리는 것으로도 충분하다.

가끔 악마의 영향에 기원을 두지 않았지만 민감한 사람이나 카리스마적인 사람에 의해 악의 주문에 걸린 물건이 발견될 가능성도 있다. 이는 쓸데없는 두려움이나 물건에 대한 지나친 편집광적인 의심들, 특히 사기꾼들(마법사, 카드 점쟁이, 집시, 무당…)을 분명하게 식별하는 것이 얼마나 중요한지 말해 준다.

카리스마를 지닌 사람들과 민감한 사람들이란 누구인가?

- 카리스마를 지닌 사람들은 개인의 이익을 위해서가 아닌 교회의 유익을 위해 성령으로부터 특별한 은사나 카리스마를 받은 사람들을 가리킨다.

- 민감한 사람들은 천성적으로 다른 사람들보다 특별한 민감성을 가지고 태어난 사람들로(자주 '육감'이라고 표현됨), 다른 사람들이 알아내지 못하는 것을 알아낸다.

먼저 민감성을 지닌 사람들에 대해 말해 두고 싶은 것은 그들은 구마 분야에서 큰 힘을 발휘하지 못한다는 것이다. 이들은 자연적인 현상들에 대해 자신들이 지닌 능력을 발휘하지만(예를 들어 질병들), 악마의 영향에 의한 질병들은 밝혀내지 못한다. 그래서 여기서는 카리스마적인 사람들에 대해서만 언급하려 한다. 현재 구마 분야에서 이런 카리스마를 지닌 사람들을 부르는 용어가 있다. '민감한 반응을 지닌 사람들'이라 부른다.

카리스마는 수없이 많은데 우리의 관심 분야는 특별히 악마로부터의 해방의 은사나 악령의 존재를 알아보는 카리스마를 지닌 사람들이다(이런 은사는 상당히 드물다). 혹은 분별의 특별한 은사를 받은 사람들로, 악마의 존재를 밝혀내거나(이들은 구마 여부를 진단할 때 유용함), 적절한 치유를 위해 필요한 원인을 깨닫는 능력을 가진 자들이다. 이런 분야와 관련하여 이 책에서 모두 언급하지 못하는 부분에 대해서는 적절한 연구를 한다면 좋을 것이다.

재차 강조하고 싶은 것은 이런 특별한 카리스마를 받은 사람들을 세심하게 분별하고 선별하는 데 주의를 기울여야 한다는 것이다. 그 방법으로 공의회의 두 문서를 참조하도록 권하고 싶다(계시 헌장 12, AA 3). 여기서는 은사를 받은 사람들에 대해 다음과 같이 언급하고 있다.

1. 카리스마를 받은 사람들은 그것을 사용할 권리와 의무를 지닌다.
2. 카리스마를 받았는지의 여부를 분별하고 이를 사용하는 규범을 정하는 것은 주교에게 달려 있다.

주교들이 이를 염두에 두길 바라며 실천적인 좋은 방법을 찾자면 각각의 카리스마를 연구하고 분별하는 위원회를 두어 주교로 하여금 그 결과를 발표할 수 있도록 여러 요소들을 제공하는 것이다. 실천 규칙으로 분별 기준들을 만들어서 유효적절하게 사용된 경우는 다음과 같다.

1. 기도와 신앙, 균형과 자애심을 지닌 사람.

2. 하느님의 말씀에 기초를 두고 귀 기울이는 사람(어디서 읽었거나 내면의 목소리나 느낌에 의해 활동하는 이가 아닌)이며, 이상한 방법이나 연기를 하듯 성직자를 흉내 내는 일이 없이 일반적인 기도를 활용하는 사람.

3. 거저 받은 것을 거저 내주어야 한다는 자세를 바탕으로 완전히 이익을 초월한 사람.

4. 지극히 깊은 겸손을 지닌 사람. 즉 카리스마를 지녔다고 하더라도 스스로 나서서 드러내는 사람은 아니라는 의미다. 진정한 은사를 받은 사람은 숨어 사는 것을 사랑하며, 그의 은사는 간접적인데도 무척 점잖고 올바르게 알려지며 절대로 스스로 나서서 안수하지 않는다. 또한 절대적인 겸손을 지닌 사람은 식별로(이것도 자신의 능력이 아니라) 그 은사에 가치가 있는지 없는지를 알 수 있다.

5. '열매를 보고 나무를 알아본다.' 즉 은사를 지닌 사람은 자신이 지닌 은사가 진짜임을 보장해 주는 열매가 필요하다. 또 성경에서 가짜와 진짜 예언자들을 구별하라고 했듯이 '나중에 드러나는'(예언하는 말이 진짜인지 아닌지) 결과도 중요하다는 것을 잊지 말아야 한다.

구마 사제가 진짜 카리스마를 지닌 사람을 발견했거나 여러 가지 은사들과 부차적인 은사들과 연관된 카리스마를 지닌 여러 사람들로부터 구마를 위한 도움을 얻는 것은 당연하다. 여러 구마 사제들은 기도를 통해 구마 사제들의 직무를 도와주는 선택된 기도 단체들이 자신들에게 많은 도움을 주고 있다는 사실을 조심스럽지만 공개적으로 인정하고 있다.

동물들도 악마에 전염될 수 있는데 이것은 무척 드문 일이다. 복음은 악마들의 군대가 게라사의 사람을 괴롭히다가 쫓겨나와 그리스도의 허락으로 돼지 떼 속으로 들어갔고, 발작을 일으킨 돼지 떼들은 호수로 뛰어들어 빠져 죽었다고 전하고 있다. 하지만 나는 이렇게 동물이 악마에 전염된 경우를 단 한 번도 접해 본 적이 없다. 이런 일이 나에게 있었다면 당연히 해방을 위한 기도를 했을 것이다.

전혀 다른 이야기지만 불행하게도 자주 발생하는 일로 무당들은 자신들의 무속 의식을 위해 동물들을 사용하거나(특히 동물들의 내장을 불태우면서) 혹은 자신들이 만든 악마의 마법을 전달하는 매개체로 동물들을 사용하기도 한다. 이 두 번째 경우에 많이 이용되는 동물은 두꺼비지만 고양이가 더 많이 사용된다. 이런 사례들은 다른 구마 사제들도 많이 경험하는 바이다. 집 안에 고양이를 키우지 않는데도 그 존재가 느껴지거나 알 수 없는 동물의 존재, 바닥에 발자국이나 침대보의 할퀸 자국들이 남아 있는 것들은 그 예라 할 수 있다.

어떤 젊은 자매는 자동차에 탔을 때 큼지막한 검은 고양이가 뒷좌석에 앉아 있는 것을 보고 쫓아 버리려고 차에서 내렸지만 그것이 어느 틈엔가 사라졌다고 말했다. 이런 종류의 에피소드들은 너무도 많다. 이 같은 암시에 약한 이들을 위해 한마디 해 두자면 한 번도 이런 불가사의한 동물들이 사람들에게 해를 입히거나 덤빈 적은 없다.

어떻게 이 같은 일에 대해 설명할 수 있을까? 이런 사건들은 일반적으로 이미 악마의 영향에 의해 크고 작은 심각한 방해들을 받고 있던 사람들에게도 일어난다. 그와 같은 것들은 사람들에게 해를 끼칠 요량으로 악마의 행위를 반복하여 보여 주거나, 적어도 그렇게 하려고 시도하고 있는 것이다. 하지만 은총의 도구들을 열심히 사용함으로써 이런 불행한 일들의 반복을 충분히 방어할 수 있다.

로마의 어떤 병원에서 한 의사가 젊은 간호사 수녀를 귀찮게 하였는데, 그는 마법에 심취한 의사였다. 어느 날 저녁, 수녀는 열쇠로 잠가 둔 자신의 침실 문을 열고 들어갔을 때 고양이 한 마리를 발견하고 문 쪽으로 쫓아내려고 애를 썼지만 고양이는 침실 여기저기를 뛰어다녔다. 화가 난 수녀는 고양이를 향해 열쇠 꾸러미를 던졌고 콧등을 맞은 고양이는 피를 흘리며 도망쳤다. 다음 날 아침 병원에 출근한 수녀는 의사를 만났는데 그의 콧등과 윗입술에 반창고가 붙어 있는 것을 보고 물었다.

"아니, 선생님 무슨 일이 있었나요?"

"당신이 열쇠 꾸러미를 던졌잖소!"

이 에피소드는 실제로 일어났던 일이다. 그런데 과연 이것이 가능한 것인가. 나는 그 의사가 마술을 통해 수녀를 감시하거나 공포를 조장하려 했을 것이라고 생각한다. 하지만 마술은 다름 아닌 자기 얼굴에 침 뱉기로 끝나고 만다. 가끔씩 이런 일이 일어난다.

사 례
무당이 먼저, 그리고 구마 사제

작은 마을에 사는 한 가족이 1년 동안 겪어야 했던 일에 대해 있는 그대로 간략하게 기록하겠다. 이 글을 읽는 사람은 그 일을 환상의 결과라고 할 수도 있다. 그렇지만 우리 구마 사제들에게 이런 비슷한 사건들이 무척 많이 일어나고 있으며, 이런 일을 당한 사람들은 철저하게 숨긴다. 이유는 이런 말을 드러내 놓고 하면 미친 사람 취급을 받기 때문이다. 현시대 사람들은 자신들을 '이성주의자'라고 선포한다. 성경의 가르침을 창문 밖으로 내던져 버린 지금, 그 자리를 대신 꿰어 차고 앉아 있는 것들이 있다면 바로 온갖 종류의 무속, 이단, 무당들이다. 이것들에 대해 의사들이나 사제들이 다루지 못한 부분은 경찰에까지 이른다.

로시Rossi 가족을 소개한다. 남편은 공장 노동자로 쉰 살이며, 부인은 주부로 네 명의 자녀들 중 두 명은 이미 결혼하였고, 나머지는 열다섯 살인 도미니코Domenico와 열한 살의 알바Alba가 있다. 그들은 경제적으로 문제가 없었기 때문에 1987년부터 소유지에 집을 짓기 시작했다. 그런데 이 일이 부인인 엔리카Enrica의 친척들로부터 대단한 시기심을 일으키게 되었다.

문제는 1990년부터 터지기 시작했다. 가족들이 함께 모였을 때 그들은 덧문을 치는 강한 소리나 문들을 강하게 때리는 소리 때문에 경찰을 부르게 되었다. 그때까지만 해도 그들은 아마의 소행이라고는 상상할 수도 없었다. 그 해 12월 경찰 서장은 현장 조사를 하면서 집에서 아무도 발견하지 못한 소음의 출처를 잡아낼 수 있었다. 이와 유사한 사건을 담당한 경험이 있던 그는 이를 심각하게 받아들이고 로시 가족에게 무당에게 의뢰하는 게 좋겠다고 충고하였다.

그 지역에는 마릴레나Marilena라고 하는 유명한 무당이 살고 있었는데 그는 로시 가족의 가까운 친척의 숙부나 숙모 중 한 사람의 시기심이나 증오 때문에 일어나는 일이라고 했다. 그리고 그는 소리가 나는 모든 창문과 문에 소금을 뿌리고, 행운을 가져오는 부, 성공, 평안이라는 주문을 반복하도록 시켰다. 그래도 소음이 계속되자 로시 가족은 무당 마릴레나를 집으로 불렀다. 그녀는 필요하다고 생각되는 굿을 전체적으로 한 다음, 자기가 사용하는 축복을 했다.

그 효과는 가히 파괴적이었다. 하지만 그 즉시 딸 알바가 악몽에 시달리기 시작했다. 마릴레나는 다시 왔지만 손을 쓸 수가 없다고 정직하게 고백하고 구마 사제에게 찾아가라고 충고하였다.

로시 가족은 즉시 본당 사제를 찾아가 자초지종을 이야기했다. 사제는 전혀 믿지 않았다(이런 일은 불행하게도 자주 일어나고 있음). 그래도 그는 찾아 온 가족을 돌려보내면서 본당 신자들에게 선물하는 작은 십자고상을 선물로 주었는데, 그 뜻이 빨리 내보내려는 것이었는지 보호 차원에서 준 것인지는 알 수가 없다. 그 이후로도 로시 가족은 근처 본당의 알고 지내던 사제들에게 도움을 요청하거나 그들이 소개해 준 사제들에게 부탁을 했지만, 그 어떤 사제도 로시 가족의 집을 축복하러 가지는 않았다. 유일하게 어느 신부가 그들의 이야기를 진지하게 듣고, 교구장에게 문의해서 교구에 구마 사제가 있는지 알아보라고 그들에게 충고하였다.

로시 가족은 주교를 찾아가는 것은 너무 부담스럽다고 여겨서 가지 않았는데 이것은 잘못된 것이다. 그들이 찾아갔다면 부성애적인 환영을 받았을 것이고, 주교를 방문하는 것이 무슨 정부의 인사를 만나는 것처럼 어려운 일이 아니라는 것을 알았을 텐데 안타까운 일이다. 결국 그들은 기도 단체에 도움을 요청하게 되었다. 이 기도회는 로시의 집을 방문해서 성모 호칭 기도와 성 미카엘 대천사께 드리는 기도와 로사리오를 봉헌하고 모든 방들을 축성한 뒤에 매일 가족들이 함께 있는 자리에서 이런 식으로 집을 축성하도록 가족의 가장을 격려하였다.

기도 단체가 와서 기도할 때 그 집에서는 계속해서 벽과 의자, 파이프 관과 딸 알바의 침대 등을 두드리는 소리가 들렸다. 첫 번째 집 축복이 있은 뒤 이틀 동안은 조용했지만 다시 방해들이 시작되다가 점차적으로 심해졌다. 기도 단체는 여러 번에 걸쳐 교구 구마 사제와 접촉을 시도하면서 동참해 줄 것을 청하였고, 요청을 받은 구마 사제는 즉시 활동을 시작하였다. 먼저 무당에 의해 저질러진 모든 영향들을 끊어 버리는 기도를 바쳤고 로시 가족들에게 피해를 주려고 하는 모든 전염을 끊는 기도를 바쳤다. 그런 뒤 그는 집을 방문하여 자녀들이 없는 가운데 첫 번째 구마 예식을 행하였다.

그것은 즉각적인 효과는 있었지만 기도 단체가 계속적으로 기도하는데도 그 효과는 얼마 가지 못하였다. 이 모든 것에 딸 알바가 가장 큰 영향을 받았다. 알바는 본인의 침대에서 더 이상 잠을 이루지 못하고 부모의 침대에 가서 자곤 하였다. 하지만 거기서도 한밤중에 침대 어깨 받침과 전화 탁자 등이 난폭하게 부딪치는 소리에 잠을 깨곤 하였다. 그리고 고작 열한 살인 어린아이에게 두통, 복통에 설명이 불가능한 고열과 구토 등의 방해가 심해지기 시작했다. 의사들은 복부 초음파와 피 검사 등을 실시했지만 특별한 증상이 없어서 진단하는 데 어려워했다.

로시 가족이 다시 구마 사제에게 도움을 청했고 구마 예식에는 담당 정신과 의사도 함께 참여하였다. 전체 구마 예식을 행하였지만 아무런 효과가 없었고 기도 단체의 지속적인 방문과 교회와 하느님께 대한 그 가족의 신실한 신앙도 증상을 호전시키지 못했다. 오히려 상태가 더 악화되었다. 악마의 힘은 그간의 기도와 구마 예식에 앙갚음을 하려는 것처럼 보였다. 그리고 구마 사제는 연로했고 엄청나게 과중한 업무에 시달리고 있었기 때문에 유감스럽게도 더 이상 이 사건을 맡을 수 없었다.

더욱이 정신적인 고문도 시작되었는데 연필로 쓴 글이나 메시지들이 창문 앞이나 덧문 앞에 놓여 있곤 하였다. 그중 몇 개를 보면 "악마의 주문이 아직 떨어져 나가지 않은 것 같은데, 잘들 지내고 있겠지? 고맙군." "악의 마법이 두 사람을 해칠 것이다." "오늘 밤 너희들의 멋진 집(질투를 보여 준다)에서 무시무시한 공연을 기대하시라." 등이다. 그것들은 참으로 묘했다. 기도 단체 회원들은 로시 가족을 혼자 두지 않기 위해 교대로 그 집에서 잠을 잤다. 악마에 대항한 이런 위협들은 단 한 번도 실현되지 못하였고 끝에 가서는 흐지부지되었다.

이상했던 것은 이런 메시지들 끝에는 마르첼라라는 사인이 있었는데 그 이름은 아주 오랫동안 연락이 끊겨서 어디서 살고 있는지도 모르는 숙모의 이름이었다. 어쨌든 이런 일련의 사건은 악을 더욱 증대시켰다. 알바는 밤만 되면 집을 나가려고 했고, 성화상들을 증오하고 파괴하려는 증상을 보였다. 악의 마법은 알바를 대상으로 오히려 감소되는 것이 아니라 증대되고 있는 듯 강한 인상을 남겼다. 뿐만 아니라 다른 가족들도 육체적으로 이상한 통증들을 느꼈는데, 예를 들면 보이지 않는 존재에 의해 목 졸림을 당하는 것 같은 느낌이었다. 그리고 알바의 오빠 도미니코도 악몽을 꾸거나 환각 상태 등을 겪기 시작했다.

이 글을 쓰고 있는 지금(1992년)도 일은 진행 중이다. 아마도 독자들은 어째서 행복하게 끝나지 않았느냐고 물을 것이다. 분명 행복하게 끝날 것이다. 로시 가족은 하느님을 향한 길을 택했기 때문이다. 하지만 언제 해방이 가능할까? 해방의 여정은 가끔씩 길어질 때가 있다.

나는 그와 비슷한 경우를 맡았을 때 실험을 한다. 이 경우에도 구체적인 실험을 했는지는 모르겠다. 예를 들어 그 집에 사는 가족 모두가 한여름 일주일 정도 휴가를 떠나 다른 곳에서 지내면서 집에서 지낼 때와 똑같은 현상이 일어나는지 관찰하는 것이다. 여하튼 나는 이런 경우를 맡았을 때 이사하라는 권고는 여간해서 하지 않는다. 이런 방해들을 받았던 사람들이 집을 옮긴다고 하더라도 새 집에서 다시 그런 일들이 지속되기 때문이다. 가장 확실한 방법은 더디지만 로시 가족처럼 많은 기도와 잦은 성사 생활 참여, 가족 각자에 대한 구마 기도와 집에 대한 구마 기도의 길을 택하는 것이다.

사 례
악마에 의한 전염, 그리고 부마 전이

아르미다 Armida 는 1936년 생으로 결혼하여 17세 된 아들을 두고 있다. 그녀는 미적지근한 신앙생활을 하던 냉담한 가톨릭 가정에서 태어났다. 그들은 소위 말하는 발바닥 신자들로 세례성사와 혼인성사는 받았지만 장례 미사와 성탄절 및 부활절에만 전례에 참석하였다. 아르미다도 냉담 상태였지만 깊이 있는 영성 생활과 사명을 띤 그리스도인이 되고 싶어 했고, 부족한 종교 교육에도 불구하고 자선 활동을 통해 주님을 향한 마음을 추스르고 있었다. 그녀는 어디서나 하느님의 현존을 느끼고 있었다. 자신의 계절을 기다리며 나무가 되려는 씨앗, 인간 신체 기능의 놀라운 면모 등을 통해 창조주 하느님의 현존을 느끼고 있었다.

그녀는 1957년 엔지니어와 결혼해서 1978년까지 행복하게 살았다. 그때부터 아르미다 자신도 분명하게 말하고 있듯이, 사탄이 개입하여 인생 전반을 뒤집어 놓게 된다. 첫 번째 증상은 특별한 의미가 없었다. 전깃불이 저절로 꺼졌다 켜지기도 했고, 일반적으로 잘 움직일 수 없는 원목 가구들이 삐걱대며 움직이거나 이유도 없이 액자들이 벽에서 떨어졌다. 그리고 집 안의 가전제품들도 고장을 일으켰는데 그 일이 있고 얼마 되지 않아 더 심각한 일들이 일어나기 시작했다.

부부는 더 이상 옛날처럼 편안하게 잠들지 못했고, 불면으로 지치고 피곤이 쌓이자 점점 신경이 예민해져 부부 싸움이 끊이지 않았다. 이런 일이 전에는 한 번도 일어나지 않았었다. 싸움 초기에는 서로를 존중했고 말싸움에 지나지 않아 폭력을 사용하지 않다가 시간이 지나면서 언성이 높아지고 서로를 모욕하게 되면서 상스러운 욕설까지 하게 되었고 급기야 (기물들을) 파괴까지 하였다. 남은 것은 폭력뿐이었다.

어느 날 아르미다는 자신이 겪고 있는 문제에 대해 가톨릭 사제에게 상담을 하면서 구마 사제가 꼭 필요하다는 느낌을 받게 되었다. 그때 신부의 대답은 분명했다. "말할 필요도 없는 일입니다. 더 이상 교회는 이런 일에 관여하지 않습니다." 그는 단지 기도하라고만 충고하였다. 그녀는 그 말대로 하려고 했다. 하지만 늘 해 오던 아주 간단한 기도문조차도 생각나지 않았다. 심지어 주님의 기도조차 제대로 생각나지 않아 더듬거리게 되었다.

아르미다는 가끔씩 성당에 가서 성체를 영하기 위해 줄을 서곤 했지만 도저히 상상할 수 없는 생각으로 성체를 영할 수 없게 되거나 성체를 영해 주기 위해 준비하고 있는 사제 앞에서 굳어 버리곤 하였다. 예를 들어 이런 생각이 밀려오곤 하였다. '이 사제가 지금 성체를 통해서 나에게 전염병을 옮기려고 하는 거야.' 그녀는 별별 생각들이 밀려와 결국 성체를 모시지 못하곤 하였다. 아르미다는 하느님께서 자신이 성당에 오는 것을 더 이상 원하시지 않는 것처럼 생각되었고, 거의 냉담 직전에 있게 되었다. 또한 그녀가 열절하게 드리던 기도가 주님께 올라가지 못하도록 성 미카엘 대천사가 방해하는 것처럼 느껴지기도 했다.

집에서는 날이 갈수록 폭력적인 다툼이 심해졌고, 이미 악몽에 시달리고 있던 아들 앞에서도 싸우곤 하였다. 아들은 얼굴 없는 사람이 나타나 자신을 위협해서 한밤중에 갑자기 깨어난다고 했다. 아르미다도 마찬가지로 냉소적인 얼굴의 남자 형상이 나타나 비웃고 있는 '환각'이 시작되었다. 그녀는 이런 절망적인 상황에서 자유로울 수 있는 방법은 자살밖에 없다고 생각되어, 실제 자살 시도를 하기도 했다. 그렇지만 아들에 대한 사랑 때문에 엄마의 의무를 다하려고 안간힘을 쓰고 있었다. 즉 매년 여름이 되면 엄마와 아들은 한 달 정도를 런던에서 지내며 영어 코스에 참여하곤 했다. 1980년도 마찬가지였다. 어느 날인가 자신의 남편과 하찮은 것으로 계속 다툼을 하고 있는 것에 대해 고민하던 아르미다는 영국 성공회 신부를 찾아가 상담을 했다. '가톨릭 사제가 내 말을 믿어 주지 않았으니까 이 신부도 나를 미쳤다고 하겠지. 상관없어. 적어도 그리스도교에 대한 내 생각을 퍼붓고 나와야지.'라고 생각했었다. 아르미다는 그 신부에게 자신이 겪고 있는 모든 문제들, 특히 도저히 상상할 수 없는 일들에 대해 이야기하고 신랄한 비판과 냉소적인 이야기들을 쏟아놓았다. 그런데 놀랍게도 성공회 신부는 화를 내지 않고 그녀의 이야기에 상당한 관심을 보였으며, 심지어 가능한 대로 도와주겠다고 약속까지 했다. 그리고 다음 날 아들과 함께 교회로 다시 찾아오면 두 사람을 위해 구마 기도를 해 주겠다고 하였다. 뿐만 아니라 그녀를 도와줄 수 있는 또 다른 구마 사제를 함께 불러서 기도해 주겠다고도 했다.

 구마 예식은 미사가 끝난 뒤 충만한 사랑을 가진 이들 사제들에 의해 진행되었다. 예식 도중 아르미다는 특별한 증세를 보이지는 않았지만 굉장한 피곤이 몰려오는 것을 느꼈고, 그런 상태로 교회를 나왔다. 그녀보다는 덜했지만 그녀의 아들 역시 심한 피곤을 느꼈다. 그래서 그들은 그날 영어 코스에 참여하지 않고 집에 돌아가 쉬기로 했다. 침대에 눕자마자 아르미다는 즉시 잠에 빠져들었고, 꿈속에서 코에 상처를 입은 아랍 남자가 자신 앞에 있는 것을 보았다. 그 남자는 살해된 사람으로, 멍청한 상태로 어쩔 줄 몰라 하며 서 있었다. 그런데 아르미다가 눈을 떴을 때 실제 그 아랍 사람이 그녀의 침대 앞에 서 있는 것이 아닌가! 하지만 그녀는 아무런 두려움도 느끼지 않았고 오히려 있는 힘을 다해 그 남자를 쫓아 버렸다.

그 이후로 엄마와 아들은 발에 날개라도 달린 듯 놀라운 평화를 얻게 되었다. 오랫동안 잊고 지냈던, 아무것도 아닌 것에 서로 웃을 수 있었다. 그녀는 영국 성공회 사제에게 감사하기 위해 그 교회에 다시 찾아갔다. 그 사제는 이런 변화에 굉장히 기뻐하면서 분명하게 말하기를, 집으로 돌아갔을 때 다시 이런 일들이 반복되어 일어난다 해도 실망하지 말고 가톨릭 사제를 찾아가라고 충고하였다.

엄마와 아들은 대단히 자유롭고 기쁨에 차 있었기 때문에 이 같은 사제의 고맙고 세심한 충고를 크게 귀담아 듣지 않았다. 하지만 집으로 돌아와 얼마 지나지 않아 그들은 난관에 부딪쳤다. 아르미다는 다시 런던으로 돌아가고 싶었지만 불가능했다. 결국 그녀는 (자신의 증세를) 정신 질환으로 여기고 정신과 의사를 찾아갔다. 하지만 불행하게도 그녀가 만난 의사는 지나치게 물질주의자였고 그런 쪽으로 아둔해서 차라리 찾아가지 않는 게 나았을 뻔했다.

아르미다의 여자 친구는 유명한 '환시자'를 소개해 주었다. 환시를 본다는 무서운 인상의 여자가 아르미다를 보자마자 엄청난 고통을 당하는 영혼들이 그녀와 그녀의 가족을 고통에 몰아넣고 있다고 했다. 그러면서 '안토니스타' 교회(개신교)를 찾아가면 그곳에서 아르미다를 위해 기도해 줄 것이라고 했다. 그곳 신자들은 그녀와 가족들을 사심 없이 친절히

게 대해 주었고, 기도해 주었다. 그 결과는 긍정적이어서 가족 모두 나아졌지만 바라던 치유는 얻지 못했다.

    치유를 위해 그들이 노력하던 중 아르미다는 혹시 악마가 자신을 조종하고 있을지도 모른다는 느낌을 받게 되었다. 그리고 그녀는 젊은 사이비 사제가 일주일에 한 번씩 정해진 시간에 잡초들을 태우는, 자칭 동방 교회라고 하는 곳을 우연히 알게 되었다. 아르미다는 그 사제를 만나기 위해 무척 많은 돈을 지불했는데, 매주 그곳에 찾아갈 때마다 요구 액수는 늘었다. 그런데도 뭔가 긍정적인 결과를 얻을 수 있다는 착각에 빠진 많은 사람들이 그 사제를 만나려고 대기실을 가득 메웠다. 그들이 봉헌하는 주일 미사에 초대를 받아 갔는데 집주인이란 사람이 자신을 '몬시뇰'로 부르게 하는 충격적인 모습을 보고 그녀는 상당히 불쾌했다. 아르미다는 거기서 자신과 비슷한 문제들을 지닌 많은 사람들을 만났지만, 그 방법이 잘못되었다는 것을 알고 더 이상 그곳에 가지 않았다.

    당시 그녀의 가족의 불행은 점점 더 커졌다. 그들의 집을 재건축했던 회사가 권력을 쥔 검사들과 결탁한 전문 사기꾼들이었기 때문에 이 부부는 큰 손해까지 입었다. 또한 40년 동안 일했던 회사에서 갑자기 실직하게 되었다. 뿐만 아니라 아르미다는 소매치기를 당했고, 넘어져서 다리가 부러지기도 했다. 사고들은 이어졌고 그런 일은 집짐승들에게도 마찬가지로 일어났다. 잘 키우던 어린 카나리아들이 한꺼번에 죽었고, 고양이는 갑자기 사라졌으며, 건강하고 젊은 개가 도보에서 차에 치어 죽었다. 뿐만 아니라 항상 우등생이던 아들은 갑자기 낙제를 했다.

    하지만 마침내 그 가족은 제대로 빛을 받게 되었다. 그들이 사는 교구에 주교가 공식적으로 임명한 구마 사제가 있다는 것을 알게 되었기 때문이다. 연로하고 과중한 업무에 시달리고 있었던 자신의 친구 구마 사제가 소개해 준 아르미다로부터 일련의 이야기들을 들은 구마 사제는 모든 일들을 깊이 새겼다. 그리고 즉시 작업에 들어갔다.

첫 번째 구마 예식이 진행되는 동안 아르미다는 차갑고, 뜨거운 느낌을 계속 받으면서 비위가 상하고 구역질을 일으키는 몹시 심한 냄새가 자신 안에서 올라옴을 느꼈다. 그리고 구마 기도 말미에 지난번 런던에서 성공회 사제의 기도 후에 느꼈던 큰 피곤이 몰려오는 것을 느꼈다. 아르미다를 위한 기도가 끝나자마자 아들에게도 구마 기도가 이어졌지만 별다른 증상은 나타나지 않고 단지, 일반적인 혼미한 상태만 일어났다. 그 뒤 얼마 되지 않아 부부는 더 이상 다투지 않고 서로를 존경하는 사랑이 부활한 상당히 좋은 관계를 회복하였다. 계속 구마 예식을 진행하면서도 가족 모두는 악마가 다시 돌아오지 않을까 하는 염려가 있었지만 완전한 해방을 느끼게 되었다. 그것의 첫 번째 신호는 주님과 완전한 화해로, 그것은 주님의 용서를 통해 느낄 수 있는 깊은 평화였다. 그리고 그들은 점차적으로 사탄과의 모든 관계들을 끊어 나갔다. 사람을 묶어 놓은 사슬을 하나하나 풀어 가듯 그렇게 관계들이 끊어졌다.

현재 이 가족은 아주 행복하게 생활하고 있다. 그들은 꽃과 하늘, 산책, 음악 등의 아름다움을 만끽하고 있다. 보기에는 평범해 보이지만, 이와 비슷한 경험이나 충격적인 사건을 당한 사람이라면 악마의 강력한 유린의 힘을 안다. 아르미다는 현재의 행복한 삶을 살 수 있도록 협력해 준 모든 사람들, 특히 성공회 사제부터 가톨릭 구마 사제에 이르기까지 감사함을 잊지 않았다. 나는 이와 비슷한 일을 당하는 사람들을 위해 우리의 경험이 도움이 되기를 바라면서 이 이야기를 쓴다.

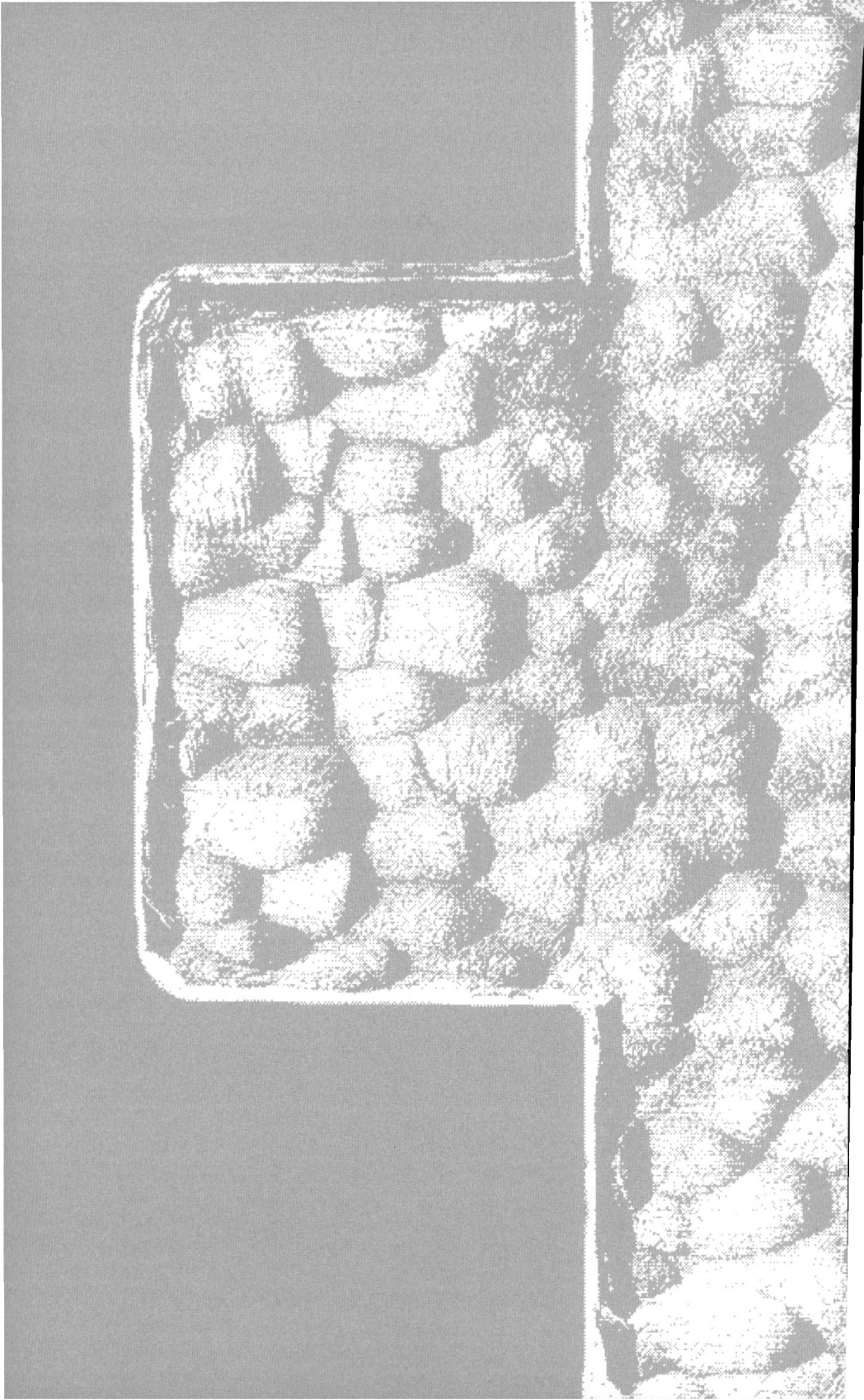

구마와 부마에 대한 질문과 대답

지난번 출판된 「구마 사제가 들려주는 구마 이야기」라는 책이 별 볼일 없는 나에게 매체를 통해 사회와 소통할 수 있는 계기를 제공하였다. RAI - TV(이탈리아 국영 TV)에서 100번이 넘는 인터뷰를 했고, 많은 신문뿐만 아니라 크고 작은 토론이 딸린 강의를 수없이 진행했다. 그러면서 사람들이 내게 질문해 오는 수많은 것들을 문서화할 수 있었다. 그중에서 우리 삶에 가장 밀접한 질문들만 몇 개씩 추려 보았다.

예를 들어, 나는 '라디오 마리아'(전 세계 38개 국으로 송신되는 성모 신심을 전하는 라디오 - 역자 주) 생방송 프로그램에서 1시간 강의를 한 뒤에 2시간은 전화 질의응답을 받고 있는데 얼마나 방대한 질의응답이 오가는지 상상이 가지 않을 것이다. 그리고 이제는 이 방송국에서 한 달에 한 번씩 강의를 하고 질문에 응답하고 있다. 뿐만 아니라 월간지 〈Eco di Mejugorje〉를 통해 오랫동안 칼럼을 써 오면서 여기서도 질의응답 코너를 운영했다.

이런 경험을 바탕으로 우리 실생활에 꼭 필요하다고 여기는 질의응답들을 여기에 옮겼는데, 장을 설정하여 체계적으로 쓰기보다 질문에 답하는 식으로 쓰려고 했다. 되도록 비슷한 종류의 질문들끼리 모아 보긴 했다. 지금도 이 내용을 읽어 내려가면서 독자가 매우 만족스러워할 것이라고 믿는다. 사람들이 필요해 하던 대답을 내놓고 있기 때문이다.

구마 사제들, 무당과 점쟁이들에 대하여

* 구마 사제들 중에서도 구마 힘의 강약의 차이나 능력의 차이가 있는가?

구마 사제들 사이의 차이점은 무시할 수 없다. 영적인 특성에 따라 달라지고(기도의 강약, 하느님과의 일치, 감히 거룩함이라고 표현할 수 있는 희생), 경험과 지식, 특별한 교양, 감지력 등 인간적인 부문에서도 차이점을 나타낸다. 하지만 이런 부문들로 가치를 매기는 것은 잘못이며 이에 대한 판별은 하느님 한 분만 가능하시다. 프랑스의 구마 사제가 소속 주교에게 한 질문에 대해 그는 자신이 배운 새로운 것들, 즉 이 직무를 수행하면서 몇 년간 축척한 경험을 통해 이렇게 대답하였다. "본질적으로 제가 드릴 수 있는 말씀은 제 스스로가 비교해 보아야 한다는 것이며 아직도 많은 것을 배워야 하고 경험이 주는 장점들도 보았습니다."

이 분야에 다른 요소들도 상당한 영향을 미친다는 것을 잊지 말아야 한다. 즉, 악마의 영향을 받고 있는 당사자와 가족들의 기도와 신앙의 정도 차이이다. 교회의 전구에 대한 믿음을 지니고 구마 사제에게 도움을 청하는 것은 구마 사제를 해당 교구 주교의 명령에 의한 직무를 수행하는 하느님의 도구로 인정한다는 의미이다. 주의 깊게 관찰한 것이 있다면 어떤 구마 사제들은 특정한 악마의 영향에 대해 더 많은 효과를 발휘하고 다른 구마 사제들은 다른 악마의 영향에 더 효과를 발휘하는 식이다. 그러나 모든 것은 하느님께서 주관하시기 때문에 각각에게 주시는 효과나 결과는 서로 다르다. 하느님은 당신이 원하는 결과를 내신다. 그분만이 은총을 허락하시기 때문이다.

* 구마 사제와 무당의 차이점은 무엇일까?

지지부진한 사기꾼이 아니라 진짜 무당은 사탄의 힘을 통해 활동하지만 구마 사제는 교회의 전구와 예수님 이름의 힘을 통해 활동한다.

* 많은 사제들과 수도자들, 평신도들이 구마 사제들이 아니면서도 구마 기도를 하는데 이를 어떻게 받아들여야 할까?

믿음과 겸손, 사랑으로 (물질적인 요구 없이) 행한 모든 기도, 기이한 행동을 하지 않는 기도는 효과를 드러낸다. 서로가 서로를 위해서 기도한다는 것은 하느님으로부터 온 분명한 명령이다. 신자라면 세례성사로 받은 사제직을 통해 행할 수 있다. 사제가 하는 기도라면 더 할 나위 없이 좋다. 가장 훌륭한 방법은 사제들이 축복 기도를 하는 것이다. 그래서 사제들은 지금보다 훨씬 더 많은 축복 기도를 해야 한다.

하지만 이런 기도는 사적인 기도에 해당하고 준성사인 구마 예식과는 전혀 다르다. 또 기도의 긍정적인 결실이 있어야 한다. 많은 이들이 기도 혹은 축복을 통해 긍정적인 효과를 얻는다는 것을 알고 있다. 반면 이를 악용해 대단한 치유 은사가 있다고 입소문을 내면서 점차적으로 변질되어 버린다. 어떤 이들은 무속에 가까운 행위를 하거나 기도를 악용한 사기꾼들 또는 거짓말쟁이로 전락한다. 이런 모든 일련의 경우들에 대해 교회가 전적으로 책임을 지라고 주장할 수는 없는 노릇이다. 이런 부류의 사기꾼들이 셀 수 없을 정도로 많기도 하거니와, 그 사례들은 교회가 공적인 입장에서 하나하나 토를 달 만한 가치가 없는 것들이라서 그렇다. 그래서 우리들은 조절할 수 있는 분별력과 감지력을 가지고 있어야 한다. 즉, 본당 신자들에게 일어나고 있는 일에 대해 본당 신부들은 각각의 사례들을 상대로 충고할 수 있는 차원이 되어야 한다.

* **사람들은 구마 사제, 혹은 능력 있는 구마 사제를 찾지 못했을 때 무당을 찾는다. 그런데 미신이나 무당을 통해 정말 원하던 치유를 얻었다면 죄가 될까?**

불행하게도 이런 고충이 있다. 구마 사제들을 찾는 많은 사람들은 교회 안에 일반적으로 존재하는 은사의 도구들을 잘 활용하는 것으로도 충분한데 무턱대고 구마 사제부터 찾는 경향을 보이고 있다. 성경에서는 무당과 점쟁이를 찾는 것은 미신을 따르는 죄를 범하는 것이라고 단죄하고 있고, 이는 첫 번째 십계명을 어기는 것이다. 그런데 이런 부류의 사람이 어려움에 처한 이를 치유했다면 어쩔 것인가? 많은 경우 무당들에 의한 치유는 일시적이면서도 많은 부분을 악으로 채워 놓는다고, 그동안의 경험을 통해 말하고 싶다. 무당이나 마법사에 의해 치유된 사람은 불행하게도 사탄과 관계를 맺게 된다. 그들을 통한 악마와의 관계는 지속되며 이를 끊는 데 상당한 노력이 필요하다.

* **카드 점쟁이들을 찾아가는 게 죄가 될까?**

미신의 죄로, 경우에 따라 후유증이 심각할 수 있다. 예를 들어 카드 점쟁이를 찾아가는 이유는 점괘에 대한 단순한 호기심 때문이다. 이것은 가벼운 죄에 속하지만 이를 계속할 때 오는 문제는 심각하다. 통상적으로 카드 점쟁이들을 세 부류로 나눈다. 순진한 사람들을 속여 돈을 뜯어내는 사기꾼들과 나뭇가지를 들고 수맥을 찾아내는 사람들처럼 어느 정도의 초월적인 능력을 통해 카드 점을 치는 사람들이다. 이 경우는 그 한계가 있기 때문에 죄나 피해도 없다(예를 들어 미래를 예견할 수 없음). 세 번째는 악마에게 바쳐졌던 마법 카드를 통해 카드 점을 치는 것으로 이미 위에서 언급했듯이 그것은 마법이다.

* 상대방이 모르는 상태에서 멀리 있는 사람을 위한 구마 예식도 가능할까?

물론 가능하다. 나는 자주 전화 통화를 하면서 구마 기도를 하고, 그 효과를 보고 있다고 이미 언급하였다. 어떤 때는 악마의 공격에 훨씬 더 방치되어 있는 사람들을 위해 기도해 달라는 부탁을 받고 그들이 모르는 상태에서 특히 저녁에 구마 예식을 행하기도 한다(혹은 기도!). 그렇지만 상대방이 동의하지 않으면 해방은 불가능하다. 본인이 거부하면 하느님께서는 당신이 준비하신 선물들을 주실 수가 없다. 강요하지 않는 하느님이시다. 한 예로 가족 중 누군가를 부마자로 간주하고 그에 대한 기도를 부탁하면서도 가족 본인들은 기도 생활과 성사 생활에 관심이 없다면 부마자로 여겨지는 사람은 사제가 자신을 위해 기도하도록 절대로 허락하지 않을 것이다. 이런 경우에는 기도밖에 할 수 없다.

* 구마 사제도 실수할 수 있는가? 예를 들어 우리 친척 한 명을 구마 사제에게 데리고 갔지만 아무 이상이 없다고 했는데, 그는 악마의 존재가 숨어 있는 것처럼 행동했고, 어떤 민감한 능력을 지닌 사람에 의하면 그는 악마의 주문 희생자라 했다. 하지만 구마 사제는 괜찮다고 했다.

구마 사제들도 실수할 수 있기 때문에 다른 구마 사제의 의견을 들어보라고 충고하고 싶다. 그런데 사람들 중에는 자신들의 구미에 맞는 말을 듣기 좋아해서 이 구마 사제, 저 구마 사제들을 찾아다니며 구마 사제 순례를 계속하는 광적인 사람들도 있다는 것을 잊지 말자. 이런 사람들은 구마 사제가 필요한 것이 아니라 아주 현명한 정신과 의사가 필요하다. 혹은 당사자가 협력한다면 어떤 특정한 광적인 상태로부터 해방되도록 기도해 주어야 한다.

* 구마 사제가 접하게 되는 가장 기본적인 방해들은 무엇일까?

정신과 의사들이 협력해 주지만 진단을 내릴 때 개입되는 방해들이 있고, 악마의 영향으로 진단되었을 때 악마의 영향을 받는 사람 자신의 비협조적인 자세 등 어려움이 많다. 이때 하느님을 향한 진정한 회개와 은총의 삶, 많은 기도와 잦은 성사 생활이 필요하다. 악마의 영향을 받는 사람들은 참 게으르다. 그들은 흔히 수동적이어서 "신부님, 이 악마 좀 떼어 내 주십시오." 하는데 구마 사제가 아닌 본인이 해방되어야 한다. 구마 사제는 그 방법을 알려 주고 도와줄 뿐이다. 그리고 때로는 은총을 방해하는 것들이 있는데 마음으로 용서하지 못하는 것, 죄에 바탕을 둔 삶을 변화시키지 못하고 악마를 끊어 버리라는 요구에 어떤 특정한 악을 끊어 버리지 못하는 상태, 부정한 친구 관계, 뿌리 깊이 박혀 버린 습관 등이다. 이런 모든 것은 구마 사제의 활동을 방해하는 것들이며 하느님과 일치하는 삶을 방해하는 것들이다. 구마 사제의 임무는 해방자이신 그리스도께 그 영혼을 인도해 가는 것이다.

교리에 대한
문제들에 대하여

* 모든 것이 하느님으로부터 오는 것이며 선과 악은 태초부터 항상 함께 존재했다. 이에 대해 논쟁하면서 기진맥진하느니, 차라리 받아들이는 게 낫다고 생각한다.

모든 것이 하느님께서 허락하신 것이다. "하느님께서 허락하지 않으시면 나뭇잎 하나도 떨어지지 않는다." 하지만 정말 하느님께서 원하셨기 때문에 생겨난 것이 아닌 것도 있다. 하느님께로부터 오는 것은 선善일 뿐이다. 그리고 선과 악이 항상 존재했다는 것은 사실이 아니다. 선과 악이 같은 차원에 있는 영원한 두 근원이라는 그릇된 개념에 근거한 철학과 종교들이 있다. 그것은 잘못된 개념이다. 만약 그렇다면 이 두 가지는 서로가 배타적이며, '동의할 수 없는 모순'이라고 단테가 말했을 터이다. 항상 존재하셨던 분은 하느님 한 분뿐이고, 그분은 모든 것의 기원이 되신다. 선善만이 하느님으로부터 파생되기 때문에 하느님께서는 우리의 생명과 행복을 위해 당신 보시기에 좋고 아름다운 것들만 창조하셨다고 성경은 전하고 있다.

악이 세상에 들어온 것은 하느님께서 지식을 소유한 자유롭고 놀라운 대단한 것을 창조하기로 결정하셨을 때이다. 자유는 천사 그리고 인간에게 있어서 도저히 어떤 것으로도 대신할 수 없는 큰 선물이다. 그런데 하느님의 선물인 자유를 악용한 결과로 악은 천사에게서부터 시작되어 인간에게로 이어졌다. 이것만 보더라도 늘 존재해 왔던 것이 악이 아니며, 죄의 시작은 천사들 일부분이 하느님께 반기를 들었을 때부터라는 것을 알 수 있다. 그런데도 자비로우신 하느님, 지혜 그 자체이신 그분은 이런 악을 용납하면서도(하느님께서는 당신의 피조물들이 다른 것들에게 해를 미칠지라도 그것을 부정하지 않으시기 때문에) 악에서까지 선을 골라내는 분이시다. 세상에 존재하는 모든 질병, 고통, 박해, 악의와 모든 악은 하느님께로부터 온 것이 아니지만 악에서 선을 추려 내시는 하느님의 능력에 의해 성화의 가능성, 즉 선의 가능성을 지녔다.

* 자유와 유혹의 관계, 자유와 악마적 부마 관계에 대해 알고 싶다.

모든 사람들은 일반적으로 사탄의 유혹의 대상이 된다. 하지만 우리의 자유는 항상 이런 유혹을 이길 수 있는 능력을 지니고 있다. 하느님께서는 우리의 능력 이상의 유혹은 허락하지 않으신다고 성경이 보증해 주고 있기 때문에 '믿음의 굳건함'(1베드 5.9)을 통해 사탄의 대항에 견뎌야 하고 우리는 그렇게 할 수 있다. 우리가 그것을 견뎌 낼 때 사탄은 "여러분에게서 달아날 것입니다."(야고 4.7) 그러나 우리는 주님께서 "유혹에 빠지지 않도록 깨어 기도하여라."(마태 26.41) 하신 말씀을 바탕으로 우리에게 주신 은총의 도구들을 사용해야 한다.

하지만 악마적인 부마 상태와 자유 상태의 관계를 언급하는 것은 쉬운 일이 아니다. 모든 경우 자유를 오용한 데서 부마가 시작되기 때문에 그 죗값을 단단히 치르게 된다. 그러나 이런 부마가 자신의 잘못이 아닐 때(악마의 주문에 의한 것이거나 하느님께서 허락하신 경우), 자신의 의지와는 상관없이 피해를 당한다. 부마는 인간이 지닌 많은 질병 중 한 가지에서 유발하는 고통인 것처럼 행동한다. 어떤 경우든 부마는 발작이 시작되는 순간부터 본인의 의지에 의해서 일어나는 것이 아니어서 행동이나 말을 조정당하지만 부마 상태에 있는 사람들의 자유까지 박탈하지 못한다. 그들은 판단의 자유는 유지하고 있어서 선, 혹은 악을 행할 가능성, 혹은 성화되거나 단죄 받을 가능성은 남아 있다.

* 왜 하느님께서는 죄 없는 생명이 악마의 저주에 의한 방해들, 심지어 악마적 부마 영향을 받고 태어나게 내버려 두시나?

이 문제도 악과 고통의 시각에서 바라보아야 한다. 그리스도의 십자가와 부활은 고통의 결과로 볼 수 있기 때문에 그것으로 우리가 깨닫는 게 있다. 지상의 삶을 볼 때 이성적인 설명이 불가능한 고통들이 있지만 영원한 삶의 차원에 시각을 맞추면 그것은 의미를 부여받는다. 이를 잘 이해하기 위해서 태어난 어린아이가 악마의 저주에 의해 모태에서부터 질병을 가지고 태어난다고 생각해 보자. 예를 들어 몽골병을 가지고 태어났다면, 하느님께서는 선만을 원하는 분인데 왜 이런 것을 허락하시는 것일까? 그것은 원하지 않는 이런 고통에서도 선을 추출해 내실 줄 아는 전지하신 그분의 지혜에 맡겨 볼 일이다.

* 왜 예수님은 사탄으로부터 유다를 해방시키지 않으셨을까?

하느님은 우리가 자유를 오용할지라도 그 자유를 존중하는 분이시다. 아무도 지옥에 떨어지지 않게 하기 위해 예수님께서는 모두를 위해 죽으셨고, 모든 이를 위한 구원 의지를 지니신 분이라는 것을 우리는 이미 알고 있다. 또 한 사람이 죄를 지었을 때 하느님께서는 그 사람이 죄 중에 죽지 않고 회개하고 살아가기를 원하신다는 것도 알고 있다. 그러나 하느님께서는 이런 당신의 선물들을 우리들에게 강요하지 않으신다. 즉 누구든지 항상 이를 거부할 자유가 있다는 말이다.

나는 이렇게 생각한다. 유다는 도둑이라는 천하기 짝이 없는 처지에서 예수님을 만났고 제자라는 신분으로 전환되었다. 그는 그분과 함께 생활하면서 놀라운 은총을 받았다. 주님께서 그를 변화시키기 위해 얼마나 많은 노력을 하셨는지 누가 알겠는가! 다만, 단단하게 굳어져 버린 그의 죄가 은총을 거부하게 만들고 결국 가야 할 길로 그를 인도했을 뿐이다. 이런 유다의 사건은 우리 모두에게 해당되는 것이다.

* 한밤중에 가끔씩 소음이 일어나 우리는 숙면을 방해 받곤 했다. 우리가 이사 오기 전에 그 집에서 한 남자가 자살을 했다는 사실을 나중에야 알게 되었다. '성령 쇄신 기도회' 친구의 충고대로 죽은 영혼들을 위한 그레고리안 미사를 봉헌했더니 한밤에 일어나는 모든 소음이 사라졌다. 물론 다른 죽은 자들에 의해 일어나는 사건들도 언급할 수 있지만, 도대체 무엇을 믿어야 하는 것일까?

가장 연구되지 않았고, 깊이가 더해지지 않는 분야가 바로 이 분야이다. 이런 주제들은 성경적이고 신학적인 연구에 의해 정립되어야 한다는 것이 내 주장이다. 죽은 자들의 삶과 악마들의 삶은 최후의 심판 전에 어떤 양태를 보이는가? 그들의 활동은 무엇인가? 이미 언급한 사실이지만, 다시 한 번 정리해 보자.

이에 대한 몇몇 사실들은 교회의 일반적인 가르침에 부합한다. 먼저 천사들의 영부터 언급해 보자. 우리는 천사와 악마들이 우리를 상대로 선 혹은 악을 행하는 것에 따라 천사인지 악마인지가 구분 된다는 사실을 잘 알고 있다. 악마들을 성 베드로와 야고보는 어둠의 사슬로 지옥에 가두이 심판을 받을 때까지 갇혀 있게 했다고 언급했고, 성 바오로도 정의로운 사람들은 그리스도와 일치하여 천사들을 심판할 것이라고 했다. 천사와 악마라는 지위는 이미 자신들의 되돌아올 수 없는 선택으로 자리 잡은 것이 분명하고, 악마들이 쇠사슬에 묶여 있을지언정 그 활동이 제거된 것은 아니다. 일반적인 악마의 활동과 기괴한 악마의 활동에 대해 우리는 이미 언급한 바 있다. 또한 이런 악마의 활동은 세상 끝 날까지 지속될 것이다.

인간 영혼에 대해서 우리가 알고 있는 것은 죽음과 함께 시험의 시기가 끝난다는 것이다. 하지만 최후의 심판을 기다리면서 살아 있는 자들의 세상과 어떤 관계를 맺을 수 있을까? 성인들의 통공에 대한 교리에서는 우리의 청원을 받아들이고 우리를 위해 기도해 줄 수 있다고 언급하고 있다. 동시에 연옥 영혼들의 활동에 대해 교리는 이렇게 언급한다. 그들은 우리가 바치는 연옥 영혼들을 위한 기도와 미사를 받을 수 있고, 우리들을 위해 기도할 수 있다고. 하지만 떠도는 영혼에 대해서 지금까지 교회가 언급한 적은 없다.

세속에서는 이런 떠도는 혼령에 대한 문제에 상당한 관심을 보이고 있다. 그럼에도 십여 년 전부터 신학자들은 이것에 흥미를 보이고 있지 않으며, 저세상에 대한 문제에 대해서조차 전혀 관심을 안보이고 있다. 그러므로 신학자들의 소란스러운 말은 항상 사목 활동에 영향을 미치고 사제들도 이 같은 신학자들의 영향을 받아서 이런 문제에 관심을 안 보이는 실정이다. 그 결과는 사제들의 설교에서 새로운 것에 대한 내용이 참으로 부족하다는 것과 이런 결핍은 설교와 교리에서도 드러난다는 것이다. 이 같은 일은 엄청난 논란을 일으킨 네덜란드 교리서뿐만 아니라 공의회 이후의 다른 교리서들에서도 여지없이 나타난다. 그렇다고 이런 상황을 부정할 수는 없고 구마 사제들 또한 가끔씩 이런 문제들 앞에서 신학적인 충분한 지식이 없기 때문에 확신 있게 문제 해결을 못하기도 한다. 그래서 이미 고찰했듯이 존재(떠도는 혼령에 대한)에 대한 가설에 해결책을 제시하면서도 주춤거릴 수밖에 없는 노릇이다. 그렇지만 현시대가 우리에게 새로운 문제들이나 새로운 개념으로 제시해야 하는 문제들, 사제들조차 어떻게 정의해야 할지 의아한 문제들, 서로 이견이 난무하거나 확신 못하는 문제들, 특별히 다루지 않는 문제들이나 관심을 보이지 않는 문제들에 대한 해답을 기다리고 있다는 사실을 깨닫지 못한다면 우리야말로 눈뜬장님들이 된다. 이런 문제들은 직접적이고 전적으로 우리에게 해당되는 것들이다. 그러므로 그것들에 대한 일련의 언급에 대해 나는 전적으로 동의한다.

악의 다양성과
그 특별한 증상에 대하여

* 여자와 남자들, 그리고 노인과 젊은이들 중 어떤 사람이 사탄의 방해에 노출되어 있을까?

우리 모든 구마 사제들은 남자들에게보다는 여자들에게 더 많은 축복 기도를 한다. 여자들이 남자들보다 사제들의 축복을 받을 기회가 훨씬 더 많기 때문이다. 하지만 이것으로 어느 쪽이 사탄의 방해에 더 노출되었는지 구별하는 것은 충분하지 않다. 현재 인구 현황을 볼 때 남자보다 여자가 증가 일로에 있다는 것을 염두에 두어야 하기 때문이다. 여자가 많다는 것은 여자들이 훨씬 더 사탄의 공격에 노출되어 있는 것을 말하고 사탄은 여자들을 먼저 점령하고 나서 그들을 매개체로 남자들을 공격하려 한다. 이것은 인류 태초의 하와의 일화와 비슷하다. 그 이유에 대해 정확하게 말할 수는 없지만 위의 질문에 대해 분명하게 대답할 수 있는 것은 여자들이 훨씬 그 공격에 노출되어 있다는 것이다.

두 번째 질문에 대한 대답은 당연히 젊은이들이 훨씬 그 공격의 대상이 된다는 것이다. 죄의 원인에 대해 우리가 이미 언급한 것들만 읽어보아도 젊은이들이 희생의 대상으로 노출되어 있다는 것은 너무나도 쉬운 예상이다.

* 부마 상태는 전염병인가? 그런 사람을 도와줌으로써 피해를 당할 수 있을까, 즉 사

탄의 복수의 대상이 될 수도 있을까?

악마의 영향은 전염성이 없지만 가족 전체 혹은 엄청나게 큰 단체 전체를 사로잡을 수 있다는 것은 이미 언급했다. 그렇지만 한 사람이 이런 피해를 당했을 때 남편이나(혹은 부인) 자녀들에게 전염되지는 않는다. 다른 사람들에게도 마찬가지다.

이런 환자들을 도와주는 것은 아주 훌륭한 일이고 필요하다. 이것은 지속적인 기도를 해 주며 성사들에 참여할 수 있도록 자극하고 일상의 활동을 도와주는 것을 말한다. 구마 사제를 도와주거나 협력하는 사람은 부마자가 발작할 때 꽉 잡아 주어야 하며, 침을 뱉을 때 닦아 주는 등의 도움을 주어야 한다. 이런 봉사를 하면서 불행을 당한 사람은 한 번도 보지 못했다. 다시 말하지만 특별히 사제들이 이런 직무를 맡게 됨으로써 사탄으로부터 복수를 당하지 않을까 전전긍긍하고 악마가 행할 수 있는 모든 악을 본인도 행하지 않을까 두려워하는 것은 어처구니없는 일이며, 악마를 내버려 두면 나도 건드리지 않겠지 하는 생각도 잘못된 것이다. 또한 악마와 더 많은 투쟁을 하는 사람에게 더 큰 앙갚음을 할 것이라는 생각도 터무니없다. 성인들을 보라! 일반적으로 악마와 투쟁하면 할수록 오히려 악마들이 이런 사람들을 무서워하지 않았던가. 이것은 보편적인 사례이다. 반면, 아르스의 신부(성 요한 마리아 비안네) 같은 성인들은 악마로부터 육체적인 피해를 입었고, 특별하였으며, 평범한 구마 사제들이 아니었다.

* 삶이 끊임없는 고통들로 점철되었다. 심지어 65회에 걸쳐 심장 전문 병원에 입원할 정도였고, 가족에게는 고통의 사슬에 묶여 있는 것처럼 끊이지 않고 고통이 찾아왔다. 이 사연은 라디오 마리아 생방송 도중에 소개된 것으로, 불행하게도 심

심찮게 일어나는 경우이다. 모든 구마 사제들은 건강, 우정, 직업, 교통사고, 도저히 상상할 수 없는 사건들, 갑작스런 죽음 등의 직접적이고 고통스러운 에피소드들을 알고 있다. 또 구마 예식을 행한다고 해도 폭발적인 특징이 아니고서는 전혀 특별한 증상을 드러내지 않아서 악마의 존재가 의심스러울 때도 있다. 즉, 악마는 가족 중 누구도 부마 상태로 만들지 않고 왠지 악이 외부로부터 침입해서 박해하는 것처럼 가장하여 악행을 저지른다.

사제가 필요한 경우에는 어떤 사제라도 좋다. 사제는 기도와 믿음을 주는 아주 중요한 임무를 수행할 수 있다. 그래서 일련의 불행을 막을 수는 없지만, 고통을 평가할 수는 있다. 즉 그 원인이 악마에 의한 것인지 혹은 설명이 불가능한 그리 중요하지 않은 일련의 사건들이 연속적으로 일어나는지를 판단할 수 있게 된다. 중요한 것은 고통에 있는 가족들을 위로하고 함께하는 것이다. 당연히 고통은 우리들의 믿음을 강하게 하거나 잃게 하는 큰 시련이다. 이런 상황은 신앙의 빛에서만 그 의미들을 찾을 수 있으며, 사제들의 도움이 절실히 필요한 분야이고 넓은 아량을 지닌 다른 신자들의 도움도 필요한 분야이다.

* 정신 질환의 증세를 보이지 않으면서도 한기와 오한 증세, 졸음, 피로, 구제 불가능한 나태와 게으름 속으로 점차 빠져드는 경향 등 의학적으로 치료 불가능한 자연적인 질병의 증세들을 자주 목격하였다. 구마 사제들도 이런 증세들을 접하는가?

이런 질문도 자주 받는다. 이번에도 라디오 마리아 생방송 도중에 정신과 의사로부터 받은 질문이다. 모든 구마 사제들은 임무를 수행할 때 정신과 의사를 곁에 두고 도움을 받아야 한다. 그렇다. 우리 구마 사제들 또한 이런 증세들을 느낀다. 더구나 요즘 들어 더욱 자주 일어나는데, 특히 이런 증세들은 젊은 층에서 자주 목격된다. 이 같은 일 말고도 신앙을 잃고 집에 틀어박히는 현상, 알 수 없는 두뇌의 정지 현상으로 학업과 어떤 직업에도 전혀 흥미를 느끼지 못하는 경우가 발생한다. 또한 자주 모든 음식에 혐오감을 느끼고, 열등의식으로 일이나 사람들로부터 철저히 자신을 소외시켜 점점 절망감이 증폭되면서 고립 상태에 빠지는 현상도 나타난다. 나는 로마의 제멜리 병원에서 거식증을 앓고 있던 여자아이에게 구마를 했는데, 아주 좋은 효과를 거두었다. 여러 번 말하지만 이런 경우들은 구마 사제들과 심리학자(심리학과, 신경 정신과, 정신 분석과), 특히 가장 중요한 정신과 의사들과의 협력이 필요하다.

사탄에 대하여

* 사탄은 어떤 형상을 하고 있나? 어떻게 상상해야 할까? 꼬리와 뿔이 달렸다는 기원은 어디에서 온 것일까? 정말 유황 냄새가 나는가?

사탄은 순수한 영이다. 우리가 사탄을 상상하기 위해 이런 육체적인 모습으로 설명하는 것일 뿐, 사탄은 나타날 때 섬세한 모습을 취한다. 얼마나 험악한 모습일까? 사탄은 항상 험악하게 생겼다. 그것은 어떤 육체적인 험악함을 말하는 것이 아니라 모든 선과 아름다움의 절정이신 하느님으로부터 떨어져 나간 상태와 사악함에서 오는 험악함이다. 사람들은 꼬리가 있고 뿔이 달렸으며, 박쥐의 날개를 가진 모습으로 사탄을 표현한다. 이것은 지극히 아름답고 놀랍도록 선하게 만들어진 영의 존재가 이토록 사악하고 두려운 모습으로 전락해 버린 것을 설명해 주는 것이라고 생각한다. 이처럼 우리는 우리의 의식으로 사탄의 형상을 그려 낼 때 인간답게 살지 못하고 동물처럼 전락한 모습(뿔, 꼬리, 날개, 날카로운 발톱 등)으로 생각한다. 하지만 이것은 우리의 상상일 뿐이다. 악마도 마찬가지로 모습을 드러내고자 할 때는 섬세하고 위선적인 형상을 취하는데 이런 모습은 인간에게 관심을 끌기 위한 작전이다. 그렇기 때문에 사탄은 무서운 동물의 모습을 취하거나 추악한 인간의 모습을 취할 수도 있고, 멋쟁이 신사가 되기도 하는 등 공포심을 조장하거나 관심을 끌기 위한 여러 가지 효과와 때에 따라서 다른 모습을 취할 수 있다.

냄새(유황, 탄 냄새, 대변 냄새 등)에 대해서는 악마가 유발할 수 있는 냄새들을 의미하는 것으로, 물질에 대한 육체적인 현상이나 인간의 신체적 질병으로 나타나기도 한다. 또한 그것은 꿈, 사고思考, 상상 등 우리들의 심리에 영향을 미칠 수 있고 악마가 지닌 느낌들인 증오, 좌절 등을 전이시킬 수 있다. 이런 모든 현상들은 사탄적인 악의 영향을 받는 사람들에게서 드러나고, 특별히 악마의 부마 형태에서 드러나는 것들이다. 하지만 이 영의 존재가 가지고 있는 진짜 사악함과 악랄함은 인간의 모든 상상을 초월하며 우리가 그려 낼 수 있는 모든 능력을 초월한다.

* 사람 속에 존재하는 악마를 구별할 수 있는가? 악마는 사람의 일부분을 장악하고 있는 것인지 아니면 어느 한 장소에 있는 것인지, 만약 그렇다면 악마가 성령과 함께 사람 속에 공존할 수 있는가?

　　그런 인상을 받기 쉽다. 악마는 순수한 영체이면서 어느 한 장소에 있다거나 어느 한 사람 속에 있는 것도 아니다. 악마는 어느 한 부분에 존재하는 것이 아니며 우리가 악마라고 여기는 것은 그의 활동의 영향력으로 보면 된다. 영혼과 육신처럼 어느 한 객체가 다른 객체 안으로 들어가서 살아가는 식이 아니다. 악마는 의식에 영향을 미칠 수 있는 힘으로써 모든 인간의 육신, 혹은 인간의 한 부분에 미친 영향이다. 그렇기 때문에 우리 구마 사제들도 가끔씩은 이런 악마(질병이라고 표현하는 게 좋겠음)가 위胃에 있는 것 같은 인상을 받기도 한다. 하지만 그것은 위에 질병을 유발하는 영체의 힘일 뿐이다.

　　두 영, 즉 악령과 성령이 한 공간에서 동고동락한다고 생각하는 것은 잘못된 것이다. 그 둘은 서로 다른 대상을 향해 상이한 방법으로 동시다발적 힘을 발휘할 수 있는 영들이다. 예를 들어 보자. 성인들의 경우에 악마적인 부마 상태로 고통을 받았지만 그들 육신은 성령의 성전임을 의심할 수 없다. 그들의 영혼과 정신은 완전하게 하느님께 속해 있으며 성령의 인도를 받아 따라간다. 이런 일치를 인간적인 차원의 결합으로 여긴다면 성령의 현존과 질병이 한 공간에 함께 섞여서 존재한다고 여기는 오류를 범하게 된다. 행동과 생각을 주관해서 영혼을 거룩하게 하는 성령의 현존은 질병에 의해 유발된 고통, 혹은 다른 힘인 악마에 의한 질병과 함께 공존하지만 그렇다고 한 공간에 함께 섞여 있는 것은 아니다.

* 하느님께서는 왜 사탄의 행위들을 중지시키지 않는가? 무당이나 마법사들의 활동을 저지하실 수는 없을까?

하느님께서 막지 않는 이유는 창조된 천사들과 인간들이 본성적인 자유와 지식으로 행동하도록 내버려 두시기 때문이다. 하지만 그분은 마지막에 각자가 한 것에 맞는 결과를 요구하실 것이다. 이런 질문에 가장 적합한 비유는 좋은 씨앗과 가라지의 비유일 것이다. 가라지를 가려 뽑자는 종들의 요구에도 불구하고 주인은 적당한 시기를 기다리자고 한다. 이처럼 하느님께서는 당신의 피조물들이 악행을 행할지라도 이들을 거부하지 않으신다. 이런 창조물들의 행위를 저지하게 되면 창조물들이 자신들의 자유 의지를 사용하기도 전에 하느님의 심판은 이미 끝난 것이 된다. 안타까울 따름이지만 우리는 한계를 지닌 존재들로, 점차 죽음으로 다가가고 있는데도 하느님께서는 끝없는 인내심을 보이신다. 인간은 상급을 받게 될 선과 단죄를 받게 될 악을 즉시 보고 싶어 하지만 하느님께서는 인간이 회개하도록 시간을 주시고, 당신을 향한 인간의 신뢰심을 시험하기 위해 악마까지도 활용하면서 우리를 기다리신다.

* 많은 사람들이 정신 치료법, 혹은 정신 분석을 통한 치료로 치유되기 때문에 악마를 믿지 않는다.

분명 이런 경우들은 악마에 의해 생긴 질병이 아니고, 악마적인 부마 형태도 아니다. 하지만 이런 질병을 앓고 있다고 해서 악마의 존재를 무조건 부정해서는 안 된다. 예수님도 악마 때문에 고통 받는 경우와 단순히 몸이 아픈 경우를 구분해서 치유하셨다. 그리고 부마는 지금도 사회적으로나 개인의 삶 안에서 분명하게 나타나고 있다.

* 구마 사제들은 악마에게 질문하고 답을 끌어낸다. 하지만 악마는 거짓의 우두머리인데 그것이 무슨 소용이란 말인가?

맞는 말이다. 악마의 대답은 항상 조심스럽게 다루어야 한다. 그러나 하느님은 그리스도에게 사탄이 진 것을 드러내게 하기 위해 악마에게 진실을 말하도록 강요하시기 때문에 악마는 그리스도를 믿는 사람들이 그리스도의 이름으로 활동하는 데에는 복종할 수밖에 없다. 악마가 자주, 그리고 분명하게 증언하는 바에 의하면 아무리 대답하지 않으려고 해도 악마는 대답할 수밖에 없다는 것이다. 그러나 어쩔 수 없는 그 강요에 의해 자신이 누구인지 밝혀야 할 때 악마는 엄청난 굴욕감을 느끼고 자신의 실패로 단정한다. 하지만 주의해야 할 점이 있다. 구마 사제가 호기심에 의한 질문이나(구마 예식서도 이에 대해 분명하게 금지시키고 있음) 악마와의 토론에 질질 끌려가는 것이야말로 위험천만이다! 아무튼 위선의 우두머리인 사탄은 하느님께서 그에게 진실을 말하라고 강요할 때 굴욕적인 상태로 있을 수밖에 없다.

* 사탄이 하느님을 증오한다는 것을 우리는 알고 있다. 그렇다면 하느님도 사악함을 지닌 사탄을 증오하신다고 말해도 되는지? 그리고 하느님과 사탄 사이에도 대화가 존재하는지?

요한 복음사가의 말처럼 하느님은 사랑(1요한 4,8 참조)이시다. 하느님 내면에는 증오는 절대로 있을 수 없다. 하느님은 무슨 일이든지 하실 수 있지만 만인에게 자비로우시며 그들이 회개할 수 있도록 죄를 단죄하지 않으신다. 하느님은 세상 모든 것을 사랑하시며 당신이 만드신 그 어느 것도 싫어하지 않으신다(지혜 11,23-24 참조). 증오는 가장 엄청난 공포라고 할 수 있으며, 하느님 내면에 도저히 자리할 수 없는 감정이다.

창조주와의 대화를 피조물이 단절할 수는 있지만, 하느님은 절대로 그러지 않으신다. 욥기나 부마자들과 예수님과의 대화, 혹은 묵시록의 정의, 예를 들어 밤낮으로 하느님 앞에서 우리 형제들을 무고하던 자들이 쫓겨났다(묵시 12,10 참조)는 말씀은 인간이 아무리 사악할지라도 하느님께서는 당신 피조물 앞에서 대화의 문을 닫는 분이 아니라는 생각을 갖게 한다.

* 메주고리에서 발현하시는 성모님은 자주 사탄에 대해 말씀하신다. 정말 과거보다 현대에 악마가 훨씬 더 강하게 활동한다고 말할 수 있는가?

그렇다고 믿는다. 역사를 시대별로 볼 때 어떤 시기는 타락으로 점철된 시기로 볼 수 있으며 항상 선과 악이 교차했음을 알 수 있다. 예를 들면 로마 시대 중에 로마 제국의 멸망 과정을 보라. 당시 로마 제국은 공화국

시기에는 없던 많은 타락이 일반화되어 있었다. 그리스도께서 사탄을 이기고 그리스도의 왕국이 건설된 곳에서는 사탄이 전멸한다. 그렇기 때문에 어떤 특정한 이교도들의 장소에서 그리스도인들이 사는 지역보다도 사탄의 영향이 최고조에 달해 있는 것을 보게 된다. 아프리카의 한 지역에서 일어나는 현상에 대해 연구한 적이 있었던 나는 그런 현상을 보았다. 오늘날 사탄은 옛 가톨릭 국가들이 자리한 유럽(이탈리아, 프랑스, 스페인, 오스트리아 등)에서 엄청나게 강한 활동을 한다고 생각하는데, 그렇게 보는 이유는 이런 국가들이 안고 있는 위험스런 현상이 있기 때문이다. 이미 걱정의 도를 넘어선 냉담자의 증가와 앞에서 언급한 악마의 영향에 의한 질병들의 원인이 되는 미신이 늘어나는 것이 그 근거이다.

악마로부터의 해방을 위한
도구들에 대하여

* 우리들이 참여하고 있는 기도 모임에서 자주 악마로부터 해방되는 사례들이 있는데, 구마 예식을 하는 것은 아니지만 해방 기도를 통해 이런 일들이 일어난다. 가브리엘레 아모르트 신부는 정말 해방을 믿는가 아니면 우리들이 해방되었다고 착각하는 것일까?

기도의 힘에 의한 것이기 때문에 믿는다. 복음은 제자들이 기도했지만 아무런 효과를 얻지 못했던 젊은 부마자의 가장 어려운 해방의 경우에 대해 언급하고 있고, 우리는 이에 대해서 두 번째 장에서 이미 언급했다. 예수님께서는 이런 악마를 쫓아내기 위한 세 가지 조건을 말씀하셨는데, 바로 믿음과 기도, 단식이다. 기도는 단체로 했을 때 당연히 훨씬 더 강한 힘을 발휘하고, 복음에서도 이에 대해 확신을 주고 있다. 악마로부터의 해방은 구마 예식 없이 기도를 통해서 가능하지만 기도가 없는 구마 예식을 통해서는 불가능하다는 것을 여러 번 반복해도 지나침이 없다.

　우리가 기도하면 하느님께서는 우리에게 필요한 것을 주실 뿐 아니라 우리가 미처 청하지 못 하는 것도 함께 주신다는 사실을 덧붙이고 싶다. 우리는 무엇을 어떻게 청해야 할지 모른다. 그렇기 때문에 성령께서는 우리 안의 '표현할 수 없는 탄식'을 꿰뚫어 보면서 우리를 위해 기도하신다. 이렇듯 하느님께서는 당신께 청하는 것 이상의 것을 주시며, 우리가 희망하는 것 이상의 것을 주시는 분이시다. 나는 타르디프 신부가 치유의 기도를 하는 중에 사람들이 악령으로부터 해방되는 모습을 본 적이 있다. 또 어느 주교가 해방의 기도를 할 때 사람들이 치유되는 곳에 함께 있기도 했다. 분명히 하느님께서는 우리에게 필요한 것을 염두에 두시고 그것을 선사하신다.

* 악마의 소행으로부터 해방될 수 있는 특별한 장소가 있다고 듣곤 했는데, 실제로 그러한가?

어디서든 기도할 수 있지만 하느님께서 특별한 방법으로 드러내신 곳, 혹은 그분께 직접적으로 봉헌된 사람들이 기도하기 위한 특별한 장소들이 존재한다. 이미 이런 특별한 장소로 유다 민족인 아브라함과 이삭과 야곱 등에게 하느님께서 나타내 보이신 장소가 있다. 그리고 현대의 우리가 방문하는 성지들이나 성당을 들 수 있다. 그렇기 때문에 악마로부터의 해방은 구마 예식으로만 오는 것이 아니고 특정한 성지에서 자주 일어난다. 칸디도 신부는 특별히 로레토 성지, 그리고 루르드 성지와 관계를 맺고 있었는데 이유는 그분을 찾아왔던 많은 환자들이 그곳에서 해방되었기 때문이다.

또한 악마의 소행으로부터 고통을 당하는 사람들이 특별한 신심을 가지고 방문하는 장소들이 존재한다. 예를 들어 성 비치니오 Vicinio가 참회를 위해 쇠사슬에 묶여 있던 곳인 사르시나 Sarsina에서는 자주 악마로부터의 해방이 일어나곤 했으며 과거에는 카라바지오 Caravaggio나 하느님의 성혈을 모시고 있는 클라우제토 Clauzetto가 그런 곳들이었다. 이처럼 이런 장소들에서 악마로부터 괴롭힘을 낭하는 사람들이 치유의 은총을 받곤 했다. 이와 같이 특별한 장소들을 순례하는 것은 우리에게 신앙을 불러일으키기 위해서도 유용하며 중요하다.

* 나는 악마로부터 해방된 경험이 있는 사람이다. 내가 받은 구마 예식은 순간의 효과만을 주었지만 나를 훨씬 더 많이 도와준 것은 기도와 단식이었다.

아주 중요한 증언을 하고 있다. 이에 대해 이미 답했다. 가장 중요한 개념을 다시 한 번 반복하면 악의 영향을 받는 당사자는 절대로 수동적인 행동을 취하면 안 된다는 것이며 구마 사제가 구마 예식을 통해 그를 해방하는 과제를 가지고 있듯이, 당사자도 능동적으로 이에 협력해야 한다.

* 성수와 루르드나 다른 성지의 물이 어떤 차이점이 있는지 알고 싶다. 또 구마 성유와 어떤 특정한 성화상에서 흘러내리는 기름, 혹은 특정 성지에 켜져 있는 램프의 기름을 믿음을 가지고 사용하는 것과의 차이점에 대해서도 알고 싶다.

구마에 사용 된 물, 기름, 소금, 혹은 축복된 것들은 준성사이다. 하지만 교회의 전구를 통해 특별한 효과를 받은 것일지라도 믿음을 가지고 이런 것들을 사용해야 구체적인 경우에서 효과를 발휘한다. 다른 질문자가 언급한 것들은 준성사가 아니지만 그것들이 가지는 효과는 믿음으로부터 부여받고 의미적으로 그 물건들과 관련되어 있는 장소와 연계되어 기도할 때 드러난다. 예를 들어 루르드의 동정 마리아, 프라하의 아기 예수님 등이 그렇다.

* 나는 계속적으로 진한 거품이 나는 침을 토해 내고 있다. 어떤 의사도 제대로 된 진단을 내리지 못하고 있는 실정이다.

거품을 토하면서 느껴지는 기분이 나쁘지 않다면 알 수 없는 악마의 영향으로부터 해방되고 있다는 신호이다. 악마의 주문에 의한 무엇인가를 먹었거나 마셨을 때 자주 진한 거품이 나는 침을 토하면서 해방되는 경우가 많다. 나는 이런 경우를 다룰 때 해방을 돕는 모든 충고들을 하고 있다. 예를 들어 많은 기도와 성사 생활, 마음을 다한 용서 등 이미 앞에서 언급한 것들이다. 더불어 성수를 마시거나 구마가 된 기름을 마시도록 이끈다.

* 왜 그런지는 모르지만 나는 굉장한 시기猜忌의 대상이다. 이런 상태가 나에게 악을 끼치는 것은 아닐지 두렵다. 질투나 시기가 악마의 공격을 유발할 수 있는지 알고 싶다.

그것은 악마의 공격의 대상이 될 수 있는 기회를 제공할 때만 가능하다. 이런 상태에 있는 사람은 당연히 침울한 느낌을 받고 생활의 균형이 깨져 삶이 순조롭지 못하다. 부부 사이의 질투를 보더라도 그것이 악마의 저주의 원인이 되지는 않지만 훌륭하게 일구어 나가야 하는 결혼 생활을 원만하지 못하게 만드는 것은 사실이다. 하지만 그것 자체가 다른 방해를 유발하지는 않는다.

* 자주 사탄을 끊어 버리는 기도를 하라는 충고를 받는데 그 이유가 무엇인지 잘 모르겠다.

세례성사의 서원을 갱신하는 것은 늘 상당히 유용하다. 이를 통해 다시 한 번 하느님께 향한 믿음을 갱신하고, 그분께 속해 있으면서 사탄과 악마로부터 오는 모든 것들을 끊어 버리는 것이다. 누군가 질문자에게 이런 충고를 해 주었다면 아마도 단절해야 하는 어떤 관계가 있기 때문이 아닌지 추측해 볼 수 있다. 무당이나 점쟁이들을 찾아다니는 사람은 악마와 악의 관계, 무당과 악의 관계를 함께 맺는 것이 된다. 왜냐하면 무당이나 점쟁이들은 접신을 하거나 사탄교에 소속된 사람들이기 때문이다. 그러므로 성경 전체에서는 특히 구약 성경은 이런 우상들과의 모든 관계를 끊어 버리고 유일하신 하느님께 완전히 귀속하도록 초대하고 있다.

* 거룩한 메달들이나 십자고상들, 스카풀라 등을 상당히 많이 사용하고 있는데, 성패들을 목에 걸고 다니면 어떤 보호효과를 발휘하는가?

우리는 이런 물건들을 부적이 아니라 진실한 믿음을 가지고 사용한다면 확실한 효과를 얻을 수 있다. 성화상들을 축복하기 위해 사용되는 기도는 두 가지 개념을 강조한다. 그 성화상에 드러난 모습이 지닌 덕德을 닮게 해 달라는 것과 이를 통한 보호를 청하는 것이다. 하지만 누군가 위험에 처하게 될 때, 예를 들어 사탄교의 한 의식에 참여했을 때 오는 결과인 악의 방해로부터 이 성물들이 분명 보호해 줄 것이라고 생각한다면 커다란 잘못을 저지르는 것이다. 성물들의 본래의 목적은 우리들로 하여금 그리스도의 생활을 지속적으로 해 나가도록 격려하고 이끌어 주는 것이다.

* 우리 본당 신부님은 가장 훌륭한 구마 예식은 고해성사라고 강조한다.

본당 신부님의 말씀이 옳다. 사탄을 이길 수 있는 가장 직접적인 방법은 고해성사인데, 고해성사는 악마로부터 영혼들을 구출해 내는 것이며 죄를 이길 수 있는 힘을 주고 하느님의 뜻에 맞는 생활에 적극적이게 하면서 하느님과 더욱 일치하도록 유도하기 때문이다. 구마 사제들은 악마의 공격을 받는 모든 사람들에게 더욱 자주 고해성사를 보도록 권유하는데, 가능하다면 일주일에 한 번씩 보도록 한다.

* 「가톨릭 교회 교리서」는 구마 예식에 대해 어떻게 생각하고 있을까?

정확하게 네 개의 항에 걸쳐 언급하고 있다. 517항에서는 그리스도로부터 이루어진 구원 활동으로 그리스도께서 행하신 구마에 대해 언급한다. 550항은 텍스트를 그대로 인용한다. "내가 하느님의 영으로 마귀들을 쫓아내는 것이면, 하느님의 나라가 이미 너희에게 와 있는 것이다."(마태 12,28) 예수님의 구마는 악마의 공격을 받고 있는 몇몇 사람들을 해방한다. 이렇게 예수님께서는 "이 세상의 우두머리"(요한 12,31)를 이겨 내는 모습을 먼저 보여 준다.

1237항은 세례성사 중에 치르는 구마 예식에 관해 이렇게 언급한다. "세례는 죄와 죄를 선동하는 마귀에게서 해방되는 것을 의미하기 때문에 예비 신자들을 위하여 한 가지(또는 여러 가지)의 구마 기도를 바친다. 집전자가 예비 신자 성유를 바르거나 또는 안수를 함으로써, 예비 신자는 사탄을 명백하게 끊어 버리게 된다. 이렇게 준비된 예비 신자는 교회의 신앙을 고백할 수 있으며, 그는 세례로써 이 신앙에 '맡겨지는' 것이다."

1673항은 훨씬 더 자세하다. 교회가 어떤 사람이나 물건이 마귀의 세력으로부터 보호되고 마귀의 지배력에서 벗어나도록 예수 그리스도의 이름으로 공적인 권위를 가지고 청하는 것을 구마驅魔라고 한다. 이런 방법으로 그리스도께로부터 받은 구마 임무와 힘을 활용한다. "구마는 마귀들을 쫓아내거나 마귀의 지배력에서 구해 내는 것이 목적이다."

이런 중요한 개념 정립을 잘 이해해야 한다. 여기서는 진짜 악마에 의한 부마의 존재뿐 아니라 악마의 여러 다른 형태의 영향들까지도 언급하고 있다. 다른 정확한 개념들은 이것에 대해 언급하고 있는 다른 텍스트들을 참고하도록 하자.

사탄의 적, 동정 마리아

'사탄의 원수인 여자'라는 제목으로 나는 몇 달 동안이나 월간지 〈Eco di Medjugorje〉의 칼럼을 집필했다. 메주고리에서 나오는 메시지들은 계속적으로 이에 대한 자료를 제공하였는데, 예를 들면 다음과 같은 것이다. "사탄은 강하고 상당히 활동적이며 항상 기회를 엿보고 있다. 기도가 부족한 곳으로 스며들어 우리들을 손아귀에 집어넣고 거룩함의 길로 향하는 우리들을 사정없이 방해한다. 하느님의 계획들을 파괴하려는 목적을 지니고 있으며 마리아의 계획들을 산산조각 내려고 할 뿐 아니라 삶의 첫자리를 노리고 있으며 기쁨을 앗아가려고 한다. 이런 사탄을 이길 수 있는 길은 깨어 기도하는 생활, 단식과 로사리오 기도를 통해서이다. 성모님께서 가신 곳은 어디든지 예수님께서 함께하셨고, 사탄도 함께 따라다녔기 때문에 사탄에게 속아 넘어가지 않도록 주의해야 한다."

이와 관련된 성모님의 많은 메시지들을 나열할 수 있다. 이런 악마의 존재를 부정하거나 그 활동을 축소하려는 사람들에 대해 악마로부터 조심하라고 동정 마리아께서는 계속적으로 경고하신다. 동정 마리아님의 말씀(그 발현들의 진위 여부에 상관없이 나는 이 발현들이 진짜라고 여긴다)에 대한 성경과 교회의 가르침과의 관계에 대한 해설을 하는 데 있어서 나는 큰 어려움을 느끼지 않았다.

성모 마리아님의 이런 모든 호소의 말씀들은 성경의 증언대로 인류 역사 시작부터 사탄의 원수인 여인과 잘 맞아떨어지는 것이다. 지극히 거룩하신 마리아님의 행동들은 하느님을 향해 있었고 우리는 우리에게 향한 하느님 계획이 완성되도록 동정 마리아님의 이런 행동들을 닮아야 할 것이다. 구마 사제들은 이 같은 특수 사목 활동을 하면서 사탄에 대항한 싸움과 사탄의 공격을 받은 이들로부터 이를 쫓아내는 것 등이 성모님의 기본적인 과제라는 것을 생생하게 증언할 수 있다.

나는 이 마지막 장에서 세 가지 요소들을 언급하려고 하는데, 그렇다고 해서 어떤 결론을 내려는 것은 아니다. 단지 사탄을 이기는 데 동정 마리아님의 개입이 얼마나 중요한지를 언급하려는 것뿐이다.

1. 인류 역사 초기에 나타나 선조들인 아담과 하와를 유연하게 속인 하느님의 적대자, 악마가 마리아와 아드님에 의해 격퇴당할 것이라는 구원에 대한 첫 번째 선포는 창세기 3장 15절에 명시되어 있고 여기서 영감을 얻은 예술가들은 마리아가 뱀의 머리를 밟고 서 있는 형상으로 승화시켰다. 실제로 성경 말씀 그대로 예수님은 사탄의 머리를 짓밟는 '여인의 자손'이 분명하다. 하지만 구원자는 마리아를 단지 어머니로만 선택한 것이 아니라 구원 활동에 당신과 일치시켰다. 뱀의 머리를 밟고 서 있는 동정 마리아님의 형상은 두 가지 진리를 말해 주고 있다. 즉 마리아가 구원에 참여했다는 것이며 마리아 자신이 가장 아름다운 구원의 첫 번째 결실이라는 것이다.

텍스트의 해석 의미에 대해 더 연구하고 싶다면 CEI(이탈리아 주교회의 - 역자 주)의 공식 번역서를 보도록 하자. "나는 너를 여자와 원수가 되게 하리라(유혹자인 뱀에게 명령하시는 하느님). 네 후손을 여자의 후손과 원수가 되게 하리라. 너는 그 발꿈치를 물려고 하다가 도리어 여자의 후손에게 머리를 밟히리라." 이렇게 히브리 성경은 전하고 있다. 소위 70인 역이라고 하는 그리스 번역에서는 "그가 네 머리를 밟으리라."는 말로 남성 대명사를 사용하는데 이는 분명 메시아를 의미하고 있다. 그런데 소위 불가타본, 성 예로니모가 번역한 라틴어 성경에서는 "여자가 네 머리를 밟으리라."라는 여성 대명사를 사용하면서 전체적으로 마리아론적인 해석을 한다. 이런 마리아론적인 해석은 이미 옛 교부들 이전인 이레네오에서부터 계속 이어져 오고 있다. 결론적으로 어머니와 외아들의 활동은 제2차 바티칸 공의회에서 이렇게 표현된다. "아드님 밑에서 아드님과 함께 구원의 신비에 봉사하셨다. …자유로운 신앙과 순종으로 인류 구원에 협력하신다고 여기는 것은 당연하다."(교회 헌장 56)

인류 역사의 마지막을 예시하는 부분에서도 끊임없는 투쟁이 반복되는 것을 보게 된다. "하늘에 큰 표징이 나타났습니다. 태양을 입고 발밑에 달을 두고 머리에 열두 개 별로 된 관을 쓴 여인이 나타난 것입니다. 또 다른 표징이 하늘에 나타났습니다. 크고 붉은 용인데, 머리가 일곱이고 뿔이 열이었으며 일곱 머리에는 모두 작은 관을 쓰고 있었습니다."(묵시 12,1.3) 자신의 아들인 예수님을 출산하려는 고통을 겪고 있는 여자로 성경적 사용에 적합하게 많은 의미로 소개되었고, 신자 공동체의 의미이기도 한 그 여자는 바로 마리아이다. 붉은 용은 '사탄 혹은 악마라고 불리는 늙은 용'으로 묵시록 12장 9절에서 말하는 바와 같다. 그곳에서는 다시 한 번 두 형상의 투쟁을 그리고 있는데 땅으로 떨어지는 용의 패배를 보여 준다.

악마를 대항해 싸운 이가 누구든지, 특별히 구마 사제들에게는 이런 원수지간의 투쟁과의 마지막 압승은 엄청난 중요성을 갖는다.

2. 지상 삶을 살면서 보여 주었던 역사 안에서 드러나는 지극히 거룩하신 마리아님의 행동을 관찰하는 두 번째 요소로 넘어가 보자. 나는 여기서 두 가지 에피소드와 두 가지 승인에 대해서만 말하겠다. 즉, 잉태 예고와 갈바리아에서의 행동과 하느님의 어머니 마리아이시며 우리들의 어머니 마리아에 관해서이다. 우리가 발견하고 싶어 하는 것은 악마가 모든 수단을 동원해 방해하려고 했던 하느님의 계획이 자신 안에 이루어지

도록 받아들이는 마리아의 행위야말로 모든 그리스도인들이 본받아야 하는 표양이라는 점이다.

잉태 예고에서 마리아는 완전한 순명을 드러낸다. 천사의 개입은 고대하던 것, 혹은 계획하던 모든 것을 뛰어넘도록 성모님의 삶을 관통하며 바꾸어 놓았다. 여기서 '불가능이란 없다.'라는 하느님의 말씀에 바탕을 둔 어머니 마리아의 진정한 신앙이 드러난다. 동정녀가 아이를 잉태한다는 사실, 그것은 어리석은 믿음이라고 단정을 지을 수도 있을 것이다. 하지만 교회 헌장의 말처럼 하느님께서 사용하시는 방법은 매우 놀랍다. 하느님께서는 우리들을 자유롭고 지적인 피조물로 만드셨기 때문에 항상 그러한 피조물로 대하신다. 교회 헌장은 이렇게 언급하고 있다. "마리아께서 순전히 피동적으로 하느님께 이용당하신 것이 아니라 자유로운 신앙과 순종으로 인류 구원에 협력하신다고 여기는 것이 당연하다."(교회 헌장 56)

초대 교부들에게 마지막 이 개념은 아주 훌륭한 주제로 받아들여졌다. 즉, 그들은 하와 – 마리아를 비교하면서 마리아의 순명이 하와의 불순명을 꺾었다고 보았는데, 그것은 아담의 불순종을 완전하게 회복해 놓는 그리스도의 순종을 미리 선포하는 것이다. 사실 마리아에게 사탄이 직접 등장하지는 않지만 순명하는 마리아의 등장으로 인간과 악마의 투쟁 결과는 다시 고쳐졌다. 그래서 여자와 사탄의 원수지간은 하느님의 계획에 완전히 결합하는 가장 완전한 표현 방법으로 자리한다.

십자가 아래에서 "여인이시여, 이 사람이 어머니의 아들입니다."라는 두 번째 선포가 이루어진다. 십자가 바로 밑에서 완전하게 하느님께 향해 있던 마리아, 그의 믿음과 순명은 더욱 강력한 모습으로 첫 번째 선포 때보다 훨씬 더 영웅적으로 그려진다. 이를 이해하기 위해서는 우리는 그 순간의 동정녀의 느낌 속으로 들어가야만 한다.

어머니 마리아의 터질 것 같은 고통은 위대한 사랑 안으로 파고든다. 그리고 일반 신앙인들의 믿음에서도 이 순간은 비탄과 고통이라는 두 가지 이름으로 의미심장하게 다가오고, 이 장면은 수천 가지 방법으로 예술가들에 의해 묘사되었다. 이제부터는 성모님과 우리에게 주어지는 아주 중요한 세 가지 느낌들을 짧게 언급하겠다.

첫 번째 느낌은 성부의 뜻에 일치하는 것이다. 제2차 바티칸 공의회는 동정 마리아께서 십자가 아래 계셨던 것에 대해 아주 새롭고 매우 효과적인 표현을 사용한다. "성모님께서는 당신 아드님의 희생 제사에 어머니의 마음으로 당신을 결합시키셨다."(교회 헌장 58) 이것은 성부께서 원하신 것이었고 또 예수님께서도 그 뜻에 함께하셨다. 동정 마리아께서는 상상할 수 없는 고통을 지니게 될지라도 이런 뜻에 기꺼이 일치하신 것이다.

두 번째 느낌에 대해서는 크게 강조하지 않겠다. 실상 마리아의 이 고통이야말로 모든 고통들을 지탱시켜 주는 고통이다. 마리아는 아드님의 죽음의 의미를 이미 알고 있었다. 마리아는 고통의 방법, 그렇지만 인간적으로는 도저히 용납되지 않는 방법으로 예수님이 승리하시고 영광스러워진다는 것을 이해하고 계셨다. 이에 대해서는 가브리엘 대천사도 이미 선포했었다. "그분께서는 큰 인물이 되시고 지극히 높으신 분의 아드님이라 불리실 것이다. 주 하느님께서 그분의 조상 다윗의 왕좌를 그분께 주시어, 그분께서 야곱 집안을 영원히 다스리시리니 그분의 나라는 끝이 없을 것이다." 그러므로 마리아는 십자가의 죽음이라는 이 방법을 통해서만 위대한 그 예언이 실현되리라는 것을 알고 계셨다. 하느님의 방법은 우리의 방법과 굉장히 다르다. 그것은 세상의 모든 나라와 그 영광을 보여 주면서 "당신이 땅에 엎드려 나에게 경배하면 저 모든 것을 당신에게 주겠소."(마태 4,8-9) 한 사탄의 방법은 아니었다.

세 번째 느낌은 다른 모든 이들이 그분께 왕관을 씌워 드리는 감사의 마음이다. 마리아는 하느님께 순명하는 방법으로 모든 인류의 구원이 실현되는 것과 당신의 인성이 이를 위해 가장 먼저 적용된 것을 보신다.

아드님의 잔인한 죽음을 십자가 아래에서 지켜보신 성모 마리아는 항상 티 없으신 동정녀, 하느님의 어머니이시며 우리들의 어머니이시다. 하느님께 감사드린다.

인간의 삶을 겸손하게 마친 어머니를 우리는 복되다 이를 것이며 땅과 천상의 여왕, 모든 은총의 중개자로 부르게 될 것이다. 어머니 마리아는 겸손한 하느님의 종이시며, 죽으심으로 창조물 중에서 가장 위대한 창조물로 서게 되셨다. 하느님께 감사드린다.

그의 자녀인 우리는 이제 확신을 가지고 천상을 바라볼 수 있다. 천국은 열려 있고 예수님의 십자가 죽음으로 악마는 완전히 졌기 때문이다. 하느님께 감사드린다.

이처럼 십자가를 바라볼 때마다 가장 먼저 감사의 말이 흘러나와야 한다. 그리고 이런 느낌들을 통해 완전하게 하느님께 부합하고 십자가를 통한 그리스도의 승리에 대한 믿음과 고통의 귀중함을 이해해야 한다. 그러면서 예수님으로부터 사탄을 패배시킬 수 있는 힘, 비록 사탄의 손아귀에 잡혔을지라도 사탄으로부터 해방될 수 있는 힘을 얻을 수 있다고 믿어야 한다.

3. 우리의 관심을 자극하는 주제인 '사탄에 대적하는 마리아'에 대해 앞에서 열거한 내용들을 바탕으로 마지막으로 다루어 보자. 과연 어떻

게 성모 마리아는 이토록 강하게 악마에 대항할 수 있단 말인가? 마귀는 왜 동정녀 앞에서 두려워하며 도망치는가? 지금까지 우리가 교리적인 것에 대해 논했다면 이제는 모든 구마 사제들의 경험을 그대로 반영하는 좀 더 구체적인 주제들을 논할 시기이다.

성모 마리아님에게 대항했던 악마가 어쩔 수 없는 상황에서 성모 마리아님에 대하여 말한 내용부터 시작해 보자. 하느님의 명령에 의해 악마는 그 어떤 설교가보다도 훌륭하게 성모님에 대해서 증언했다.

1823년 아리아노 이르피노 Ariano Irpino(아벨리노)의 두 명의 유명한 도미니코회 설교가인 카시티Cassiti 신부와 피냐타로Pignataro 신부는 한 소년에게 구마 요청을 받았다. 당시는 여전히 신학자들 사이에서 원죄 없이 잉태되신 성모님에 대한 진리가 불투명한 존재의 대상이 되고 있던 시기였으며 31년 뒤인 1854년에 가서야 그것은 비로소 신앙의 교의로 선포되었다. 여하튼 두 명의 수도 사제는 소년 안에 있는 악마에게 마리아가 티 없으신 분임을 증명하도록 명령하였고 원죄 없으신 성모님에 대해 소네트 형식으로 읊어 보라고 명령하였다. 소네트 형식은 14행으로 이루어지는 음률을 기본으로 하는 시이다. 주목할 것은 부마자는 열두 살 된 어린 소년이었으며 문맹이었다. 하지만 소년을 움켜쥐고 있던 사탄은 즉시 아래와 같은 시를 읊었다.

하느님의 성자의 진정한 어머니는 나요.
나는 성자의 어머니이면서 그분의 딸이라.
영원으로부터 나신 분인 나의 아드님,
내가 태어날 때조차도 나는 그분의 어머니였음이라.

그분은 나의 창조주이며 나의 아드님,

나는 그분의 피조물이며 그분의 어머니라.

놀라운 신성은 나의 아드님이 되고

영원하신 하느님께서 나를 어머니 되게 하심이라.

아드님과 어머니가 거의 같음은 아드님으로 인해 어머니가 계시며

어머니가 계시기에 아드님 계심이네.

아드님으로부터 어머니 계시기에

아드님 계셨던 궁전 어머니 티 없으시네.

교황 비오 12세는 '원죄 없이 잉태되신 모후' 교리를 선포하신 다음, 이 소네트를 읽고 감동하여 직접 소개했다.

오래전 내 친구였던 파우스티노 네그리니 Faustino Negrini 신부는 브레샤 지역 사람으로 작은 성지인 스텔라 Stella에서 구마 사제로 활동하다가 선종했는데, 그는 악마에게 성모님에 대해 호교론적 입장을 밝혀 보라고 명령했었다는 말을 내게 해 준 적이 있다. 그는 악마에게 물었다. "왜 너는 내가 동정 마리아님의 이름을 부를 때마다 그토록 두려워하느냐?" 이 질문에 악마는 부마자의 입을 통해 이렇게 응답하였다. "동정녀는 모든 창조물 중에서 가장 겸손하다. 하지만 나는 창조물 중에서 가장 교만하기 때문이며 동정녀는 창조물 중에서 절대적인 순명을 실천하지만 나는 (하느님께) 절대적인 반항의 존재이기 때문이고, 동정녀는 가장 깨끗한 창조물이지만 나는 가장 불결한 창조물이기 때문이다."

1991년 나는 구마 예식을 하다가 이 예가 기억나서 마리아의 지극하심에 대해 설명하고 이에 대해 답해 보도록 악마에게 요구한 적이 있다

(상상할 수 없는 대단한 답이 나오리라고는 기대하지 않았다). 나의 질문은 다음과 같았다. "티 없으신 동정녀는 세 가지 덕에 의해 칭송을 받으신다. 이제 네가 가장 두려워하는 동정녀의 네 번째 덕이 무엇인지 말해 보아라." 즉시 나는 이런 대답을 들었다. "아주 작은 죄의 그늘도 없는 분이기 때문에 피조물 중 나를 완전무결하게 이길 수 있는 피조물이다."

정말 악마가 이런 식으로 마리아에 대해 말한다면 구마 사제들은 도대체 무슨 말을 할 수 있을까? 그래서 나는 우리 모든 구마 사제들이 경험하고 있는 그것에 대해서만 말하려고 한다. 즉, 진정한 은총의 중재자이신 동정 마리아님은 당신의 손으로 직접 어루만져 주신다. 이유는 악마로부터의 해방의 순간에 동정녀께서는 당신 아드님으로부터 은총을 얻어 주시기 때문이다. 언젠가 나는 한 부마자에게 구마를 시작할 때 악마들 중 한 마리가 진짜 그 사람 안에서 모욕하고 조롱하는 것을 들었다. "나는 여기가 좋아, 절대로 여기서 안 나갈 거니깐 알아서들 해. 절대로 네가 나를 어떻게 건드릴 수 없다고. 너는 약해 빠졌어. 시간만 낭비하는 꼴이란…." 하지만 조금씩 동정 마리아 쪽으로 향하면 악마는 조금 전과는 다른 말을 했다. "그녀(성모님을 지칭 - 역자 주)가 이 사람을 원하는 거야, 그녀에게는 전혀 반항할 수가 없어. 이 사람을 위해서 기도하는 것을 멈추라고 해. 난 끝장이야, 그녀가 이 피조물을 사랑하고 있단 말이야."

내가 구마 기도를 할 때 여러 번 일어났던 일은 구마 기도 첫 부분에서 이미 악마는 성모님의 개입에 대해 즉각적으로 비난을 한 것이다. "여기가 이렇게 좋은데… 아니, 누가 당신을 여기 보냈어? 음, 왜 왔는지 알 것 같네. 이 사람을 원하는 것을 내가 알지. 그분이 오시지 않았다면 절대로 너를 만나는 일이 없었을 텐데…."

성 베르나르도는 신학의 논리에 바탕을 둔 유명한 설교의 마지막 부분에서 예술적인 한 문장으로 이렇게 결론짓는다. "마리아는 내 희망의 모든 이유이다."

나는 이 문장을 내가 소년이었을 때 산 조반니 로톤도의 오상의 성 비오 신부의 독방 앞에서 5번째 순번으로 그분을 만나기 위해 기다릴 때 배웠다. 이런 표현은 처음에는 단순한 신심으로 다가올 수도 있었지만, 그 내용을 공부하고 싶었다. 공부하고 난 다음 나는 이에 대한 진리, 실천적 경험과 교리를 통해 그 뜻을 깊이 새길 수 있었다. 그래서 악마의 질병으로 고통을 당하는 사람들이 불만족이나 좌절을 자주 겪고 있을 때면 "마리아는 내 희망의 모든 이유이다."라고 말해 준다.

예수님은 어머니로부터 우리에게 오셨고 그 예수님께로부터 모든 선(善)이 도래한다. 이것은 성부의 계획이셨으며 절대로 변할 수 없는 진리이다. 그분은 모든 은총이 마리아의 손을 거쳐 위로와 기쁨, 해방의 성령으로 내려오심을 허락해 주신다.

성 베르나르도는 자신의 설교의 최고 절정에서 이런 요소들을 결정적으로 표현하는 데 망설이지 않았는데 그것은 동정 마리아께 대한 단테의 유명한 기도에 영향을 미쳤다.

"우리 마음의 열정, 사랑, 희망을 다해 마리아를 경배하세.
마리아를 통해 우리가 모든 것을 얻을 수 있도록
그분께서 이렇게 마련하셨네."

이런 경험은 모든 구마 사제들이 매번 직접 체험히는 것이다.

결론

 책을 쓰는 사람은 탈고를 한 뒤 자신이 쓴 원고를 읽으면서 자주 묘한 감정에 빠지곤 한다. 서두에서 말한 것과는 달리 왠지 뭔가 부족한 것처럼 느끼기 때문이다. 지금 나도 마찬가지 상황에 놓여 있다. 이 책에서 건드린 주제들은 광범위한 것들로 그 하나하나로도 이미 엄청나게 많은 내용들이 거론되어야 마땅하다.
 이 책에서 나는 가장 중요하다고 생각하는 요소들만을 최대한 자제하면서 언급했고, 주제 자체에 무게를 싣지 않으려고 했다. 그렇게 함으로써 방대한 책을 저술하면서 오는 시간 낭비를 하지 않고, 또 그런 책들은 소수밖에 읽지 않는다는 생각에 많은 이들이 대중적으로 읽을 수 있도록 노력했다.
 물론 앞에서 언급했지만, 이 책에서 다룬 많은 주제들이 적합한 연구들을 통해 다른 사람들이 깊이 있게 다루고자 하는 마음을 유발시키기를 희망하고 또 그렇게 되리라고 믿는다. 개인적인 원고를 제외하고는 많은 부분에 대해 아직 다루지 못했다. 나는 신학교나 교황청 대학에 들어가 현재 전혀 다루어지고 있지 않는 부분과 관련하여 역사 교부학적인 연구가 필요한 주제들을 제시하고 싶다.
 미래는 하느님의 손에 맡겨져 있다. 나는 이 책을 통해 독자들에게 풍부한 작업의 실마리를 제공했고, 실제 일어났던 많은 내용들을 알렸다고 감히 말하고 싶다. 또한 이 책은 학문에 의한 결실이 아니라 오랜 경험을 지닌 칸디도 아만티니 신부의 결실이며 나 개인에게 집중된 경험의 결실이다. 십여 년 동안 내가 3만 명에게 구마 기도를 한 것만 봐도 이를 충분히 생각할 수 있다. 나는 많은 관찰, 문제, 어려움과 해결하려는 노력, 취급되고 있는 주제 등 단 한 번도 책으로 출판되지 않았던 것들을 이 책을 통해서 언급했다.

특별히, 이 책에 대한 나의 동료 구마 사제들의 의견을 환영하는 바이다. 나는 어떤 경우든 하느님께서 원하시는 봉사라면 누군가가 이 주제들에 대해 계속 심도 있게 연구할 것임을 믿는다.

기도문들

악령으로부터의 해방을 위해 주님이신 예수님께 드리는 기도

오 구원자 예수님,
나의 주님, 나의 하느님,
나의 하느님 나의 모든 것이신 분,
십자가의 희생을 통해 저희를 구원하시고
사탄의 힘을 쳐부수신 주님께 청하오니,
모든 악의 존재로부터 저를 해방하시며
모든 악의 영향으로부터 저를 해방하소서.
당신의 상처를 통해 청하나이다.
당신의 피를 통해 청하나이다.
당신의 십자가를 통해 청하나이다.
티 없으시며 고통을 당하신 마리아의 전구를 통해 청하나이다.
당신의 늑방에서 제 위로 흘러내리는
물과 피로써 저를 정화하시고 해방하소서.
아멘.

마리아께 드리는 기도

사탄의 머리를 밟을 수 있는 힘과 임무를 하느님께 부여받으신
오 위대한 천상의 여왕, 천사들의 모후여,
겸손하게 청하오니,
천상 군대를 보내 주시어
당신의 명령으로 악마들을 쫓아내게 하시고
온 천지에서 그들과 싸우게 하시어
그들의 무례함을 짓누르게 하시며
결국에는 지옥으로 떨어트리게 하소서.
아멘.

미카엘 대천사께 드리는 기도

성 미카엘 대천사여,
악과의 전투로부터 저희를 보호하시고
악마의 책략으로부터 저희를 도우소서.
주님께서 악마에게 명하실 수 있도록 간구해 주소서.
천상 군대의 지휘자이신 대천사여,
하느님께서 주신 힘으로
이 세상을 돌아다니며 영혼들을 파멸로 이끄는
사탄과 다른 악마들을 지옥으로 쫓아 버리소서.

지극히 거룩한 보혈 호칭 기도

주님, 자비를 베푸소서.
주님, 자비를 베푸소서.
그리스도님, 자비를 베푸소서.
그리스도님, 자비를 베푸소서.
주님, 자비를 베푸소서.
주님, 자비를 베푸소서.
그리스도님, 저희 기도를 들어주소서.
그리스도님 저희 기도를 들어주소서.
그리스도님, 저희 애원을 들어주소서.
그리스도님, 저희 애원을 들으소서.
천상에 계신 아버지, 저희에게 자비를 베푸소서.
하느님, 세상의 구원자이신 아드님,
저희에게 자비를 베푸소서.
하느님의 성령이시여, 저희에게 자비를 베푸소서.
한 분이신 하느님의 삼위일체시여, 저희에게 자비를 베푸소서.
성부의 외아들 그리스도의 보혈이여, 저희를 구원하소서.
강생하신 하느님의 말씀이신 그리스도의 보혈이여,
저희를 구원하소서.
땅에서 수난을 당하신 그리스도의 보혈이여,
저희를 구원하소서.
새롭고 영원한 계약이신 그리스도의 보혈이여,

저희를 구원하소서.

매를 맞아 쏟아진 그리스도의 보혈이여,

저희를 구원하소서.

날카로운 가시관에 의해 흘러나온 그리스도의 보혈이여,

저희를 구원하소서.

십자가 위에서 흘리신 그리스도의 보혈이여,

저희를 구원하소서.

저희들의 구원의 값을 치르신 그리스도의 보혈이여,

저희를 구원하소서.

구원의 약속이신 그리스도의 보혈이여, 저희를 구원하소서.

영혼의 음료이며 정화수이신 그리스도의 보혈이여,

저희를 구원하소서.

자비의 강물이신 그리스도의 보혈이여,

저희를 구원하소서.

악마들을 짓밟으시는 그리스도의 보혈이여,

저희를 구원하소서.

순교자들의 힘이신 그리스도의 보혈이여,

저희를 구원하소서.

고해 사제들의 힘이신 그리스도의 보혈이여,

저희를 구원하소서.

동정녀들의 원천이신 그리스도의 보혈이여,

저희를 구원하소서.

위험 중에 지켜 주시는 그리스도의 보혈이여,

저희를 구원하소서.

박해받는 이들의 도움이신 그리스도의 보혈이여,

저희를 구원하소서.

울고 있는 이들의 위로자이신 그리스도의 보혈이여,

저희를 구원하소서.

참회자들의 희망이신 그리스도의 보혈이여,

저희를 구원하소서.

임종하는 이들의 위로자이신 그리스도의 보혈이여,

저희를 구원하소서.

마음의 온유함과 평화이신 그리스도의 보혈이여,

저희를 구원하소서.

영원한 삶의 보증이 되시는 그리스도의 보혈이여,

저희를 구원하소서.

연옥 영혼을 해방하시는 그리스도의 보혈이여,

저희를 구원하소서.

영광과 엄위의 그리스도의 보혈이여,

저희를 구원하소서.

하느님의 어린양, 세상의 죄를 없애시는 주님,

저희를 용서하소서.

하느님의 어린양, 세상의 죄를 없애시는 주님,

저희의 기도를 들어주소서.

하느님의 어린양, 세상의 죄를 없애시는 주님,

저희에게 자비를 베푸소서.

기도합시다.

오 아버지, 세상을 구원하신 당신 외아드님의 거룩한 피로써 이 거룩한 신비를 거행할 때마다 우리들의 구원을 위한 결실들을 얻을 수 있도록 저희 안에 당신의 자비하신 업적을 보존할 수 있도록 하소서. 우리 주 예수 그리스도를 통하여 비나이다. 아멘.

집 혹은 일하는 장소를 축복하기 위한 기도

오, 아버지 저희들의 집(상점, 사무실…)에 오시어 원수의 사악함을 멀리해 주시고 지켜 주십시오. 평화를 전해 주기 위해 거룩한 천사들이 방문하도록 해 주시며 당신의 강복이 영원히 저희와 함께 남아 있게 하십시오. 우리 주 예수 그리스도를 통하여 비나이다. 아멘.

주 예수 그리스도님, 제자들이 들어간 집에 평화를 기원해 주라고 하신 것처럼 저희들의 믿음을 통한 기도로써 이 집을 거룩하게 하소서.

이 집에 당신의 축복을 내리시며 풍성한 평화를 내리소서. 당신께서 자캐오의 집에 들어가셨을 때처럼 이 집에도 구원이 오게 하소서.

당신 천사들로 하여금 이 집을 보호하게 하시고 모든 악마의 힘을 쫓아내게 하소서.

이 집에 살고 있는 모든 이들이 행하던 선행을 통해 당신께 기쁨을 드리게 하시고 마지막 날에 가서 당신 천상 집에 들어갈 수 있는 상급을 받게 하소서. 우리 예수 그리스도를 통하여 비나이다. 아멘.

악을 대항하는 기도 (그리스 예식서로부터)

주님 자비를 베푸소서. 주 하느님, 전지전능하시며 모든 세기의 주인이신 당신께서는 모든 것을 만드시고 모든 것을 당신의 뜻대로 변화시키는 분이시나이다. 바빌로니아를 불구덩이의 여섯 배가 넘는 화염으로 뒤덮으셨지만, 당신의 거룩한 세 명의 어린 성인들을 구하시고 보호하셨나이다. 저희 영혼의 의사이시며, 당신을 찾는 이들의 구원이신 분이시여, 당신께 청하오니, 모든 악마의 힘과 사탄의 모든 작용과 활동을 쫓아 주시고 없이하시며 악의 영향과 저주, 혹은 악의를 가진 이들의 시선을 통한 저주, 당신 종을 향해 저지르는 악행들로부터 보호하소서. 충만한 선과 힘으로 질투와 저주를 없이하시고, 자선과 성공으로 변화시키소서. 인간을 사랑하시는 주님, 전능하신 당신 손을 드높이시고, 강인한 당신 팔을 펼쳐 드시어 영혼과 육신의 보호자인 평화와 힘의 천사를 보내시어 당신의 모상인 이 종(기도를 필요로 하는 이나 자신의 이름을 부른다)을 방문하시고 도우러 오소서. 그리하여 모든 악의 힘이 도망치고, 질투와 파괴를 일삼는 이들의 악의와 악행이 허물어지게 하소서. 그렇게 함으로써 당신께 보호받는 종은 감사의 목소리를 높여 "주님은 나의 목자, 내 그분과 함께하니, 그 누가 나를 해치리오."라고 노래하나이다. "나의 하느님이신 당신과 함께 있기에 두려워하지 않나이다. 나의 힘이시여, 전능하신 주님, 평화의 주님, 선조들과 미래의 주인이신 주님."

저희 주님이신 하느님, 당신 종 (   )을 굽어보시어 모든 악과 악으로부터 오는 협박에서 당신의 모상을 구하시며, 모든 악으로부터 보호하소서. 지극히 거룩하고 영광스러운 하느님의 어머니이시며 영원하신 동정 마리아와 빛을 발하는 대천사들과 모든 당신의 성인들의 이름으로 전구하나이다. 아멘!

번역을 마치고

오랜 기간 이 분야의 번역을 해 오면서 가끔은 어리석다는 말도 들었다. 그 오랜 학업 뒤에 겨우 이것이냐며…. 하지만 처음 가브리엘레 아모르트 신부님의 책을 읽었던 2001년, 그리고 저자와의 만남과 서신 교환을 통해 꼭 한국에 필요한 책이라고 여겼다. 필요한 책이라 여겼지만 그 첫 번째 책의 출판은 쉽지 않았다. 우여곡절 끝에 비실비실 책은 출판되었고 잊혀 가는 듯했다. 그래도 두 번째 책의 번역을 끝내고 여기저기 출판사들을 두드렸지만 재미가 없단다. 또 요즘 사람들은 책을 읽지 않는다고도 했다. 그렇게 몇 년을 내 컴퓨터 안에서 잠자던 바로 이 두 번째 책의 번역이 몇 년 뒤에야 비로소 한국에서 햇빛을 보게 되었다.

아모르트 신부님께서도 원하시는 것처럼 이 책이 보이지 않는 악의 영향으로 고통받는 이들을 돕는 구마 사제들에게 지침서가 되길 바라고, 구마에 관심을 가진 모든 사제들의 길잡이가 되기를 바란다. 또한 악으로 고통받는 모든 이들에게 힘이 되어 주기를 소망한다.

현재 아모르트 신부님은 노환으로 조금은 힘든 생활을 하고 계시지만 그래도 한 달에 한 번은 인터뷰를 하시고 극소수의 사람들을 만나시고 계시다.

2014년 성 목요일에 비테르보에서

남기옥